Beatriz Pastor Bodmer

# CARTOGRAFÍAS UTÓPICAS DE LA EMANCIPACIÓN

## Tiempo Emulado
## Historia de América y España

La cita de Cervantes que convierte a la historia en "madre de la verdad, émula del tiempo, depósito de las acciones, testigo de lo pasado, ejemplo y aviso de lo presente, advertencia de lo porvenir", cita que Borges reproduce para ejemplificar la reescritura polémica de su "Pierre Menard, autor del Quijote", nos sirve para dar nombre a esta colección de estudios históricos de uno y otro lado del Atlántico, en la seguridad de que son complementarias, que se precisan, se estimulan y se explican mutuamente las historias paralelas de América y España.

Beatriz Pastor Bodmer

# CARTOGRAFÍAS UTÓPICAS DE LA EMANCIPACIÓN

Iberoamericana - Vervuert - 2015

Amor de Dios, 1 – E-28014 Madrid
Tel.: +34 91 429 35 22
Fax: +34 91 429 53 97


Elisabethenstr. 3-9 – D-60594 Frankfurt am Main
Tel.: +49 69 597 46 17
Fax: +49 69 597 87 43

info@iberoamericanalibros.com
www.ibero-americana.net

ISBN 978-84-8489-840-5 (Iberoamericana)
ISBN 978-3-95487-385-2 (Vervuert)

Depósito Legal: M-15948-2015

Impreso en España

Diseño de cubierta: Carlos Zamora

Este libro está impreso íntegramente en papel ecológico sin cloro.

# ÍNDICE

# Introducción

Este ensayo no pretende hacer la crónica imposible de las vueltas y revueltas del pensamiento político entre dos continentes en el período de las grandes revoluciones del siglo de las luces. No es tampoco una historia de la utopía, ni un catálogo exhaustivo de obras utópicas.

Es sólo un modelo de aproximación a la extraordinaria dinámica de generación y transformación del pensamiento de la emancipación de las colonias de Hispanoamérica. Y es también una propuesta de cartografía de las múltiples formas en que la imaginación utópica va impulsando esa dinámica, en un juego de viajes y exilios, lecturas y traducciones, programas políticos y conspiraciones, en el que convergen, en pugna permanente, la razón y la imaginación, la crítica de la realidad colonial con la visión utópica.

Intenta delinear los contornos del horizonte utópico, el proceso a través del cual se va configurando, sus puntos fundamentales de articulación. Volviendo a la clásica distinción de Ernst Bloch entre el ámbar y la electricidad, no se trata aquí de hacer inventario del ámbar —el paradigma utópico que representa la novela de More— sino de capturar el movimiento de la electricidad misma, es decir, del fenómeno utópico, en sus múltiples manifestaciones.

El primer capítulo —"La isla de Oscar Wilde"— clarifica definiciones y conceptos, esbozando el enfoque teórico, hemisférico y trasatlántico, desde el cual va a organizarse el recorrido por la utopía en la emancipación. El segundo —*Rosa de los vientos*—se centra en el análisis de las nuevas coordenadas filosóficas, morales y políticas que enmarcan la gran cartografía de lo utópico durante el siglo de las luces. El tercer capítulo —"La conspiración"— y el cuarto —"Itinerarios"—exploran la dinámica de generación y configuración del horizonte utópico de la emancipación desde dos escenarios complementarios. Uno se sitúa en Venezuela. Es el de la conspiración de Gual y España, que enlaza, a través de su personaje principal, con la Conspiración de San Blas, descubierta en Madrid poco más de un año antes. El otro se sitúa en Filadelfia, centro intelectual y político de la nueva república de Estados Unidos, y zona de contacto fundamental —más importante aún que Londres o París— para los revolucionarios independentistas hispanoamericanos. Desde allí se explora el movimiento de ideas y visiones a través de los recorridos espaciales, filosóficos y políticos, de viajeros y exiliados que fueron articulando las grandes utopías del período en Hispanoamérica. El quinto capítulo —"Los caminos de la libertad"— recorre, de la mano de cuatro autores, una selección de textos donde se plasma, con estrategias y formas muy diferentes, la imaginación utópica que impulsa la lucha por la independencia. El sexto capítulo —"El vuelo de Ícaro"— se centra en la cuestión, siempre problemática, de la intersección de la utopía con la realidad.

El título de cada capítulo — isla, rosa de los vientos, conspiración, itinerarios, caminos de la libertad, vuelo de Ícaro— no es descriptivo. Es la imagen que indica la dirección del recorrido que el mapa del capítulo delinea. Porque cada capítulo es como un pequeño mapa; y el juego de los seis mapas que componen el libro, es un intento de capturar el movimiento incesante del fenómeno utópico —el parpadeo de la electricidad de Bloch—durante el período de las revoluciones independentistas de Hispanoamérica.

# Capítulo I
# La isla de Oscar Wilde

*A map of the world that does not contain the country of Utopia*
*Is not even worth glancing at for it leaves out the one country*
*Where Humanity is always landing*

Oscar Wilde

La advertencia de Oscar Wilde cuando afirma que ni siquiera vale la pena considerar un mapa del mundo que no contenga el país de Utopía parece indicar una fácil solución al problema: bastaría con incluir la isla en su cartografía para validar el mapa y resolver el asunto. Pero la seductora sencillez de la propuesta es ilusoria. Ofrece una respuesta simple —un mapa alternativo— que soslaya la complejidad que los términos que su enunciado convoca. Por una parte, la dificultad de definir y cartografiar ese territorio que la isla representa. Por otra parte, la dificultad de capturar, en cualquier mapa, la dinámica de definición y reconfiguración incesante de ese territorio simbólico que es la isla, dinámica que se inscribe en el enunciado de Wilde con el movimiento recurrente de arribada a la isla de una humanidad que perenemente la busca.

La propuesta de Wilde se articula en torno a tres elementos: la isla, el mapa y el desembarco. El desplazamiento, en su enunciado, de la *isla* —término geográfico— por el *país* es significativo. Indica que no se propone cartografiar un espacio físico sino una construcción que es simultáneamente histórica, cultural, social y política. La isla que debemos incluir en el mapa de Wilde es un espacio simbólico. El mapa alternativo es imaginario. La cartografía del mapa alternativo debe apoyarse en dos sistemas de coordenadas: el espacio y el tiempo.

## La isla

Basta una rápida mirada atrás para recordar la centralidad de las innumerables configuraciones de esa isla de More —que es el espacio simbólico de la utopía— a lo largo de todo el proceso de descubrimiento y colonización de América. Durante el primer siglo de exploración y conquista la realidad física del territorio se impone con toda su fuerza. En las jornadas y relatos que narran la exploración del Nuevo Mundo las primeras cartografías se enfocan, previsiblemente, en la descripción del continente. Pero ya desde los diarios y cartas de Colón podemos ver el juego de mapas físicos e imaginarios donde se va desplegando la vasta cartografía de América como *locus* utópico. Colón consigna puntualmente ríos y ensenadas, montañas y puertos, flora y fauna, pero la detallada descripción que nos ofrece como "escriptura y pintura de la tierra" (212) es fruto de un complejo proceso de selección, nada arbitrario, que nos remite a una intrincada red de referentes imaginarios. Es una primera instancia del cruce entre el mapa físico de América —esbozado con los datos de la observación minuciosa de accidentes y fenómenos naturales— y el archivo del imaginario europeo, con su larga tradición de representación de lugares remotos, desconocidos o inexplorados. "La geografía —nos recuerda Ernst Bloch— es el espacio donde cualquier cosa era posible, donde el relato fantástico se entrelazaba sin problemas con el informe exacto, combinando las imágenes fabulosas de tierras lejanas con las guías prácticas del viajero" (Bloch, *Principle* 146)[1].

Pero las imágenes generadas desde el deseo o el miedo que componen el archivo no son necesariamente utópicas. Es Colón quien las dota de una función utópica en su discurso al convertirlas en figuras de resolución simbólica de contradicciones que no tienen solución posible en el plano de lo real-histórico[2]. Siguiendo a Bloch, Louis Marin

1. Salvo que se indique lo contrario, todas las traducciones son de Beatriz Pastor.
2. Para una discusión detallada de la función utópica de las reinscripciones de mitos e imágenes de archivo en el proceso de descubrimiento, exploración y conquista de América, véase Beatriz Pastor, *El jardín y el peregrino*.

propone que la función utópica se articula como estrategia de resolución a una contradicción fundamental y que el discurso utópico, que se define como un modo de discurso figurativo particular, se genera desde el punto cero de esa contradicción fundamental (Marin 8-10)[3]. Es el "neutro", cifra de una síntesis imposible que indica la salida de la serie histórica y, en palabras de Bloch, el acceso a un destino modificable. Ese discurso utópico va generando figuras textuales de resolución simbólica a las contradicciones e imposibilidades con las que se enfrentan el sujeto y su proyecto.

Pensemos, por ejemplo, en la narración del descubrimiento de Paria en la *Relación del Tercer Viaje* de Colón. La observación del territorio y los fenómenos naturales delinean un detallado mapa de la región que recorre el Almirante. Pero sobre los datos de esa observación se va articulando un discurso utópico que, paso a paso, convierte Paria en la mítica región del Paraíso. Ese discurso construye y cartografía un nuevo mapa de la región transformándola en un espacio imaginario que tiene una función específica: neutralizar la contradicción fundamental con la que se enfrenta Colón a lo largo de sus cuatro viajes de descubrimiento. Es la contradicción que genera el desajuste insoluble entre lo anticipado y lo hallado, entre la visión maravillosa del Asia, que Colón buscaba y había prometido, y la realidad radicalmente diferente y problemática del nuevo continente. Apoyándose en los datos de la observación, la *Relación del Tercer Viaje* cartografía una realidad imaginaria y nos entrega un mapa alternativo: el de la Paria utópica. Utópica no por maravillosa, imposible o inexistente sino porque resuelve simbólicamente en sus rasgos los problemas que asedian a Colón, amenazando su visión del éxito de toda su empresa en ese momento clave de su trayectoria personal y profesional.

El mapa alternativo configura Paria como la figura utópica que neutraliza la contradicción fundamental. Transforma América en el Asia mítica de las fuentes eruditas de Colón —su objeto del deseo y el objetivo que se comprometió a entregarles a sus inversores—; y reafirma la validez de la visión del Almirante, su autoridad y su competencia, merecedora de los más altos honores y recompensas.

---

3. Es el tercer término imposible del segundo principio de la lógica aristotélica, el que determina que no puede haber término intermedio entre los dos términos de una contradicción fundamental. Para una discusión detallada de este punto, véase Beatriz Pastor, *El jardín y el peregrino,* 120-122.

La isla de More era una figura textual. Indicaba un espacio imaginario cuyos elementos proyectaban la visión utópica de su autor. La narración de Raphael la presenta como espacio geográfico pero tanto su nombre *Utopía* —entendido como *no lugar*— como la tos inoportuna de uno de los personajes, que hace inaudibles los datos de su situación exacta[4], indican que esa "isla" se integra en un sistema de coordenadas diferente de las de cualquier mapa geográfico. La mirada de la primera parte de la novela va recorriendo y revelando las contradicciones fundamentales de la Inglaterra de More. La detallada descripción de la isla de Utopía en la segunda parte de la novela se articula como figura de resolución simbólica, en un espacio alternativo, de todos los males que aquejaban a la sociedad inglesa de la época.

La región de Paria, por otra parte, era un espacio geográfico, configurado por un conjunto de elementos reales y tangibles. Sin embargo, la "escriptura e pintura" de esa tierra que nos entrega Colón en su relación es una construcción imaginaria, una compleja figura utópica que indica la problemática situación con la que se enfrenta su autor. Es, en relación con ella, análoga a la isla de More: una seductora figura utópica de resolución simbólica. Y el juego de datos reales y elementos imaginarios que delinean el mapa que traza Colón de esa "isla" utópica que es Paria nos remite incesantemente a otras cartografías: las que delinean el tránsito de la isla al país de Wilde, de la geografía a la historia, de la historia a la dinámica utópica.

Es posible cartografiar islas y países reduciendo su presencia a un juego de coordenadas espaciales. Pero al hacerlo limitamos el acceso a otras coordenadas —personales, históricas, sociales, simbólicas—. Y son estas últimas precisamente las coordenadas que enmarcan y organizan las cartografías de la dinámica utópica. La isla en More y el país en Wilde son metáforas espaciales que remiten a codificaciones simbólicas de un juego de propuestas y relaciones de gran complejidad. Son codificaciones posibles de ese juego, que iluminan con dos figuras utópicas particulares. Pero la dinámica del pensamiento utópico que formula esas figuras no se reduce a ellas, ni se clausura en ellas el juego intermi-

4. "As to More's difficulty about the geographical position of the island, Raphael did not fail to mention even that...But somewhere or other an unlucky accident caused us both to fail to catch what he said...when one of our company who had, I suppose, caught cold on shipboard, coughed so loudly that I lost some phrases of what Raphael said." ("Letter from Giles to Busleiden", More 178).

nable de espacios alternativos que genera ese pensamiento. La figuración utópica de Paria que articula Colón en su relación del Tercer Viaje es paradigmática en relación con el juego de coordenadas múltiples que van organizando las cartografías de esos espacios alternativos durante el descubrimiento y conquista de América. Dentro de ese período los espacios utópicos alternativos, que More codificaba en la isla y Wilde en el país, cristalizan en figuraciones utópicas tan diversas como la ciudad de Tenochtitlan en la *Segunda carta de Relación* de Cortés, la jornada de descubrimiento del archipiélago del sur de Chile en *La Araucana* y el reino godo de un Perú emancipado en Lope de Aguirre, organizando una cartografía paralela que va delineando el mapa simbólico de la dinámica utópica en ese momento de la historia de América (Pastor, "La utopía" 29-49)

Ernst Bloch es consciente de la necesidad de diferenciar entre figuraciones utópicas particulares, esto es, codificaciones paradigmáticas de la utopía como la de *Utopía* de More, la *Ciudad del Sol* de Campanella o la *Nueva Atlantis*, y el fenómeno utópico entendido como pensamiento y visión específicamente exploradores de dimensiones, escenarios y espacios alternativos de resolución simbólica que rebasan los límites del marco histórico donde se dan. "Reducir lo utópico a la variedad de Thomas More o, simplemente, orientarlo en esa dirección —nos advierte Bloch— sería el equivalente de intentar reducir la electricidad al ámbar, donde se observó el fenómeno por primera vez, y del cual deriva su nombre" (*Principle* 15-15). En el caso de la emancipación de Hispanoamérica, esa diferenciación es fundamental porque el pensamiento utópico no cristaliza aquí, más que en casos excepcionales, en el ámbar de Bloch, es decir en construcciones ficcionales que se articulen siguiendo el paradigma narrativo de las grandes utopías renacentistas o ilustradas. El corpus que despliega los destellos múltiples del pensamiento utópico se dispersa en el período de la emancipación —al igual que sucedía durante la conquista— en una multiplicidad de textos sumamente heterogéneos. En ellos hay que rastrear la "electricidad" de Bloch, cartografiando su parpadeo incesante.

Por eso mismo, la metáfora espacial de la isla no sirve para abordar la dinámica complejidad de lo utópico en América Latina. Enmascara con su solidez opaca y con la demarcación estricta de sus límites la naturaleza inestable y cambiante del fenómeno utópico. Es tal vez más exacto visualizar la presencia y la fuerza de dicho fenómeno como la de un gran viento renovador que recorre reflexiones, declaraciones, narrativas, propuestas y programas —escenificando imaginariamente facetas diversas de las múltiples visiones utópicas de la gran transformación de las antiguas colonias en un mundo mejor—.

## El mapa

En la advertencia de Wilde, el mapa —como la isla— aparece claramente delimitado. Es un mapa "del mundo", es decir el mapa de una totalidad clausurada. Pero el "mapa" en que se integra ese gran viento de lo utópico es de otra naturaleza y mal puede ser representado por las cartografías de dos dimensiones que desde la antigüedad delineaban y definían la geografía del mundo. La función fundamental del mapa ha sido, tradicionalmente, trazar las dimensiones del espacio haciendo inventario de las formas que lo ocupan. Los mapas sirven para comunicar ideas sobre el espacio y su conocimiento. Pero la visualización que despliegan puede ser más compleja de lo que su inmediata función geográfica —la descripción exacta del espacio— parece indicar. Los mapas de la época de Colón, por ejemplo, se esforzaban por trazar con precisión los elementos puntuales de mares, costas y distancias. Pero también incluían en su visualización lugares imaginarios, como la isla Trapobana, o Atlantis, o las siete ciudades encantadas, así como letreros tomados de textos de exploradores y viajeros cuya información añadía otras dimensiones a la configuración espacial que desplegaban[5]. En ellos la visualizacion de espacios físicos convergía con la representación de espacios imaginarios, que convocaban las imágenes de archivo que acotaban lo inexplorado. Al margen pues de la información geográfica y utilitaria que el mapa contiene —de valor inmediato para navegantes y viajeros— los mapas pueden ser también "representación gráfica que facilita un conocimiento espacial de cosas, conceptos, condiciones, procesos o eventos en el mundo" (Harley y Woodward xv).

Cartografiar la dinámica utópica del proceso de emancipación de América Latina enlaza con esta visión de lo que es y puede represen-

5. En relación con el origen y la importancia de esos letreros en los mapas que consultó Colón, específicamente los de Toscanelli, ver Consuelo Varela 132.

tar un mapa. Pero delinear el mapa de esa dinámica presenta desafíos particulares. Las representaciones de los mapas a los que se refieren Harley y Woodward se construyen situando un inventario de elementos reales o imaginarios y fijando su posición en el espacio. El mapa está acabado cuando cada elemento ocupa su lugar. No admite desplazamientos ni cambios. Inscribe los resultados de movimientos múltiples —viajes, exploraciones reales o imaginarias— fijándolos en una representación estática. Pero los elementos que articulan la dinámica utópica son, como la electricidad de Bloch, movimiento, transformación y cambio incesante. No se trata de hacer un inventario de novelas utópicas del período, excavando objetos enterrados en el tiempo. No es arqueología de la utopía. Se trata más bien de caminar los caminos que va delineando el pensamiento utópico, buscando las huellas de un horizonte dinámico y múltiple de configuraciones y transformaciones de visiones, proyectos, propuestas. La mayoría de las veces, esas configuraciones no cristalizan siquiera en obras literarias que podamos identificar con las de la tradición utópica occidental. Lo he dicho ya: se trata de un corpus a la vez dinámico y heterogéneo. Su carácter utópico no se define en relación con formas y modelos literarios previos de sociedades ideales, como los de las utopías renacentistas, sino en relación con su función en el contexto particular en que se dan. Partiendo de la teoría de Bloch podemos aproximarnos a esa función desde cuatro aspectos diferentes:

- Su función cognitiva como modo operativo de la razón constructiva.
- Su función educativa como mitografía que enseña a indagar con el deseo y la voluntad.
- Su función anticipatoria como futurología de posibilidades que pueden realizarse más adelante.
- Su función causal como agente de cambio histórico.

El mapa de Wilde fijaba límites y contornos. Delimitaba espacialmente. La inclusión de un elemento nuevo —el país de Utopía— simplemente añadía un nuevo elemento a un espacio acotado y clausurado. Pero el espacio simbólico de lo utópico se resiste a esa clausura. Es espacio y es tiempo. Es un horizonte de posibilidad, y, como en todo horizonte, la línea clara de su límite es ilusoria: se desplaza indefinidamente a medida que nos aproximamos, se abre a nuevos horizontes cuando ya creemos alcanzarlo. La cartografía de ese horizonte debe ser un conjunto de mapas que intersecten con fluidez en el tiempo, modificando contornos y creando nuevas formas y figuras. Más caleidoscopio que mapa. Frente a la configuración del mapa de Wilde, una cartografía en la que la isla sea viento, el espacio horizonte, y el mapa caleidoscopio de combinaciones infinitas.

## El desembarco

Este es el elemento que rompe el estatismo del mapa de Wilde, el que desborda los límites estrictos de una representación del espacio y marca la transformación del espacio físico en espacio simbólico. El movimiento incesante de una humanidad en perpetua llegada a la isla le añade al espacio una dimensión fundamental: el tiempo. Geografía e historia se dan la mano. En su análisis de la figura de Utopía, Louise Marin se refiere a un deslizamiento análogo en la novela de More:

> Al final de ese doble viaje, a la vez interno y externo, emerge una figura entre topónimos y momentos descriptivos. A nivel expresivo y formal, la narrativa se convierte, a lo largo de ese viaje, en descripción; pero a nivel del contenido, la geografía y la historia se vuelven equivalentes. (47)

El desembarco renovado inscribe en el mapa dos dimensiones fundamentales de la configuración del horizonte utópico y de su exploración: la relación entre utopía e historia, y la dialéctica utopía/desencanto. Y rompe la ilusión de totalidad de un mapa clausurado. El espacio deja de ser una dimensión física cuyos contornos y accidentes se prestan a ser delimitados en inventarios minuciosos y exactos. Se transforma en puesta en escena del juego incesante entre visión y experiencia. En su cartografía intersectan, en movimiento permanente, lo imaginario con lo real. Y esa cartografía no procede, como parecía sugerir la primera parte de la advertencia de Wilde, fijando elementos —la isla—en un plano: el mapa del mundo. Intenta capturar el movimiento mismo de las formulaciones del pensamiento utópico, el parpadeo de la electricidad de Bloch, forzando una redefinición de espacio, objeto y lugar. Situar un objeto en esa cartografía requiere una aproximación particular que James Clifford resume con claridad en *Routes*. Requiere:

> "... un modo de situarse uno mismo —de encontrar el propio lugar— en el espacio y el tiempo. Pero un *lugar* es, desde la perspectiva de este libro, *un itinerario más que un sitio delimitado, una serie de encuentros y traducciones*" (11).

El espacio a cartografiar —el horizonte utópico— está hecho de itinerarios, encuentros, viajes y traducciones. Y es en el juego renovado de esos elementos dinámicos y cambiantes donde se van articulando en Hispanoamérica las líneas maestras del pensamiento utópico de la emancipación.

# Capítulo II

# Rosa de los vientos

*Les utopies ne sont souvent que des vérités prématurées*

Lamartine

Las primeras rosas de los vientos eran simplemente el punto de intersección de las diagonales que cruzaban los portulanos medievales, indicando la dirección de los ocho vientos. Con el tiempo se fueron enriqueciendo conceptual y gráficamente. Se integraron en el sistema de coordenadas de los puntos cardinales y multiplicaron las líneas de los vientos trazando bisectrices que subdividieron el espacio entre cada diagonal, primero en dos partes, luego en cuatro. El resultado final fue la rosa multicolor de 32 puntas que aparece en las cartas de navegación a partir del siglo xv[1].

La rosa de los vientos añadía a la cartografía medieval del espacio la información necesaria para navegarlo. Los treinta y dos puntos integrados en el sistema de diagonales que formaban el tejido de rombos de los portulanos contenían información indispensable sobre la dirección, la velocidad y la frecuencia de los vientos. Eran una clave que permitía organizar el movimiento de exploración, conocimiento y dominio del espacio que los otros elementos de los portulanos delinea-

1. Harley y Woodward en su *The History of Cartography* realizan un estudio excelente de los portulanos, su origen, diferencias estilísticas y evolución. Señalan también la diferencia entre las primeras rosas de los vientos (wind roses) y las que a partir de 1375 se integraban en el eje de coordenadas de los puntos cardinales (compass roses) (*cfr.* 386 y ss).

ban —contornos de la costa, montañas, ríos, ciudades, lugares míticos, símbolos, y letreros que contenían información real o imaginaria sobre tierras, lugares y habitantes—.

La narración del *Diario* del primer viaje de Colón se ajusta a la visión y el estilo de un navegante experimentado, acostumbrado a visualizar y acotar el espacio con los mismos instrumentos y estrategias que organizaban las representaciones cartográficas de espacio y movimiento en los portulanos. Colón anota, mide y computa, verificando longitudes, latitudes, orientación y vientos. De forma análoga a los portulanos, el texto configura un discurso geográfico que combina dos tipos de materiales: los datos de la observación y las imágenes del Archivo[2]. Y es precisamente en la intersección de esos dos tipos de materiales donde se va a ir generando el discurso utópico de Colón —y de muchos otros descubridores— en sus cartas y relaciones, desplazando poco a poco la descripción del espacio físico con la construcción del espacio imaginario; la realidad americana con la visión utópica de América.

El objetivo del contrato de navegación de Colón con sus inversores era el Asia imaginada por los cosmógrafos medievales y descrita por Toscanelli, Marco Polo y otros viajeros. El objeto de su deseo era el Asia fabulosa de esa tradición. El objetivo de la acción era su localización en el espacio y su toma de posesión por Colón en nombre de sus inversores. La contradicción fundamental contra la cual se articula el discurso utópico es aquí la que opone el Asia imaginada y deseada a la América entrevista en sus cuatro viajes[3]. El discurso utópico del almirante adopta las formas del discurso geográfico para delinear un mapa de las tierras descubiertas en el que los elementos del Asia imaginada —flora, fauna, topografía, riquezas, civilización— pugnan por desplazar la realidad americana, delineando un mapa alternativo —el de la "geografía imaginaria" de Leonardo Olschki— que neutraliza simbólicamente la contradicción que está en su origen. Así vemos como, al filo de la narración de *Diario* y cartas, se van confundiendo en ese

2. "Archivo" entendido aquí como el repositorio de imágenes que componían en el imaginario europeo la vision de tierras lejanas o desconocidas y regiones inexploradas.

3. Para una discusión detallada de la teoría de la utopía como estrategia de neutralización de contradicciones fundamentales mediante la apertura de espacios imaginarios alternativos de resolución simbólica, vease Bloch, *The Principle of Hope* y Marin, *Utopics: Spatial Play*; en el período de la Conquista, Pastor, *El jardín y el Peregrino.*

mapa alternativo de la América utópica Cuba con Mangi y Catay, Panamá con la Conchinchina de Marco Polo, Puerto Rico con el Cipango de Toscanelli, Paria con el Paraíso Terrenal.

En realidad el mapa alternativo de Colón enlaza con uno de los grandes paradigmas de la tradición utópica occidental moderna: el viaje imaginario. Es el mismo paradigma que estructura años mas tarde la novela de More. Las tierras inexploradas abren el espacio de la utopía en ambos. La utopía es posible en ese espacio "otro", en la isla de Raphael o en el territorio de Paria, cuyo mapa alternativo delinea Colón. Los horrores de la sociedad inglesa del siglo XVI, o la realidad irreductible de un continente que amenaza con destruir los sueños y la reputación del almirante se ven desplazados en la narración por la visión utópica de un espacio de perfecta armonía[4]. Sólo se trata de descubrir y alcanzar ese lugar "otro", de localizar su situación exacta en el espacio. Existe ya, fuera de la historia[5] y suspendido en un tiempo estático: el del Paraíso Terrenal en Paria, o el de la sociedad ideal de la isla de Raphael.

Ya se trate de un viaje imaginario o de un viaje real, la búsqueda de la utopía se concibe en este paradigma como movimiento a través del espacio; y el objeto de la búsqueda como espacio completo y clausurado que flota fuera de la historia a la espera del elegido —Colón— o de un nuevo desembarco: Wilde. No se ajusta estrictamente a las coordenadas de la rosa de los vientos que ordenaba el espacio en los portulanos o en las cartas de navegación de la época de More, pero enlaza con el ámbito simbólico que inscribían en ambos las imágenes que ilustraban las tierras delineadas, y los elementos tradicionales o legendarios que desplegaban los letreros que adornaban sus márgenes. En última instancia, se trataba tanto en las cartografías de los portulanos y en el discurso utópico de Colón, como en la narrativa del descubrimiento de Utopía en la novela de More de lo que Louis Marin llama "juegos de espacios"[6].

4. Armonía que actualiza en sus elementos concretos la neutralización y resolución simbólica de la contradicción que está en su origen: la sociedad inglesa en More, la realidad de América en Colón.

5. Es precisamente esa ruptura radical con la historia que marca el ingreso en el espacio alternativo de resolución symbolica lo que se expresa en el gesto fundacional de la nueva sociedad de Utopus: la destrucción del istmo que unía la península a la tierra firme.

6. "*Jeux d'espaces*" aludiendo a la dialéctica de espacios alternativos en la que se va creando y recreando la utopía. Por ejemplo, el juego de diagonales y contornos topográficos con imágenes y letreros en los portulanos; el juego de mapas geográ-

El viento utópico que recorre los textos de la emancipación de las colonias de Hispanoamérica requiere otro sistema de coordenadas. Requiere una rosa de los vientos que ya no se configura como el punto de intersección de 32 vientos, sino en la interacción dinámica, en un ámbito trasatlántico, del discurso científico, la nueva filosofía de la naturaleza, la teoría del progreso y la reconceptualización de la historia. Solo así es posible cartografiar un ámbito en el cual el campo de lo utópico y sus manifestaciones se amplía radicalmente, y donde la imaginación utópica impulsa la reactivación creativa de un pensamiento que se manifiesta en una proliferación sin precedentes de visiones utópicas, en la transformación de paradigmas clásicos y en la adopción de múltiples formas discursivas nuevas.

Contra el telón de fondo del agotamiento progresivo del paradigma narrativo tradicional del viaje imaginario[7] —que la novela de More ejemplifica en el siglo XVI— se publica en París en 1770 una novela que tiene particular interés para comprender la transformación radical del horizonte utópico y sus paradigmas narrativos durante el siglo XVIII. Es *L'An 2440: Rêve s'il en fut jamais*[8] [*El año 2440*], de Louis Sébastien Mercier. Muy brevemente: la novela cuenta la historia de un francés que vive en París en 1770 y que una noche sueña que se despierta en 2240, en un París maravilloso, después de haber dormido 670 años. Se trata de un viaje imaginario. Pero de un viaje imaginario especial porque rompe con el paradigma clásico: el viajero se desplaza no en el espacio sino en el tiempo. El cambio es fundamental, a pesar de que la novela mantiene muchos elementos de la estructura y estrategias narrativas de la novela utópica tradicional. El juego de espacios del paradigma de More se abre aquí a un juego de tiempos.

---

ficos y simbólicos en Colón; el juego isla-tierra firme, o parte I con parte II en la novela de More.

7. Agotamiento no por falta de novelas sino por el caracter repetitivo y la falta de innovación y creatividad que caracteriza la mayor parte de la producción de novelas utópicas en la Europa de este período.

8. La novela alcanzó una gran popularidad inmediatamente, y a la primera edición de esa fecha siguen innumerables ediciones no autorizadas por el autor entre 1770 y 1786. La de 1786, autorizada, revisada y ampliada contiene muchas adiciones que reflejan la evolución del pensamiento de Mercier y de su visión de los elementos transformadores que van a dar forma a la sociedad utópica que la figura de la ciudad ideal representa. Aquí utilizo la edición de Alain Pons: Louis Sébastien Mercier, *L'An 2440: Rêve s'il en fut jamais*, Paris: F. Adel 1977, que reproduce el texto de la de 1770, incorporando en notas adiciones de la de 1786.

No hay en *L'An 2440*, como había en More, una primera parte que detalle los horrores del mundo que habita el narrador, ni una segunda parte donde el viajero descubre el espacio remoto de la sociedad ideal —ya sea en las tierras ignotas de Bensalem en La Nueva Atlantis de Bacon o en la isla de Utopía en More—. Pero el primer capítulo cumple una función análoga a la de esa primera parte ausente. De entrada, inscribe en el texto el presente de la realidad que habita el narrador. Es el "caos horroroso" que critica acerbamente el viajero inglés que está conversando con él. La crítica del presente estado de cosas viene, así, de un testigo que no duda en denunciar el carácter monstruoso de una sociedad fundada sobre la desigualdad, el despotismo y la servidumbre. París es un "monstruo espantoso", un "diamante rodeado de estiércol", un mundo de bellas apariencias que se levantan sobre la pobreza e injusticias más abyectas. La ciudad es un "cuerpo devorador" que se debate en una tupida red de contradicciones intolerables: la abundancia y el lujo lado por lado con la indigencia; las sabias leyes frente a los delitos innumerables que las violan; la prosperidad junto a la podredumbre. Los templos son desecrados por el comercio; los centros del arte y de la cultura imponen con sus instalaciones detestables nuevas formas de servidumbre a los espectadores; los grandes monumentos se caen a pedazos. La ciudad que ven los ojos del inglés contradice uno por uno los ideales sociales de toda la generación de ilustrados progresistas a la que pertenece el propio Mercier. Es el espacio simbólico de la negación del pensamiento político que ya a partir de 1713 han ido formulando las obras de los grandes ilustrados: L'Abbe Saint Pierre, Rousseau, Morelly, Turgot y tantos otros. En su plano sobresalen dos elementos arquitectónicos: el cementerio de Les Innocents y el polvorín, inscribiendo en el centro de la ciudad la destrucción y la muerte. El inglés subraya el olor fétido que emana de Les Innocents en pleno centro de París, y Mercier corrobora esa realidad en un párrafo añadido a la edición de 1786: "Allí se entierran los muertos desde hace mil años. Deberían haberlos trasladado fuera de las murallas, pero los han puesto en el centro de la ciudad…Es una fosa siempre abierta, siempre llena…" (39-43). Ambos elementos desaparecen del París utópico del sueño. Cuando el narrador le pregunta a su guía si todavía tienen el polvorín en el centro de la ciudad, " De ningún modo —le contesta el guía. Ya es suficiente con los volcanes que enciende la mano de la naturaleza. No somos tan insensatos como para añadir volcanes artificiales que son, además, infinitamente más peligrosos" (Mercier 65).

El París del sueño que va a ir recorriendo el narrador a partir del capítulo segundo es todo lo contrario del "monstruo deforme" que describía el inglés. Es análogo a la segunda parte de la novela de More en el sentido de que se construye —como la isla de Utopia— como figura de resolución simbólica que neutraliza todos los horrores denunciados en el primer capítulo. Pero hay diferencias importantes. En primer lugar no se trata de un espacio físico alternativo. Es el mismo espacio: París. No hay pues desplazamiento a través del espacio. Es sin duda un espacio "otro" en el sentido de Baczco cuando dice que "no hay utopía sin una representación sintética y disruptiva de alteridad social" (15), pero la clave de su existencia y su condición necesaria no es el alejamiento espacial sino el temporal. El tiempo salta a primer plano: "En cuanto el sueño cerró mis ojos soñé que me despertaba después de haber dormido durante siglos...Apenas pude reconocer mi propia imagen en el espejo: me había acostado con cabellos rubios y ahora mi cara estaba cubierta de arrugas, mi pelo encanecido...y cuando intenté caminar tuve que apoyarme en un bastón" (45). El cuerpo del narrador indica dos puntos fundamentales: la continuidad entre el mundo real y el imaginario, y su conexión con la experiencia humana. Es el mismo cuerpo, pero transformado por el tiempo. Y su transformación —el envejecimiento— es como la escritura de la vida: ilumina una transformación que no es tiempo pero que sólo en el tiempo puede efectuarse. No hay, pues, ruptura radical entre la ciudad real y la imaginaria, como la había entre la tierra firme de Abraxa y la isla de Utopia una vez Utopus hizo destruir el istmo. Aquí el narrador *es* el istmo que enlaza dos tiempos diferentes en un mismo continuo: el de la historia. Y su cuerpo envejecido nos da la clave de una nueva visión utópica —y de un nuevo paradigma— que desplaza la navegación espacial de Raphael con el poder transformador de la experiencia humana *en el tiempo*.

En un primer momento, el narrador percibe la transformación de la ciudad como simple embellecimiento: "Todo había cambiado. Todos aquellos barrios que conocía perfectamente se presentaban ahora bajo una forma diferente y embellecida". Y este embellecimiento revela un nuevo orden: "Me perdía en hermosas avenidas de trazado armonioso, cruzaba intersecciones amplias donde reinaba un orden perfecto" (Mercier 46). La descripción detallada del recorrido del plano de la ciudad que sigue revela que no se trata aquí simplemente de un urbanismo bien concebido. El Louvre está terminado y el espacio que lo separa del palacio de las Tuileries se ha convertido en una inmensa y espléndida plaza donde se celebran las fiestas y festivales públicos. El gran "templo" que se levanta frente a otra gran plaza es el Palacio de la Justicia. El Pont-Neuf ha cambiado de nombre: es ahora el puente de Henri IV y sus pretiles aparecen adornados con las cabezas de "grandes hombres", "dioses tutelares" que como él [Henri IV] "amaron a los hombres y sólo buscaron el bien de la patria" (Mercier 57-8)[9]. La Bastilla ha sido derruida y en su lugar se levanta un templo a la clemencia. Los jardines de las Tuileries están abiertos al pueblo sin restricciones. Una hermosa fuente adorna cada esquina, vertiendo aguas cristalinas que riegan las calles, limpian el empedrado y refrescan el aire. El "abismo de horror" y miseria emponzoñada que era el antiguo hospital del Hôtel-de-Dieu ha sido reemplazado por toda una red de pequeñas casas de salud que atienden a enfermos y heridos en condiciones humanas y saludables. El polvorín se encuentra ahora fuera del recinto mismo de la ciudad.

Es el orden de la ciudad utópica. Utópica porque se construye apoyándose en una serie de elementos arquitectónicos y ejes de transformación que configuran un espacio alternativo donde se escenifica, en la descripción de su arquitectura, su organización social y sus estructuras de gobierno la neutralización de todos los males que definían el París de 1770. Sin duda el urbanismo y la arquitectura configuran una ciudad bellísima, pero monumentos y ejes de transformación nos remiten a una compleja red de asociaciones y referencias que, por una parte, delimitan su función utópica, y por otra, indican los puntos de articulación de un nuevo pensamiento utópico, las coordenadas del horizonte utópico de la Ilustración.

Ahí reside el interés fundamental de la novela. La crítica ha señalado la pobreza relativa de la imaginación utópica de Mercier. Por una

9. La figura de Henri IV es reivindicada por muchos pensadores del XVIII. Pasa a ser emblemática de una filosofía política que rechaza el fanatismo, instaura una nueva tolerancia religiosa —por ejemplo con el Edicto de Nantes que otorgaba libertad religiosa y derechos civiles a los protestantes— se preocupa del bienestar del pueblo con reformas de gobierno y un ambicioso plan de obras públicas. Voltaire le dedica su poema épico "L'Henriade" en 1723, y el número de ediciones realizadas es un buen indicador de la gran popularidad de su figura en todo el período.

parte es cierto que al configurar la novela como viaje temporal Mercier inaugura un nuevo paradigma. Y también lo es que su utilización de la desfamiliarización de lo familiar —o de la familiarización de lo nuevo, como se prefiera— en la descripción de la ciudad utópica es una estrategia eficaz para capturar el interés de sus lectores. Pero la visión de lo nuevo, del espacio imaginario y *otro* de la utopía es en realidad muy limitada. Es la visión de un espacio alternativo que no rompe radicalmente con el de la realidad sino que presenta una versión embellecida y mejorada de esa misma realidad. Se construye no tanto como su neutralización radical sino como resultado de un proceso de transformación de ella, anticipando el resultado de esa transformación. El poder de la utopía clásica residía en su capacidad de crear espacios alternativos completamente separados del mundo real donde, a partir de una ruptura radical —la destrucción del istmo— se construía, en el marco de una historia paralela, una sociedad que no tenía ninguna forma de continuidad con la sociedad real y cuyos términos revolucionaban completamente los principios fundamentales de esa sociedad. En este modelo se basaba Mannheim cuando decía que la diferencia entre utopía e ideología era que mientras la ideología era un sistema de ideas que servía para legitimar los intereses de la clase dominante y para justificar el orden existente, la utopía rompía los límites de la realidad existente con una visión que desbordaba el marco de lo posible dentro de ese orden. En el caso de Mercier, esa distinción se borra hasta casi desaparecer. El espacio físico de la ciudad, con sus espléndidos palacios, grandes plazas, amplias avenidas, nuevos edificios, la misma destrucción de la Bastilla, son en realidad, la realización de innumerables proyectos urbanísticos que existían ya en la época de Mercier. Proyectos que, como el de Pierre Patte[10], proponían, ya en 1765, muchas de las transformaciones que el narrador de Mercier describe en su recorrido imaginario. El propio narrador reconoce que no sólo no hay un "écart" radical entre su ciudad ideal y el París de 1770 sino que el París utópico no es otra cosa que la realización plena de las aspiraciones del pensamiento innovador de su época cuando dice: "Cada cosa tiene su

10. El arquitecto y urbanista Pierre Patte (1723-1814) publica en 1765 *Monuments érigés en France á la gloire de Louis XV*, proponiendo la creación de las grandes plazas y amplias avenidas que describe Mercier. La destrucción de la Bastilla, por otra parte, estaba ya en la agenda urbanística y social durante todo el reinado de Luis XV.

tiempo. El nuestro fue el de los proyectos...el vuestro es el de la ejecución" (25). Dos elementos explican en la novela el paso de la realidad a la utopía: el transcurso del tiempo y la adopción de buenas leyes: "haber podido descubrir las leyes simples y fecundas que debían dirigir a los seres razonables...y desatar el nudo que permitiría poner las pasiones particulares al servicio del bien común" (Mercier 214). Y el guía del viajero confirma la idea de que la sociedad ideal que representa la ciudad utópica es resultado de un proceso armonioso, no de una ruptura radical: "¿Como han logrado llegar a ser libres? ¿Me lo puede explicar?" —pregunta el narrador— "Pues, llegamos...con toda facilidad" —le contesta su guía, sin dar más precisiones (Mercier 330).

En el nuevo paradigma utópico que crea Mercier la relación de la utopía con la historia es interesante. No hay ruptura radical, ni inicio de una historia paralela a partir de un punto cero —la destrucción del istmo—. Pero tampoco hay proceso histórico: los 700 años de transformaciones que han desembocado en la ciudad ideal se condensan en ese "con toda facilidad" que no niega la historia pero sí la anula. Esa anulación expresa la ambivalencia del propio Mercier frente a la historia. No llegaba al extremo de calificar, como Rousseau, toda la historia anterior como *storia stultitiae* que debía ser olvidada, pero sí creía que debía ser incorporada en la sociedad utópica de forma selectiva. En la ciudad utópica de la novela, el pasado y la historia no se borran: se reescriben. No se enseña mucha historia en las escuelas porque "cada página de la historia de la humanidad es un tejido de crímenes y locura", y el viajero se asombra de la escasez de libros en la biblioteca real hasta que su guía le explica que han reemplazado los innumerables libros de historia que contenía con uno solo que concisamente y a grandes rasgos muestra los personajes relevantes desde la perspectiva de la visión utópica que encarna la ciudad; es decir, que reconfigura la historia hacia atrás en los términos exactos de la utopía. El mismo criterio informa la selección de esculturas que bordean los pretiles de los puentes, o la de las estatuas ecuestres que se levantan en los puentes del Sena. La función de un criterio tan extremadamente selectivo es algo más compleja que la de hacer del pasado un ejemplo moral para generaciones futuras: es el inventar un linaje y el crear una historia que legitime la excelencia del presente, incluyendo sólo aquellos elementos que anticipan y confirman la validez de los principios que organizan la sociedad utópica de 2240.

Pero hay que señalar que, incluso desde una imaginación utópica que se atiene a los términos de lo ideal-posible dentro de las coordenadas del pensamiento político de su tiempo, y que se limita a implementar ideas ya claramente formuladas en su época, la utopía de Mercier es bastante limitada. Es verdad que el rechazo de todo despotismo cristaliza en una mayor dispersión del poder. Y que el valor de linaje y clase se ven desplazados, en parte, por una nueva élite que se basa en el mérito. Y que, aunque se conserva la monarquía, la nueva sociedad esta presidida por un rey-filósofo que, como Sévarias fundador de la utopía de *Sévarambes*, o el príncipe ideal de *Le Prince, les délices des coeurs* de Morelly[11], ha sabido eliminar los obstáculos al progreso de la razón, promulgando las mejores leyes para el bien común. Pero el alcance de todos esos cambios no es particularmente revolucionario. Y en lo que se refiere a la igualdad —uno de los pilares declarados de la nueva sociedad— la novela rechaza la igualdad entre los sexos, reduce el valor de la mujer a su función procreadora, y llega a declarar explícitamente que la desigualdad es no sólo inevitable sino necesaria. "El reparto desigual es necesario" —afirma— "Haga lo que haga, ninguna sociedad numerosa podrá jamás ofrecer una felicidad igual a todos sus miembros; siempre habrá una clase de hombres menos afortunados" (Mercier 334-5). Mercier complementa su afirmación con una peculiar teoría del reciclaje que justifica el lujo de los ricos con la idea de que, por una parte, su experiencia del placer los educa para aprender a ofrecérselo a los menos privilegiados y, por otra, que las migajas de la mesa de los ricos siempre acaban, a fin de cuentas, en el plato de los pobres: sus ropas, sus muebles, recorren un camino descendente a través de las clases sociales una vez los desechan, y así, todo el mundo se beneficia. En última instancia, el narrador recorre, en la ciudad, sus propios prejuicios y, lado por lado con ellos "encuentra implementadas las ideas avanzadas que su propia época consideraba irrealizables" (Baczco 124).

Pero si no hay ruptura, si no hay alteridad radical, si no hay verdadera discontinuidad en el espacio ni en el tiempo, si el espacio alternativo donde existe la sociedad ideal que se encarna en la ciudad

11. Denis Veirasse, *Histoire des Sévarambes* (1716), Amsterdam, 1717; Etienne Gabriel Morelly, *Le Prince, les délices des coeurs ou Traité Des Qualités d'un grand Roi*, Amsterdam, 1751.

imaginaria que recorre el viajero es sólo un momento diferente en el continuo del tiempo, una etapa posterior en el proceso de la historia, ¿qué clase de utopía es esta?, ¿de qué modo podemos argumentar que *L'An 2440* es una novela utópica que inaugura un nuevo paradigma radicalmente diferente del de la utopía clásica?

En primer lugar porque cada uno de los elementos concretos que van puntuando el recorrido por el plano de la ciudad descrita funciona como figura de resolución simbólica de las contradicciones fundamentales entre individuo y sociedad, libertad y opresión, igualdad y explotación, etc., que la mirada del inglés recorría consternada en el primer capítulo. La Bastilla, símbolo de la crueldad y de la opresión se esfuma ante el Palacio de la Clemencia, el templo de la justicia desplaza la centralidad de la religión, factor ineludible de conflictos violencia, el orden de las avenidas resuelve el caos demencial de carruajes y peatones en pugna constante, las grandes plazas públicas reintegran al pueblo oprimido y marginado al centro simbólico del gobierno y la cultura, y la red de casas de salud neutraliza la miseria del Hôtel-de-Dieu, encerrando —en virtud de la analogía entre cuerpo físico y cuerpo político que establece el guía— la promesa de devolverle la salud a una sociedad en la que el exceso y el lujo "habían gangrenado como un cáustico abrasador las partes más sanas del Estado, y cuyo cuerpo político estaba cubierto de úlceras" (Mercier 64). En segundo lugar porque todos esos elementos de un París monumental se integran en ejes de transformación que recogen e inscriben en el relato las líneas maestras que articulan la nueva imaginación utópica en la Ilustración. Cierto, *L'An 2440* no es una gran novela, pero sí que es un texto fundacional de un nuevo paradigma utópico. Es como un faro de costa que ilumina fragmentaria e intermitentemente los puntos de articulación de una imaginación utópica que va, a su vez, explorando y delineando las coordenadas de un nuevo horizonte. El mismo horizonte contra el cual se recorta el pensamiento utópico de la emancipación de las colonias de las Américas.

Las huellas del paradigma narrativo anterior —el de la utopía en el espacio— son perceptibles en la novela de Mercier. En primer lugar en la elección del sueño como espacio de la visión utópica. El sueño simultáneamente implica la ruptura radical con el orden y la lógica de lo real —es decir el ingreso a un orden "otro"— y la posibilidad de su plena realización inmediata en ese espacio alternativo. Crea además una estructura narrativa en dos partes —vigilia/sueño— análoga a la de la novela de More. Y el tiempo del sueño es también, como el de la isla, un tiempo diferente, ajeno al de la historia y sujeto a sus propias reglas. En segundo lugar, la narrativa se despliega en una serie de contrastes implícitos o explícitos entre lo que recorre la mirada del narrador y lo que recuerda de la realidad que él y el lector comparten —la que se presenta en la primera parte de *Utopía* y en el primer capítulo de *L'An 2440*. Pero la creación del nuevo paradigma que inaugura la elección del viaje en el tiempo como vía de acceso a la utopía no es una simple estrategia literaria de efecto novedoso. Captura la profunda transformación de una imaginación utópica que va a ir expresándose en múltiples discursos, configurando visiones utópicas de una riqueza extraordinaria. La localización de la utopía en el mismo espacio histórico pero dentro de un tiempo distinto no revela falta de imaginación, sino que indica una imaginación utópica diferente que, por primera vez en la tradición occidental, ve la realización de la utopía como una posibilidad real. El nuevo paradigma literario que articula la novela apunta a las líneas maestras de un pensamiento utópico que va a ir trazando los caminos de la imaginación utópica hacia su destino —una sociedad ideal para una humanidad utópica— guiada por la razón que ilumina esos caminos, y siguiendo las leyes del progreso, que aseguran su resultado.

La utopía, nos recuerdan Bloch y Marin, es un discurso. Un modo de discurso figurativo particular, que crea figuras de resolución simbólica a las contradicciones históricas que están en su origen. Es un discurso indicativo más que referencial, en el sentido de que su referente no es la realidad que *indican* sus figuras sino la negación de esa realidad que cristaliza en la figura utópica: isla, ciudad ideal, país perfecto. El discurso utópico puede adoptar formas múltiples —la novela es sólo una de ellas. Es siempre un discurso oposicional y crítico que contrapone a la realidad histórico-social un espacio imaginario de resolución simbólica: el de la utopía. Pero no todo espacio imaginario es utópico. Para serlo, el espacio alternativo tiene que configurar "una representación sintética y disruptiva de alteridad social" (Baczco 15).

Entre todas las formas en que la imaginación utópica puede configurar el espacio alternativo de la utopía, la isla de Raphael y la ciudad ideal son sólo dos opciones posibles. Del mismo modo que el viaje imaginario es sólo uno de los paradigmas narrativos posibles. Son las dos opciones que elige y consagra More en su novela. Pero en el siglo XVIII la imaginación utópica se dispersa en innumerables discursos utópicos y en nuevos paradigmas, como, por ejemplo, el de la utopía ligada a la figura de un legislador ideal, como proyección de un código de leyes perfecto: la sociedad ideal concebida como efecto de un proyecto de perfecta legislación. Mercier apunta ya en esa dirección cuando el guía le explica al viajero que la causa de todos los problemas de 1770 fue la falta de buenas leyes, y que fue el descubrimiento de las buenas leyes "simples y fecundas" combinadas con "el arte del piloto" —la figura del rey filósofo— lo que abrió las puertas de la utopía (214).

Una de las características de la utopía como forma de imaginación social y como narrativa es la constante negociación entre lo imaginario y lo real, entre utopía e historia. La ciudad imaginaria tiene que ser "otra", coherente en sí misma y, a la vez, sistemática en su neutralización de la realidad contra la cual se levanta. En el siglo XVIII, el juego entre imaginación y razón, las negociaciones entre visión utópica, crítica social y filosofía política son fundamentales para comprender las formas en que se expresa la imaginación utópica. Explican, en parte la expansión del campo de la utopía durante todo ese período, y el constante movimiento de sus fronteras y límites. Y ayudan a comprender la multiplicidad de discursos que adopta la imaginación utópica para formular proyectar sus visiones. De hecho, uno de los rasgos que definen lo utópico en el XVIII es el hecho de que las grandes utopías no se articulan, en la mayoría de los casos, utilizando paradigmas clásicos. Combinan paradigmas tradicionales y crean formas híbridas, adoptando las formas del discurso político, del proyecto legislativo, la novela política o filosófica, el programa social, el tratado pedagógico, la reflexión filosófica o el discurso científico. A veces el mismo autor utiliza discursos diferentes para explorar y comunicar una misma visión utópica. Es el caso de Morelly y su publicación de dos obras que articulan una misma utopía. La primera es una novela: *La Basiliade* (1753). La segunda un tratado filosófico, *Le Code de la Nature* (1755), que articula brillantemente los principios de todo el sistema social que hace posible la existencia de la utopía de las islas flotantes que la novela narraba con todo detalle —aunque atribuyendo su creación a la visión del jefe indio Pilpaí—.

Desde todos esos espacios discursivos se tantean y fuerzan los límites de la realidad con un impulso decidido a "pensar lo inimaginable e imaginar lo impensable" (Baczco 17). De modo que, paradójicamente, el empobrecimiento y agotamiento progresivo de los paradigmas utópicos clásicos que se observa en la novela coincide con un gran enriquecimiento y revitalización de lo utópico y con una expansión de sus fronteras cuyos efectos se hacen sentir hasta la segunda mitad del siglo xx. La imaginación utópica multiplica formas y discursos, cristalizando en una gran eclosión de temas y opciones. La isla de Wilde se dispersa ahora en utopías naturales, utopías políticas y sociales, utopías civilizadoras, utopías urbanas o rurales, utopías religiosas, utopías científicas o tecnológicas.

Rousseau es una figura clave en la aparición de esa nueva imaginación utópica y, un ejemplo revelador de su dinámica, y de la flexibilidad con la que esa imaginación adopta y se adapta a discursos múltiples. Aunque nunca lo nombren el viajero ni su guía, su presencia esta claramente inscrita en la novela de Mercier. El principio de la novela mismo se estructura como bifurcación frente a la realidad caótica del París de 1770, entre dos jornadas posibles hacia la utopía: la que escoge el inglés y la que va a recorrer el viajero. "Me voy mañana...no puedo continuar en esta desventurada ciudad que, sin embargo tiene en ella misma los medios para dejar de serlo...Voy a buscar algún pueblecito donde, con el aire puro y los placeres simples y tranquilos pueda deplorar la suerte de los habitantes de esas fastuosas cárceles que llaman ciudades" (Mercier 41). El inglés escoge pues una utopía en el espacio: el pueblecito remoto. Y el espacio del pueblo es aquí metáfora que remite a un modo de vida radicalmente diferente, "natural", no contaminado por la civilización descarriada que representan la ciudad y sus lacras. Un espacio contiguo pero irreconciliable: "otro". Es el espacio simbólico de la utopía rousseauniana: el acceso a la felicidad, la libertad y la armonía por el retorno a las leyes de la naturaleza, que la civilización no ha hecho más que corromper y pervertir.

Pero el viajero le ofrece al inglés otra opción, la que explora el nuevo paradigma de esta novela utópica: "No sirvió de nada que le repitiera el refrán 'París no se hizo en un día' ni que le explicara cuánto se había perfeccionado ya en comparación con siglos antes. Unos años más, le dije, y tal vez no quedará nada que desear... sólo con que podamos ejecutar todos los proyectos que se han concebido ya" (Mercier 42). Los días y los siglos —el tiempo— son aquí el lugar de la utopía. Pero se trata de un tiempo progresivo —en contraste con el tiempo estático de la isla de More— que se mide por el grado de realización de los proyectos pendientes que concretan o anticipan, en 1770, la visión de la ciudad utópica. En el marco de este nuevo paradigma, la descripción de la ciudad que recorre a vista de pájaro la mirada del viajero, va a combinar la utopía social que se expresa en el urbanismo armonioso y racional del plano de la ciudad, con la utopía natural que inscribe el jardín maravilloso que forman sus terrazas: "Una terraza similar remataba cada edificio, de modo que el conjunto de tejados formaba como un vasto jardín, y, desde lo alto de una torre, la ciudad aparecía coronada de verdor, de flores y de frutos" (Mercier 62). Ambas utopías convergen en una figura utópica que ya no es tanto figura de ruptura radical como transformación en el tiempo: acción combinada de las leyes del progreso con la capacidad de perfeccionamiento de la especie humana. Son dos de las líneas de exploración de la utopía que recorren toda la obra de Rousseau.

Rousseau no escribió ninguna novela utópica, y evitaba cuidadosamente formular propuestas de legislación perfecta para una sociedad ideal incluso cuando se lo pedían, como en el caso del *Proyecto de Constitución para Córcega* (1765) o en sus *Consideraciones sobre Polonia* (1772). Criticaba y rechazaba las propuestas de utopistas reconocidos como el Abbé de Saint Pierre acusándolo de ingenuidad, y de proponer en su *Proyecto para la paz universal* (1713) puras quimeras, aunque reconocía el poder de transformación social que se encerraba en esas "quiméricas" visiones de sociedades y ciudades utópicas. Sin embargo, podemos rastrear las huellas de la imaginación utópica en todos sus textos. Todos ellos combinan el análisis racional de la realidad —la sociedad de su época, Córcega, Polonia— con la articulación de figuras utópicas, o con la visión de espacios utópicos alternativos. El *Discurso sobre los orígenes de la desigualdad* (1754) y *El Contrato Social* (1762) por ejemplo, adoptan la forma del tratado filosófico-político. Pero es la imaginación utópica la que organiza la teorización del sujeto y de sus relaciones con la sociedad y con la naturaleza. Dos son las líneas maestras de exploración del discurso utópico en estas dos obras. Por una parte, la teorización del yo y la reivindicación de un nuevo sujeto. Por otra, la formulación de una teoría política que asegure el encuentro armonioso entre ese nuevo sujeto, pleno y libre, y todos los otros sujetos igualmente plenos y libres en el marco de una sociedad compartida. El punto de partida de la exploración del sujeto es el estado de esclavitud de sus contemporáneos: "El hombre nace libre, pero en todas partes está encadenado", declara; pero esta esclavitud no es "natural" sino que fue impuesta "por fuerza y contra las leyes de la naturaleza" (Rousseau, *The Social* 3-4). La teorización del sujeto va a recorrer los pasos perdidos, liberando al ser humano del peso corruptor del pasado y de la opresión del presente. El nuevo sujeto enlaza con la visión de Locke de un ser humano, naturalmente bueno, que vive en un estado "donde reinan la paz, la buena voluntad, y la protección y ayuda mutuas" (Bloch, *The Principle* 537)[12]. Es una figura utópica. Se construye por el procedimiento clásico de la utopía: contraponiendo al hombre de su tiempo —desconectado de la naturaleza, servil, débil y corrompido, envidioso y codicioso, desgraciado, incapaz ya de responder al "impulso de la naturaleza", sin conciencia moral o responsabilidad ciudadana— a una figura de resolución simbólica: el *Yo individual.* Cada uno de sus rasgos invierte los que caracterizaban al otro sujeto. El hombre nuevo es fuerte, saludable y feliz. Se deja guiar por sus impulsos naturales y sus deseos se ajustan a sus necesidades. Vive una existencia plena, libre de cualquier forma de opresión, en perfecta armonía con la naturaleza. La cuestión que queda por resolver es la de su relación con los otros sujetos y la forma que debe tomar la nueva sociedad. *The Social Contract* articula la visión utópica de esa sociedad y clarifica las líneas que deben organizarla. Se trata de: "encontrar una forma de asociación que defienda y proteja a la persona y propiedad de cada miembro con toda la fuerza de la comunidad, y donde, aunque forme parte de una misma comunidad, cada individuo no obedezca más que a sí mismo, y donde siga siendo tan libre como antes" (14). Rousseau aborda la cuestión del acceso a esa utopía social con la creación de una segunda figura utópica, la del *Yo colectivo* —el *moi commun*—. Este sujeto se define por una profunda identificación con el bien común, que neutraliza simbólicamente la contradicción fundamental inevitable entre deseo individual del *Yo* pleno y el bien común. Rousseau clarifica que el *Yo colectivo* no es un "hombre natural", porque el orden social que representa y que "es un derecho sagrado que forma la base de todos los demás", no es un orden natural sino que "está fundado en convenciones" (*The Social* 4). La educación personal y cívica es la clave de la creación de ese sujeto y

12. Hobbes, por el contrario, consideraba que el hombre natural era el *homo hominem lupus.*

del programa utópico que articula la narrativa de *Emile* (1762). En esta novela, la fuerza potencialmente destructiva de las pasiones y el deseo es neutralizada por la educación, y el niño aprende progresivamente a ajustar la medida de sus deseos a la de su posible realización. Es una educación para la plenitud, pero también para el equilibrio entre el sujeto y las leyes naturales y sociales en las que se inscribe. En el resultado final, la visión utópica de la nueva sociedad y la del nuevo sujeto convergen en perfecta armonía: "Las buenas instituciones sociales son las más capaces de cambiar la naturaleza humana, de desplazar una existencia absoluta con una relativa, transmutando el *Yo* en unidad comunal, con el resultado de que cada individuo ya no piensa en sí mismo como uno singular, sino como parte de una unidad colectiva, y de que siente sólo como parte de un todo" (Rousseau, *Emile* 249).

Vemos pues como una misma imaginación utópica recorre textos tan dispares como *El discurso sobre la desigualdad*, *El contrato social* y la novela *Emile*. Pero no son estas las únicas formas que adopta la utopía en la obra de Rousseau. Dos obras tienen particular interés por la forma en que la imaginación utópica articula discursos utópicos que se entretejen con el documento legal y la propuesta política: El *Proyecto de Constitución para Córcega* (1765), y las *Consideraciones sobre Polonia* (1772).

Ya en *El contrato social*, Rousseau menciona la isla de Córcega como "el único país que queda en Europa capaz de legislación", y aclara que "el valor y la constancia con que su pueblo ha sabido defender su libertad merecen que algún hombre sabio les enseñara a conservarla" (*The Social* 54). Dos principios enmarcan su elección: el que define la libertad como derecho inalienable del individuo y del pueblo; y el que reduce la función legítima del Estado a la de preservar esa libertad. En 1764 Rousseau acepta el encargo del capitán Buttafoco[13] de formular un proyecto de constitución para la isla. El proyecto le ofrece una oportunidad de implementar las ideas de *El contrato social* formulando un plan político que organice una sociedad capaz de preservar la naturaleza de un pueblo que ha sabido definirse en función de su lucha por la libertad. Pero en el *Proyecto*, es la imaginación utópica la que organiza tanto construcción de la realidad histórica y social de la isla como

13. Mateo Buttafoco (1731-1806) era un aristócrata corso, capitán del Regimiento Real Corso.

el sistema económico y político que se plasma en la propuesta de constitución. Las dos caras del proyecto se validan mutuamente. La construcción utópica se articula sobre los elementos que Rousseau ya había identificado en sus escritos anteriores como más afines a la realización de su sociedad ideal. La aristocracia ha sido ya destruida por las fuerzas de la ocupación genovesa; hay pocas ciudades y la capital administrativa se sitúa en el centro de la isla, equidistante de todas las demás jurisdicciones; la vida rural domina sobre la urbana; la cultura de la tierra forma "hombres pacientes y robustos" de carácter indómito y valor legendario; la economía agrícola asegura su independencia porque, afirma: "La única manera de garantizar la independencia de un Estado frente a otros es la agricultura"; no hay acumulación de propiedad ni capital; y la simplicidad de la vida rústica y rural favorecen la igualdad y la democracia: "El sistema rústico favorece, como ya he dicho, el estado Democrático". Y, aunque no duda en calificarlos de bárbaros, el carácter nacional de los corsos los hace perfectos candidatos para el nuevo orden: "Observan entre ellos las reglas de la justicia y la humanidad con mas exactitud que los demás bárbaros...el mismo espíritu de equidad parece guiarlos en todas las cosas de la vida" (Rousseau, *Projet de Constitution* 108-9, 118). Es casi la imagen especular de otra figura utópica: la de Suiza —como Córcega, reducto simbólico de "la equidad, la humanidad, la buena fe"—, que Rousseau va construyendo en paralelo como modelo para su utopía de Córcega, concluyendo: "Corsos: este es el modelo que debéis seguir para retornar a vuestro Estado primitivo" (*Projet de Constitution* 120). El proyecto codifica como plan político las estrategias para la preservación de esos rasgos y cualidades naturales integrándolos en una estructura legal —la constitución— que garantiza la armonía entre individuos libres y una sociedad equitativa. Las clases sociales no desaparecen pero se modifican e igualan "por sí mismas, por el simple progreso del tiempo". El comercio es todo interior, la economía de la isla autosuficiente. No hay moneda porque "Córcega no la necesita". La industria se subordina a la agricultura ocupando solamente los lugares áridos e inutilizables para el cultivo. La riqueza del Estado está en proporción directa a sus servicios, y el tesoro en manos del pueblo. La productividad del pueblo surgirá naturalmente de un juicioso sistema de incentivos. Las leyes de sucesión se encargarán de evitar la acumulación y de mantener la igualdad entre ciudadanos. El resultado combinado de las dos líneas de aproximación del proyecto de constitución para una sociedad ideal en Córcega se ajusta perfectamente a la visión de Rousseau: una sociedad en la que "todo el mundo viva y nadie se enriquezca. He aquí el principio fundamental de prosperidad de la nación, y la vía política que propongo traza el camino para llegar a ese objetivo de la manera más directa posible" (*cfr. Projet de Constitution* 128-9, 130-2, 135 y 137).

Córcega es un espacio geográfico, y una realidad histórica, política y social, pero la visión que articula el *Proyecto* es una visión utópica. A medida que recorremos el texto, las analogías entre la construcción de ese espacio geográfico y el espacio utópico de la isla de More se multiplican: el aislamiento como condición necesaria y la articulación del carácter individual y colectivo como alternativa oposicional al exterior amenazante y su historia; la construcción a través de un código legal de su futuro como espacio de resolución simbólica de todos los males que caracterizan las sociedades europeas, y escenario en el tiempo y la historia del advenimiento de la sociedad utópica que se explora y propone en *El contrato social*. De ese modo, el texto actualiza lado por lado el viejo paradigma de la utopía espacial en un lugar remoto de More, con el nuevo paradigma que sitúa, como en la novela de Mercier, la visión de la utopía y su realización en el transcurrir del tiempo.

Algo parecido sucede con el texto de *Consideraciones sobre Polonia* (*Considérations sur le gouvernement de la Pologne*). De nuevo se trata de una obra de encargo. En 1770 el conde Wielhorski, portavoz de los Confederados de Bar, le pidió a Rousseau que considerara una propuesta de gobierno para su país. Es un texto político, pero se articula desde un discurso utópico que va desplazando gradualmente la realidad histórico-social de Polonia, el carácter de sus habitantes y la organización de su gobierno con la visión imaginaria de Polonia como lugar idóneo para el advenimiento de la sociedad ideal. La imaginación utópica de Rousseau combina la fantasía de la identidad polaca que han creado los confederados con la visión de Polonia como el lugar alternativo de la utopía social que articula su *Contrato*. De modo parecido a Córcega, Polonia se construye aquí —esta vez, en parte, en base a la información que recibe Rousseau de los Confederados— como un espacio de la libertad fundado en el carácter indómito de su pueblo. Bronislaw Baczco se refiere al recorrido que hace Rousseau de Polonia, su pueblo, sus instituciones y su historia, como el "viaje imaginario" de Rousseau aclarando que Rousseau nunca estuvo en Polonia. Y es cierto que, en ese sentido, su texto enlaza con ese paradigma utópico y que, como él, traza la trayectoria del sujeto hacia el objeto del deseo, que en este caso es la utopía social rousseauniana. Esta enlaza con el mismo discurso utópico que articulaba la representación de Córcega, validando, una vez más sus términos. Como en aquel caso, Polonia es un lugar de excepción, donde —al igual que sucedía en Córcega y por razones parecidas— es posible la creación del espacio utópico alternativo. Todas estas transformaciones, desplazamientos y adaptaciones de discursos se presentan como análisis objetivo de la realidad y como codificación de las condiciones necesarias para su transformación. Pero son en realidad obra de una imaginación utópica que va creando "un juego de espejos" interminable, entre la utopía de Rousseau y la mitología nacional de los confederados, donde "los contornos del país real se van borrando, dando paso a una Polonia imaginaria" (Baczco 58).

La imaginación utópica de Rousseau, que se expresa en discursos tan diversos como sus ensayos filosóficos, sus novelas, sus textos autobiográficos y sus propuestas de gobierno, articula un nuevo paradigma utópico. Tanto cuando se sitúa en el espacio —Córcega o Polonia— como en el tiempo —la sociedad del futuro— configura una visión de un espacio alternativo donde se conjuga la utopía de plenitud del sujeto en armonía con la naturaleza con la de una colectividad que logra el equilibrio perfecto entre el *yo individual* y el *yo colectivo* por medio de la educación de sus miembros y de una legislación "legítima" que —expresando la voluntad de todos sus *yos* colectivos— proteja la libertad, los derechos naturales y el bien común.

Rousseau tronaba contra los utopistas de su época y criticaba la ingenuidad del Abbé de Saint Pierre —utopista inveterado— porque imaginaba sociedades quiméricas que se basaban en cómo debería ser la gente y no en cómo eran realmente. Él afirmaba formular los principios de *El contrato social* a partir de un análisis riguroso de la naturaleza humana, y se preciaba de considerar "los seres humanos tal como eran y las leyes tal como podrían ser" (*The Social Contract* 3) y es cierto que hay en todos sus escritos una tensión entre la imaginación utópica y un racionalismo pragmático que se expresa por ejemplo en su definición del "buen político" y su arte de gobernar, y en su discusión de la propiedad privada, o la diferencia entre igualdad y equidad. Pero esto no cambia el carácter utópico de la visión que se despliega en sus textos. El punto de articulación central de esa utopía es la idea de un equilibrio perfecto. Equilibrio en el sujeto utópico entre deseo y necesidad[14]. Equilibrio entre individuo y sociedad basado en la armonía entre *yo individual* y *yo colectivo*. Equilibrio entre sociedad y naturaleza. El resultado final es una sociedad sin grandes cambios ni sobresaltos, un mundo feliz suspendido en un equilibrio que no necesita alimentarse de constantes innovaciones tecnológicas ni de grandes novedades culturales. Y en ese punto mágico de articulación se encuentra precisamente la semilla de su fractura inevitable. No hay duda de que el pensamiento de Rousseau fue clave en el ideario de la Revolución Francesa. Es igualmente cierto que, por ejemplo, sus teorizaciones del *yo pleno*, su reivindicación de los derechos inalienables, sus discusiones de la alienación y de la desigualdad económica y social, anticipan aspectos centrales del pensamiento de los siglos XIX y XX, incluyendo el pensamiento de la emancipación. Sin embargo, no supo ver la importancia de las grandes transformaciones del pensamiento científico de su tiempo[15], ni el impacto de los desarrollos tecnológicos que culminarían en la Revolución Industrial. No pudo anticipar que "la armonía de la visión rousseauniana sería destruida de forma irreparable por la difusión de la ciencia y de la tecnología, y que el deseo se volvería infinitamente dinámico y acabaría virtualmente por identificarse con la necesidad" (Manuel and Manuel 448). Ni que, anclada en la convergencia de razón, ciencia y deseo la imaginación utópica exploraría espacios alternativos de crecimiento y desarrollo ilimitados "apostando por un crecimiento inagotable de deseos y necesidades que a Rousseau le hubiera parecido el peor de los desequilibrios y la mayor de las desgracias" (458). De hecho, la idea misma de la perfectibilidad del ser humano, que va a ser uno de los puntos de articulación centrales de la imaginación utópica y del pensamiento político de la ilustración es para Rousseau la causa primera de la ruptura del equilibrio originario en el que el hombre natural vivía feliz:

> ¿Por qué es el ser humano el único que se vuelve imbécil?...es porque en la vejez o en otros accidentes pierde todo lo que su perfectibilidad le había hecho adquirir...Y sería triste que tuviéramos que concluir que esta

14. Aunque ya desde el *Discours sur l'origine de l'inégalité*, introduce —y lamenta— el poder disruptivo y desestabilizador del "instinto de perfectibilidad".
15. De hecho no consideraba la educación en las ciencias, ni el interés en cuestiones científicas, una parte necesaria en su programa de educación.

> facultad distintiva y casi ilimitada es la fuente de todas sus desgracias; que es ella la que lo arranca a lo largo del tiempo de esta condición originaria donde pasaría sus días tranquilo e inocente; es ella la que haciendo florecer con los siglos sus luces y sus errores, sus vicios y sus virtudes, lo convierte al fin en tirano de sí mismo y de la naturaleza. (*Discours* 171-2)

Desde posiciones antitéticas, la idea de la perfectibilidad del ser humano y de la sociedad ocupa un lugar central tanto en la novela de Mercier como en los textos de Rousseau.

Pero es en la convergencia de la perfectibilidad de la especie humana con la teoría del progreso y la redefinición de la historia donde se fijan las coordenadas del nuevo horizonte utópico. Son las coordenadas indispensables —la nueva rosa de los vientos— para cartografiar la dinámica de la imaginación utópica en el proceso de la emancipación de las colonias de América y de Hispanoamérica. La reconceptualización del tiempo es el marco en el cual se inscriben esas nuevas coordenadas.

La discusión del tiempo en la antigüedad clásica se sitúa entre la idea metafísica de Platón, que considera el tiempo como acto del creador, un "ser viviente" eterno, para inscribir en su creación de un universo finito una imagen de su propia eternidad — "...Y así, cuando ordenó los cielos creó en aquello que llamamos tiempo una imagen móvil de la eternidad" (51)— y la aproximación matemática de Aristóteles. Éste explora el tiempo a partir de sus atributos, propiedades y funciones, utilizando números y geometría para demostrar que el tiempo es "una medida del movimiento y de ser movido", "una especie de número"; y explica sus propiedades y modalidades —el pasado, presente y futuro— por analogía con los puntos de una línea, un continuo en sucesión perpetua, "hecho continuo por el *ahora* que, a la vez, lo divide" (217b29-2248a1) En el siglo II a.C. el poeta Maccius Plautus contrapone su propio reloj biológico —"mi estómago era mi reloj/ mas seguro, exacto y verdadero que cualquier otro"— a los relojes de sol instalados en las calles de Roma, y se lamenta amargamente de la forma en que estos "hacen pedazos mis días de forma detestable/ cortándolos en pequeñas porciones" (Dolan 37). Siglos más tarde, San Agustín (354-430) diferencia entre el tiempo físico y el mental, y enfoca su exploración del tiempo en el alma: "Que nadie me diga que el tiempo está en el movimiento de los cuerpos celestes...hay tres tiempos: el presente de las cosas pasadas, el presente de las cosas presentes, y el presente de las cosas futuras. En el alma hay estos tres aspectos del tiempo, y no veo que existan en ningún otro lugar" (Dolan 37). En toda la Edad Media coexisten lado por lado el tiempo religioso —el que ordena la vida de los monasterios y mide el movimiento del alma hacia Dios— con el tiempo secular que medían los calendarios agrícolas y los "libros de horas".

No obstante, la naturaleza misma del tiempo no vuelve a saltar a primer plano hasta el Renacimiento, cuando la invención del reloj mecánico resuelve el problema de medir el tiempo a la vez que, inscribe la presencia del paso del tiempo con fuerza nueva en la vida cotidiana y la conciencia de la gente. Ese redescubrimiento de la centralidad del tiempo —que viene a coincidir en arte con el descubrimiento de la perspectiva— se expresa claramente en la literatura. Dante, por ejemplo, explora la fugacidad del tiempo en el Purgatorio y el Paradiso de su *Divina Commedia*[16] y en el canto X del Paradiso utiliza la imagen del reloj para representar la armonía espiritual en la convergencia de todas las fuerzas del universo (Dante Alighieri 189-90). La correspondencia de Petrarca, por otra parte, revela a un hombre consumido por el tiempo, un personaje que atomiza cada hora y cada instante con una actividad incesante, obsesionado por la necesidad de aprovechar cada momento, de exprimir hasta la última gota cada una de las medidas del tiempo, un hombre que llevaba la filosofía del *carpe diem* hasta el punto de que no podía tolerar un solo momento ocioso.

Con Galileo primero y luego con Newton el concepto del tiempo adquirió una nueva dimensión que intensificaba su poder. La *t* que aparece en las fórmulas de Galileo y en las leyes del movimiento de Newton iluminaba los nuevos caminos del conocimiento científico, subrayando la centralidad del tiempo en los descubrimientos de las ciencias. El tiempo se convirtió en un elemento clave en el conocimiento y el control del mundo físico y Newton capturó ese poder en una nueva definición: "El tiempo absoluto, verdadero y matemático fluye inmutable, por sí mismo, y por su propia naturaleza, sin relación alguna con nada externo, y se conoce también con el nombre de duración; el tiempo común, relativo y aparente es alguna medida sensible y externa...de esa duración, que se usa comúnmente en lugar del verdadero tiempo" (6). Esta nueva

16. "Ben se'tu manto che tosto raccorce/Sì che, se non s'appon di dì in die/Lo tempo va dintorno con le force".

visión del poder del tiempo recorre la literatura. En sus *Love Sonnets*, Shakespeare ensaya estrategias de combate para derrotar al tiempo, enemigo supremo del poeta, destructor implacable de su subjetividad, de su vida y de su mundo. El amor, los hijos y la poesía son las armas de elección en esa lucha a muerte en la que el sujeto es siempre destruido, y donde lo único que sobrevive es, en el mejor de los casos, el recuerdo. Quevedo se rebela en sus sonetos contra ese tiempo, afirmando el poder del amor frente a la muerte, el sentido de unas cenizas que, en vida, ardieron de amor. Pero, en última instancia, se rinde ante el tiempo como la fuerza inexorable que aúna el espacio simbólico de la vida —los pañales— con el de la muerte: la mortaja.

Sin embargo, cuando Turgot proclama en La Sorbona, en su discurso de diciembre de 1750: "¡Ha llegado el tiempo!", está hablando de un tiempo muy diferente[17]. Es un tiempo productivo y progresivo, el tiempo de una nueva historia, el que mide el recorrido hacia las utopías de la ilustración, y hacia los grandes movimientos de liberación: la Revolución Francesa, la independencia de las colonias de Norteamérica, la emancipación de las antiguas colonias españolas en la América Latina. Y cuando Turgot habla de progreso, utiliza el término de manera precisa, definiendo un proceso de transformación sujeto a unas condiciones específicas, y que procede de acuerdo con leyes que va a ir articulando ya desde la *Seconde Sorbonique* de 1750.

Comienza Turgot enmarcando su reflexión con una distinción fundamental, que contrasta claramente el mundo de los fenómenos naturales con el del desarrollo de la humanidad. El mundo de los fenómenos naturales, explica, "estando como está sujeto a leyes fijas, está encerrado en un círculo cuyas revoluciones nunca cambian" (5). El desarrollo de la humanidad, por otra parte, "ofrece de siglo en siglo el más diverso espectáculo" (5). De entrada, pues, el desarrollo de la humanidad se define por la variedad y el cambio, frente al eterno, repetitivo retorno de los fenómenos de la naturaleza.

---

17. Anne-Robert-Jacques Turgot (1727-1781) pronunció este discurso que se conoce como *Seconde Sorbonique* como miembro de la exclusiva "Maison de la Sorbonne" en diciembre de 1750, cuando tenía sólo 23 años. Su primera *Sorbonique* —que había presentado en julio de 1750— era una reflexión sobre el cristianismo, pero la segunda llevaba un título muy diferente: *Tableau philosophique des progrès successifs de l'ésprit humain.* Utilizo la edición de McQuilkin publicada por The Sociological Press en 1929.

No obstante, y esto va a ser lo fundamental aquí, no se trata sólo de variedad y cambio sino de un cambio *progresivo*, es decir que progresa incesantemente en el transcurso del tiempo de un estado inferior a otro superior. Al filo de las vueltas y revueltas de su historia, argumenta Turgot, la humanidad ha ido creando y perfeccionando las ciencias y las artes. Y, a pesar de los obstáculos y de las fuerzas contrarias, a pesar de los destrozos causados por las pasiones y las guerras, "...las costumbres se han ido refinando, y el conocimiento ilumina cada vez más la mente del ser humano...y la masa total de la humanidad, a través de alternancias de calma y agitación, de buenos y malos tiempos, avanza inexorablemente, aunque a veces con paso tardo, hacia un nivel de perfección cada vez más alto" (15) Turgot clarifica las condiciones necesarias para ese progreso que diferencia radicalmente a la especie humana de todos los fenómenos del mundo natural, y reclama para su estudio un campo diferente del de las ciencias naturales. Su posición enlaza con la del propio Rousseau cuando éste exclamaba, en su *Discours sur l'inégalité*: "¡Es del hombre de quien quiero hablar aquí!" La base de su diferenciación es, en primer lugar, su concepto de naturaleza humana. Para Turgot lo que importa no es tanto que la naturaleza humana sea buena en su estado natural —como proponían Locke y Rousseau— sino el que está dotada de un instinto del bien que guía sus acciones y elecciones: "...ese instinto, ese sentido del bien y de lo bueno, que la Providencia ha grabado en cada corazón..." (12). En él se funda la ciencia moral. Pero ese instinto del bien se complementa con otro: el instinto de innovación. Juntos forman la base de la ley del progreso de la especie humana que Turgot va a ir explorando y refinando a partir de este primer discurso.

La idea de perfectibilidad era, para Rousseau, un factor desestabilizador que amenazaba su utopía de perfecto equilibrio. Para Turgot es todo lo contrario. La necesidad de perfectibilidad del ser humano es la fuerza que, combinando el instinto del bien con el impulso de innovación y con el poder de la razón, guía a la humanidad hacia una utopía que, como la de Mercier, se sitúa en el tiempo del futuro pero cuya realización no es ya una quimera, sino resultado de las leyes del progreso. Todo el recorrido por el pasado que hace Turgot en la segunda *Sorbonique* documenta la validez de esas leyes. Es consciente de que el pasado puede ser leído —como lo hacía Rousseau— como compendio de los errores y locuras de la humanidad, la misma visión que hacía que la historia no se enseñe más que censurada y editada de acuerdo con los términos de la utopía en el París de 2440 de la novela de Mercier. Pero lo que el recorrido por la historia de Turgot demuestra en la *Seconde Sorbonique* es que, a pesar de todo lo que podría apoyar esa visión, nada ha podido impedir el progreso inexorable de la humanidad hacia un futuro mejor. Las etapas del progreso del lenguaje que va desde el antiguo lenguaje de la poesía y de los mitos hasta el de las matemáticas —el lenguaje de la razón pura, y, para Turgot, el mejor y más verdadero de todos los lenguajes— indican el progreso de la mente humana hacia el grado de abstracción superior, que, para él, como para Hume, se asocia con el grado máximo de desarrollo de la mente. El ser humano siempre inquieto y en busca de nuevos horizontes, "siempre estimulado por la imagen de una verdad que está a punto de alcanzar, incapaz de encontrar reposo en algo que no sea la verdad" (Turgot 9), encuentra en las matemáticas el instrumento idóneo para alcanzarla. Y en el desarrollo de las ciencias que se basan en ese lenguaje se encuentra la mejor defensa contra cualquier retroceso, cualquier intento de impedir o bloquear, en el tiempo progresivo de la nueva historia, el movimiento hacia adelante.

En la visión de Turgot, ese movimiento hacia adelante incluiría, con el tiempo, a toda la humanidad ya que "la mente humana contiene en todas partes las semillas de los mismos logros" (6). Su imaginación utópica sitúa la utopía de la perfección en el curso de la historia y rompe con el modelo de insularidad de paradigmas anteriores. Ruptura que duplica Mercier en su novela, cuando nos dice que el viajero ha sabido que la transformación de París no es un hecho aislado, ya que se ha enterado leyendo los periódicos de que transformaciones similares se han producido en distintos lugares de la tierra.

Turgot recodifica filosóficamente la lucha entre el bien y el mal redefiniendo sus términos. El bien es el avance de la humanidad, en el tiempo progresivo, hacia la utopía de la perfección, del conocimiento y de la razón; el mal todo lo que se oponga a ese progreso. El progreso de la humanidad se va realizando en la pugna entre dos fuerzas: la del impulso de innovación del ser humano y la del peso de la rutina, del miedo y de la ignorancia. La humanidad avanza, subiendo peldaño a peldaño la "escalera que permitirá a generaciones sucesivas llegar cada vez más alto" (Turgot 8-9) en una dialéctica "de opiniones y errores" en la que hasta el mal tiene su función, hasta la destrucción es parte de un proceso general en el que la mente humana renace como el fénix de sus propias cenizas, cada vez con perfección creciente. Y, en el balance final, nos dice: "Como las tempestades que han convulsionado las profundidades del mar, los males inseparables de los grandes tumultos sociales desaparecen; lo bueno permanece, y la humanidad sigue avanzando hacia la perfección" (Turgot 10).

Ésta es también la visión utópica de la perfectibilidad humana, del tiempo y de la historia que ilumina los textos del marqués de Condorcet, cuyos escritos ocupan un lugar central en la configuración del horizonte utópico de la Ilustración. En su crítica a *Esquisse d'un tableau historique des progrès de l'esprit humain*[18], Malthus se admiraba de que Condorcet hubiera reafirmado en él las mismas ideas que su propia experiencia parecía estar desmintiendo. El hecho es que lo escribe bajo el peso de una sentencia de muerte. Condorcet, una de las luminarias de la revolución, miembro del club de los Jacobinos desde 1971, elegido miembro de la Asamblea en septiembre del mismo año, y de la Convención a la caída de la monarquía en el siguiente, ha sido condenado. Vota contra la pena de muerte para el rey en la convención en 1973. Desde ese momento su vida política se tambalea, y en julio de 1793 es denunciado ante la Asamblea por Chabot. Huye y se esconde en París mismo en casa de Mme. Vernet. Es allí durante los meses que preceden a su muerte —ocurrida misteriosamente después de ser capturado al fracasar su intento de escapar de París— donde compone el manuscrito del *Bosquejo*.

El *Bosquejo* se levanta sobre el mismo principio general que enunciaba la teoría del progreso de Turgot: la idea de que "los hombres se irán volviendo cada vez mejores y más felices" y, a grandes rasgos, incorpora las líneas centrales de su discurso utópico. Rechaza de plano el lugar que Turgot le concedía a la religión que, para Condorcet, ha sido siempre una fuerza negativa en la lucha por el progreso. Pero comparte con él la idea de la innovación constante y la perfectibilidad ligadas al progreso humano, la del poder decisivo de la razón, la del retroceso imposible, la de la libertad como condición necesaria para el progreso, la de la historia como escenario de verificación y realización de ese progreso. Pero es Condorcet quien da a esas ideas un nuevo sesgo, incorporando elementos nuevos, descartando otros, combinando

18. A partir de aquí me refiero a este texto como *Bosquejo.*

acercamientos y discursos; es él quien sistematiza la dinámica misma del progreso de la humanidad que se esbozaba en Turgot.

Desde el principio clarifica su propósito: "Éste es el objeto del trabajo que he emprendido aquí, cuyo objetivo es el demostrar, por el razonamiento y por los hechos, que nada debe poner límite al perfeccionamiento de las facultades humanas; que la perfectibilidad del hombre es realmente indefinida; que el progreso de esta perfectibilidad, a partir de ahora independiente de cualquier poder que quiera detenerlo, no tiene más limite que la duración de este planeta donde nos arrojó la naturaleza" (Condorcet 42). Y en la "advertencia" preliminar puntualiza que lo que quiere es "delinear los rasgos generales de las diversas épocas por las que ha pasado la especie humana, que atestiguan tanto su progreso como su decadencia, *revelando sus causas y mostrando sus efectos*" (44. Resaltado en el original)

El *Bosquejo* se divide en diez épocas. Las nueve primeras verifican la presencia constante del progreso en la historia y desentrañan sus leyes. La décima contiene una visión de la utopía del futuro. Una metáfora central recorre el texto hilvanando en un mismo continuo la trayectoria del progreso: la luz. El recorrido que hace Condorcet por el pasado es un viaje simbólico que va desde las tinieblas a la claridad. Y esa claridad se identifica con la razón, y, más específicamente, con el desarrollo del pensamiento científico. No es el primero que ve esa relación. Ya en la *Nueva Atlantis* de Francis Bacon el poder de la ciencia es la fuerza que alimenta una utopía social liderada por sabios que impulsan el desarrollo de la ciencia y de la tecnología. Las imágenes de luz y esclarecimiento inscriben en el texto la certeza de que ciencia, razón y progreso son inseparables, y de que el progreso del pensamiento científico y de sus logros se traducirá lógicamente en progreso social.

Condorcet retoma de Turgot la idea del deseo de innovación y la necesidad de cambio en el ser humano: "esa necesidad de ideas o de sensaciones nuevas, primer móvil del progreso del espíritu humano, que produce tanto el gusto de lo superfluo y del lujo como el aguijón de la industria, y la curiosidad que lo lleva a penetrar con mirada ávida el velo con el que la naturaleza ocultaba sus secretos" (113). La perfectibilidad del ser humano sigue siendo aquí la fuerza que impulsa todos los aspectos de su desarrollo, incluida la ciencia, pero, a diferencia de Turgot, la perfectibilidad no viene sólo del instinto de innovación, ni de un instinto del bien. El concepto de perfectibilidad de Condorcet enlaza más bien con el de Locke: "Creo poder afirmar —dice Locke— que las nueve décimas partes de los hombres que conocemos son lo que son, buenos o malos, por efecto de su educación" (27). Para Condorcet la educación es la clave de la liberación del individuo y la condición necesaria de su perfeccionamiento. Pero esta convicción no se traduce en la propuesta de una élite intelectual sino en una democratización de la idea del progreso. El progreso es para todos y, eso implica que el conocimiento tiene que ser accesible para todos. Por eso señala dos momentos fundamentales en la historia de la comunicación: la invención del alfabeto y la de la imprenta. Turgot ya señaló en su segunda *Sorbonique* el papel fundamental de la escritura en la preservación de los logros del pasado. Pero en Condorcet, la difusión de las ideas por la escritura y el lenguaje adquiere una importancia crítica. De hecho le lleva a proponer la necesidad de crear una nueva lengua para todos. Pero no se trata aquí de la lengua universal, de total precisión, con la que soñaba Leibniz, sino de una lengua que posea a la vez la precisión del lenguaje de las ciencias y la capacidad de comunicarle los procesos del pensamiento científico a todos los mortales: "Tal vez valdría la pena crear hoy una lengua de las ciencias que...fuera comprendida por los hombres de todos los países" [y que] "se convertiría, en las manos de la filosofía, en un instrumento útil para la rápida propagación de las luces" (Condorcet 85). La difusión de esas "luces" es simultáneamente condición necesaria de la existencia del progreso y de su preservación frente a las fuerzas del mal. Y el mal no se define para Condorcet por lo que es, sino por sus efectos en la difusión de esas luces que aseguran el progreso de la humanidad. Se identifica por lo tanto con la ignorancia y con todas las formas de privación de libertad que impiden el perfeccionamiento del ser humano manteniéndolo en las tinieblas de su ignorancia. De ahí su crítica feroz de la religión y de la Iglesia, y su visión del sacerdote como la antítesis del sabio científico. El primero utiliza sus conocimientos para mantener a la humanidad en la ignorancia. El segundo para ilustrarla en las nuevas verdades.

La educación es clave, en una idea del progreso que se expande y se democratiza, incluyendo a los dos géneros, y potencialmente a todos los pueblos del planeta. El progreso tiene aquí dos caras complementarias. Por una parte el progreso del espíritu humano, por otra el acceso progresivo a la igualdad entre hombres y mujeres, y entre todos los seres humanos. Para Condorcet, "la igualdad natural de los seres humanos, primera base de todos sus derechos, es la piedra angular de toda verdadera moral" (197).

El *Bosquejo* de la historia del progreso es una crónica de las batallas entre el bien y el mal, pero también de las que enfrentan a las fuerzas útiles con las que intentan bloquearlas. La utilidad es aquí un concepto clave porque en el *Bosquejo* la perfectibilidad no es tanto expresión de una cualidad innata como resultado de la búsqueda de soluciones útiles para cubrir necesidades, movida por el deseo de inclinar la balanza del lado del placer y la felicidad alejándola del dolor y la desgracia. "La narración de las primeras nueve épocas de historia del mundo en el *Bosquejo* revelan que la motivación sostenida de la humanidad ha sido la búsqueda interminable de la utilidad" nos recuerdan Frank y Fritzie Manuel (494-5). Es una idea ligada muy de cerca a la del progreso de las ciencias y de la tecnología, que cristaliza en su visión utópica de la revolución industrial: los avances tecnológicos al servicio de la liberación del trabajador, la promesa de una completa satisfacción de necesidades, la prosperidad general creciente. Pero en Condorcet la visión de la sociedad utópica del futuro no se basa precisamente en esos avances técnicos, aunque la tecnología y el desarrollo de las ciencias puras y aplicadas juegan un papel muy importante en su advenimiento. Se basa en la posibilidad de alcanzar un conocimiento del ser humano y de la sociedad que permita descubrir con exactitud las leyes de su continuo perfeccionamiento.

En el *Bosquejo* la imaginación utópica adopta discursos múltiples. Combina las formas del discurso de la historia con las de la filosofía política, y va validando la visión que articulan con un tercer discurso: el científico. No es casualidad que la nueva lengua utópica de comunicación universal que se propone en el *Bosquejo* sea una "lengua científica". Se trata de una propuesta que no es sólo pedagógica, ni pragmática. Revela la importancia central de las matemáticas como instrumento de progreso en todo el pensamiento de Condorcet, y su voluntad de formular las leyes del progreso de la sociedad con una precisión comparable a la de las leyes científicas. En una de sus obras inacabadas, Condorcet esboza un nuevo método de aproximación al conocimiento del progreso de los seres humanos, la matemática social: "La matemática social puede tener como objeto los seres humanos, las cosas, o a la vez cosas y seres humanos" (53). Es un cambio cualitativo en relación con

Turgot. En la teoría del progreso que se va articulando en el *Bosquejo*, Condorcet va a ir equiparando las leyes del progreso individual y colectivo con las leyes naturales que estudian y formulan las ciencias. Sobre esa base, el progreso se convierte en algo tan real y verificable como los procesos del mundo de la naturaleza. La certeza se apoya en una combinación de las leyes naturales con los principios del cálculo y la teoría de las probabilidades. Juntos vertebran su gran propuesta teórica: la creación de una ciencia de la sociedad fundada sobre la matemática social.

Las implicaciones del modelo teórico de Condorcet son considerables. Su visión de una sociedad alternativa que armonice perfectamente naturaleza, individuo y sociedad ya no es un sueño como el que tuvo el viajero de Mercier. La visión de la utopía del futuro ya no es una quimera. El camino de la humanidad hacia el progreso no es una fantasía. Es un proceso verificable sujeto a leyes precisas. La historia de los progresos del pasado puede ser la base de "una ciencia capaz de predecir los progresos de la especie humana, de dirigirlos, de acelerarlos" (Condorcet 88). Utopía e historia convergen en el *Bosquejo* con un discurso científico del progreso que garantiza su realización.

Al principio de la "Décima época" —última sección del *Bosquejo*—, Condorcet reafirma su método y defiende la validez de esta convergencia:

> Si el ser humano puede prever, casi con total seguridad, los fenómenos cuyas leyes conoce; si puede, incluso cuando las desconoce, prever con gran probabilidad los acontecimientos del futuro basándose en la experiencia del pasado, por qué habría de ser quimérica la empresa de trazar con verosimilitud el cuadro del destino futuro de la especie humana, basándose en los resultados de su propia historia? El fundamento de la fe en las ciencias naturales es la idea de que las leyes generales —ya sean conocidas o ignoradas— que rigen los fenómenos del universo son necesarias y constantes; y por qué motivo debería ser menos válido este principio para el desarrollo de las facultades intelectuales y morales del ser humano que para las otras operaciones de la naturaleza? (265)

La certeza en la visión utópica del futuro que se despliega en la "Décima época" se apoya ya sobre dos desplazamientos: el del sueño por la predicción y el de la quimera por la historia. Es sociedad alternativa y es utopía, pero ni es una isla en el espacio ni se sitúa en un tiempo desconectado de los procesos de la historia y sus leyes[19]. El París de 2440 es el sueño utópico de Mercier. La "Décima época" es una previsión utópica del futuro fundada en las leyes que rigen el progreso de la humanidad. Los rasgos de esta nueva utopía resumen las líneas de exploración de todo el *Bosquejo* y se articulan como propuestas de resolución simbólica a los obstáculos y contradicciones históricas que han impedido ese progreso en el pasado. La "Décima época" es una utopía de la libertad que esboza el lugar simbólico de realización de las dos caras de la teoría del progreso de Condorcet: es una utopía de la perfectibilidad indefinida del ser humano que pasa por el final de la desigualdad[20]:

> Llegará un momento en que el sol brillará sobre una Tierra poblada de hombres libres, que no obedecerán a otro amo que su propia razón; donde los tiranos y los esclavos...no existirán más que en la historia del pasado y en los teatros. (Condorcet 271)

La crítica de la desigualdad se sistematiza y su desaparición se plantea de forma analítica, como parte del progreso concertado de todos los aspectos de la sociedad. Hay tres clases principales de desigualdad: la desigualdad de riquezas; la desigualdad entre aquellos cuyos medios de subsistencia son heredados y aquellos que dependen de su propio trabajo para asegurarse la subsistencia; y la desigualdad en la instrucción. La condición necesaria para que la desigualdad no interfiera con el progreso es que "las tres deben disminuir de forma continua aunque sin llegar a desaparecer totalmente" (Condorcet 272). Sólo así es posible alcanzar sin trabas el objetivo: la perfectibilidad del ser humano.

La "Décima época" es una utopía de la perfectibilidad que aparece ligada a un discurso científico y sujeta a las leyes de la naturaleza y a los procesos de la historia. Y en la medida en que no es estática, como lo era por ejemplo la isla de More, se tiene que plantear el problema de los límites. ¿Hasta dónde puede llegar esa perfectibilidad? La respuesta

---

19. Pensemos, por ejemplo en la frase clave que captura esa desconexión en la novela de Mercier, borrando todos los procesos históricos que han mediado entre el París de 1770 y el de 2440 con un "Pues...con toda facilidad".

20. Pero en este punto Condorcet no prevee una igualdad total porque, aunque exige la igualdad completa entre los sexos, considera que hay desigualdades que son necesarias y cuya eliminación crearía desigualdades todavía más perniciosas. Para su teoría de la desigualdad, ver la "Décima época" (272-276).

de Condorcet es muy clara: "Hemos mostrado ya pruebas de que, en la acción misma, recibirán de su propio desarrollo una fuerza cada vez mayor; podríamos, por lo tanto, concluir ya que la perfectibilidad del ser humano es indefinida" (293). A partir de esta afirmación general, su razonamiento se expande hasta incluir no sólo la perfectibilidad segura del "esprit humain", sino la posible perfectibilidad de sus facultades naturales. Es "la última cuestión que queda por examinar" al final de la "Décima época". Y es el punto de partida de un segundo aspecto de su teoría de la perfectibilidad, que utiliza "la ley general de la naturaleza que determina la degeneración o perfectibilidad orgánica de animales y plantas" para proponer la posible perfectibilidad física de la humanidad. El cambio del entorno social, los progresos de la medicina, la mejora de la alimentación, las mejores condiciones de vida, la eliminación de la miseria y la desaparición de las enfermedades contagiosas podrían, según él, asegurar la salud y hasta "prolongar la vida":

> ¿Sería absurdo entonces suponer que ese perfeccionamiento de la especie humana debe ser considerado como susceptible de un progreso indefinido, que llegará un momento en que la muerte misma no será más que un efecto, o bien de accidentes extraordinarios, o bien del agotamiento de las fuerzas vitales; y que, finalmente no es posible asignar un término preciso a la duración misma del intervalo entre el nacimiento y la destrucción? Sin duda el ser humano no se volverá inmortal, pero, tal vez, la distancia entre el momento en que comienza a vivir y el momento en que se le hace difícil subsistir, sin intervención de enfermedad o accidente, puede extenderse sin cesar? (294)

La visión desoladora de Quevedo que juntaba "pañales y mortaja" se esfuma aquí ante la visión utópica de Condorcet, que utiliza el discurso de las ciencias para neutralizar el espectro de la muerte misma. Para el sujeto utópico de su "Décima época" hasta la muerte es un acto libre de la voluntad controlada por la razón. La veracidad de esa hipótesis se reafirma y se valida en el texto con la discusión matemática del término "indefinido", que se aplica ya tanto al progreso mental del ser humano como a su progreso físico. Y, del mismo modo que en esta visión de la utopía, el progreso del espíritu era capaz de derrotar en la historia al peso de los obstáculos heredados del pasado, los avances de las ciencias naturales y de las ciencias de la sociedad podrán romper los límites naturales, prolongando la vida y neutralizando la amenaza de la muerte.

Para Condorcet la utopía está ya al alcance de la mano[21]: "Todo nos dice que estamos al borde de la época de una de las grandes revoluciones de la especie humana", anuncia en su *Bosquejo*. La "Décima época" es el último cuadro de la progresión que recorren las nueve primeras: el de "las esperanzas y los progresos que le están reservados a la especie humana". Y, a diferencia de las visiones imaginarias o utópicas que la precedieron, ésta va a ser realidad porque "la constancia de las leyes de la naturaleza parecen así asegurarlo" (Condorcet 86). La visión articulada por la imaginación utópica en un texto que conjuga la autoridad del método analítico de las ciencias con el discurso objetivizador de la historia y la predicción científica del futuro, adquiere así una fuerza sin precedentes: se desplaza desde el espacio tradicional de la utopía —los espacios alternativos de los mundos imaginarios— a un espacio de posibilidad real en el futuro de la historia.

Hablando de Mercier y de su visión utópica, dice Alain Pons que hasta en la más bella construcción utópica hay siempre una falla que hace que el edificio acabe viniéndose abajo y que, en el caso de Mercier, esa falla fue la ingenuidad que le impidió prever el poder que alcanzarían los "hombres exagerados", los partidarios de Robespierre que acabarían condenándolo a muerte (Mercier 30). Algo parecido podríamos decir del sueño de equilibrio perfecto entre el *moi* y el *moi commun* del mundo ideal de Rousseau. Y del instinto del bien que Turgot reivindica como piedra angular de todo el edificio de su teoría del progreso de la humanidad. En el caso de Condorcet, matemático brillante y revolucionario convencido, condenado a muerte y acorralado por el terror en su escondrijo de París, el contraste entre la visión utópica de la "Décima época" y su situación real es particularmente desgarrador. Y podemos, con Pons, cuestionar el poder de una "ilusión, porque de ilusión se trata" que le hizo sobreestimar el poder de la razón, o subestimar el de la sinrazón (Condorcet 72).

Pero no cabe duda de que cada uno de estos cuatro autores juega un papel fundamental en la creación de nuevos paradigmas utópicos y en el trazado de una nueva rosa de los vientos: la de las nuevas coordenadas de la imaginación utópica. Sus puntos fijos de orientación incluyen la idea de libertad como derecho inalienable; la idea de igualdad como

21. No era el único que tenía esa visión. Leibniz ya dijo "El presente está preñado de futuro", y Mercier tomó esa cita como epígrafe de su novela de utopía en el tiempo.

fundamento de toda moral y base ineludible de organización social; la utopía de un sujeto pleno y libre; la posibilidad real de una sociedad de perfecta armonía entre individuo y colectividad; el individuo indefinidamente perfectible por sus elecciones y acciones; el progreso indefinido, posible y alcanzable por el acceso a la razón y al conocimiento; y la convergencia de historia y utopía garantizada por la aplicación del método científico y las leyes del progreso. Todo ello se conjuga en la visión que Condorcet articula en el *Bosquejo*. Y, es en ese sentido que la "Décima época" es un texto utópico paradigmático. En él se despliegan los puntos de orientación de la nueva rosa de los vientos en un discurso que combina la pasión arrolladora de su autor con la voluntad de rigor de un matemático, trazando las líneas maestras de una nueva forma de pensar la humanidad y el mundo. Son las coordenadas indispensables para navegar el horizonte de posibilidad donde se van a ir creando y transformando no sólo los ideales de la Revolución Francesa sino el pensamiento político que irá articulando, de la mano de la imaginación utópica, los programas revolucionarios de los grandes movimientos sociales de emancipación de las dos Américas.

# Capítulo III

## La conspiración

*Las utopías son realizables.*
*La vida misma marcha hacia las utopías.*

Nicolás Berdiaeff

En la mañana del 11 de julio de 1797, Don Juan de Montesinos y Rico se fue de la lengua con su barbero. Quién sabe si fue falta de criterio o exceso de entusiasmo revolucionario, el caso es que Montesinos le reveló a su barbero —el soldado José Chirinos— el plan de una conspiración que debía culminar en una insurrección el 15 de julio. De acuerdo con la declaración que hizo Chirinos ante el juez tres días más tarde,

> ...le insinuó dicho Montesinos que muchas personas Blancas con los Pardos, Morenos y Mulatos, aspiraban y tenían proyectada, la unión e igualdad sin ofender la Religión, pero que los bienes temporales serían comunes, y todos usarían de ellos como hermanos, y que no habría Estancos de Tabaco, pues todo sería libre: que en esta virtud solicitase amigos que con todo secreto se incorporasen y uniesen en esta empresa, previniéndole la comunicase a los de su satisfacción, entendido que la señal para conocerse unos a otros, ya fuese tarde o temprano de la noche, en las esquinas o calles de la ciudad, era llamarse hermanos. (García Chuecos 22)[1]

1. Véase también en el mismo volumen el *Informe al Rey del Capitán General Pedro Carbonell* para la narración de la delación de la conjura. (110-130).

A Chirinos le faltó tiempo para contárselo a dos amigos y, de común acuerdo, decidieron comunicarle la noticia a su confesor, el padre Domingo Lander. Éste le pasó el dato al Provisor y, el 13 de julio, el provisor Manzanares se reunió con el Capitán General Carbonell y le reveló la información que había recibido sobre la conspiración. Era la conspiración de Gual y España, llamada así por los nombres de dos de los criollos que la lideraron.

No se trataba de un hecho aislado. A primera vista podría parecer sólo un elemento más en la cadena de sublevaciones y conjuras que se sucedieron en Venezuela a partir de 1741. La conspiración de Andresote (1730), el Motín de San Felipe (1741) y la sublevación de El Tocuyo (1744), precedieron los dos intentos de Juan Francisco de León de derribar el poder la Compañía Guipuzcoana en 1749 y 1751. Y ya en 1743, la flota británica del almirante Knowles ofreció apoyo a los criollos en su lucha contra el monopolio de la Compañía asegurándoles que recibirían de Inglaterra "una mayor seguridad y más felicidad que bajo la tiranía de la Compañía Guipuzcoana de la que los veníamos a libertar" (*Diario de la expedición* 8). La conspiración de Juan Francisco de León limitaba sus objetivos a terminar con el poder monopolista de la Real Compañía Gipuzcoana —que desde 1728 controlaba tanto el comercio interior y exterior de Venezuela como el gobierno de varias provincias—. La chispa que encendió la insurrección fue el nombramiento de Martín de Echevarría —hombre de la Compañía— para reemplazar a Martín de León. Pero el apoyo a la conspiración revelaba un clima político que anticipaba ya el de la conspiración de Gual y España. Aunque Juan Francisco de León representaba directamente los intereses de los hacendados y pequeños cultivadores de Barlovento —que veían su poder muy limitado por el de la Compañía—, su rebelión contó con un apoyo popular lo bastante amplio como para obligar a la Compañía a suspender sus operaciones hasta 1751. La insurrección de Juan Francisco de León en 1749 nos ofrece una buena cala en el clima de agitación y descontento que iba, ya desde mediados de siglo, abriendo un nuevo horizonte de posibilidad.

Pero el contenido de la conspiración de Gual y España era radicalmente nuevo. La insurrección de 1749-1751 era un movimiento de protesta contra un monopolio, y de reivindicación de las prerrogativas de los hacendados —incluido su derecho al contrabando—. No tenía gran contenido político más que en la medida en que amenazaba el poder político de una Compañía comercial que controlaba el gobierno de varias provincias. El contenido político de la conspiración de Gual y España, por otra parte, era republicano e independentista; su origen ideológico se remontaba a otra conspiración —la de San Blas, descubierta en Madrid en febrero de 1795— y sus ramificaciones se extendían ya mucho más allá de la clase criolla que Gual y España representaban.

El mismo día 13 de julio, Montesinos fue detenido y en el registro de su casa se encontraron documentos que detallaban el proyecto y los objetivos de la conspiración, junto con listas de nombres de los demás implicados. Incluían nombres de militares, clérigos, hacendados, comerciantes, médicos, ingenieros, justicias y empleados de Hacienda. Y representaban un amplio espectro racial —blancos, canarios, negros, zambos, pardos y mulatos—.

Entre el 13 y el 15 de julio —fecha en que debía estallar la conjura— la mayoría de los implicados fueron detenidos, y el Capitán General se felicitó de haber cortado de raíz el movimiento rebelde. En los meses siguientes fueron sentenciados, algunos a morir ahorcados, otros a cadena perpetua, otros al destierro. Pero Gual y España habían logrado huir a Curaçao en plena redada. Y los demás cabecillas de la conspiración: Juan Bautista Mariano Picornell, Manuel Cortés Campomanes y Sebastián Andrés habían huido ya del penal de La Guaira y salido de Venezuela rumbo al Caribe el 4 de junio[2].

Todos ellos habían participado en la Conspiración de San Blas y, cuando convergieron en el penal de La Guaira a finales de 1796, el ideario revolucionario que habían ido formulando en la Conspiración de San Blas llegó con ellos a Venezuela.

El personaje clave para comprender el ideario de San Blas, su transferencia y reformulación en Venezuela, y la dinámica utópica que cristalizó en la conspiración de Gual y España es Picornell[3]. No sólo porque fue una figura central en ambas conspiraciones, sino porque su propia evolución ilumina de manera singular los caminos de la imaginación utópica, y la forma en que formulaciones utópicas que tenían sus raíces en el pensamiento político de la Ilustración intersectaron con

2. El cuarto conspirador de San Blas, Lax no fue con ellos porque lo habían trasladado a Puerto Cabello la noche antes.
3. Indispensables para su biografía son los trabajos de Casto Fulgencio López: *Juan Picornell y la conspiración de Gual y España*, y de Pedro Grases: *Preindependencia y Emancipación.* Ver bibliografía.

dos realidades distintas: la de la España del reinado de Carlos IV y la de la Preindependencia de las colonias hispanoamericanas, revelando todo un juego de reinscripciones y adaptaciones que iba anticipando algunas de las coordenadas del pensamiento de la emancipación.

Las opiniones sobre quien y cómo fue Juan Bautista Mariano Picornell son lo más variadas y contradictorias. Oscilan desde las que lo consideran un personaje poco recomendable con una ambición muy por encima de su mediocre talento de intelectual menor, o un aventurero algo chaquetero y nada escrupuloso, hasta las de la historiografía hispanoamericana que lo ve como un revolucionario de talla, precursor del ideario y los movimientos de la emancipación de las colonias. Algunos llegan a mitificar su figura dándole una dimensión heroica y aureola de apóstol de la libertad en todas sus formas. La falta de interés por su figura entre los historiadores españoles[4] contrasta con la centralidad que le conceden dentro del período de la Preindependencia los historiadores de Hispanoamérica. La tradición literaria no lo menciona siquiera.

De lo que no cabe duda es de que fue un personaje fascinante. En su trayectoria personal convergieron tres de los puntos de apoyo fundamentales de la dinámica utópica durante la emancipación: el viaje, el exilio y la traducción. Su presencia es elemento ineludible en cualquier intento de cartografiar lo utópico durante ese período. Es una presencia en constante movimiento y transformación. Y el "lugar" que ocupa Picornell en esa cartografía utópica es el que apunta Clifford; no es un punto fijo en el espacio sino un itinerario, o, mejor, un juego de itinerarios múltiples; más que un lugar delimitado, una serie de encuentros y traducciones (Clifford 10). Cada uno de esos "lugares" se convierte en punto de contacto para la transmisión y difusión del nuevo horizonte utópico. De conspiración en conspiración, su vida fue la de un aventurero, y también la de un agitador. Pero cada uno de sus desplazamien-

4. Entre los que lo mencionan fuera de Hispanoamérica véase Andrés Muriel, *Historia de Carlos IV*. Madrid, Biblioteca de autores españoles vol. I y II. 1959, Iris M. Zavala, *Masones, comuneros y carbonarios,* Madrid, Siglo Veintiuno (1971), Aguirrezábal, María Jesús. "La conspiración de Picornell en el contexto de la prerrevolución liberal española". http://institucional.us.es/revistas/contemporanea/1/ art_1.pdf

Destacan los dos artículos de Harris Gaylor Warren: "The Early Revolutionary Career of Juan Mariano Picornell", en *The Hispanic American Historical Review*, 22.1 (1942); y "The Southern Revolutionary Career of Juan Mariano Picornell", en *The Journal of Southern History*, 8, agosto, (1942).

tos en el espacio tenía una misión clara: la transformación de la realidad en un mundo mejor de acuerdo con las nuevas ideas que, en algunos casos, parece haber leído, o que iba adquiriendo en esos "encuentros", en sus contactos a veces fugaces y a veces prolongados con ilustrados revolucionarios, primero en España, luego en Hispanoamérica. Sus itinerarios, es decir su situación en la cartografía utópica, se relacionan con esa misión, y poco a poco van trazando el recorrido de su imaginación utópica, y delineando los contornos del nuevo horizonte utópico en los inicios del proceso de la emancipación.

Juan Bautista Mariano Picornell nació en Palma de Mallorca en 1759, en una familia de pequeños propietarios. No existen muchos detalles sobre su infancia y adolescencia pero, de acuerdo con una declaración del propio Picornell (A.H.N. *Primera declaración*, 11936, 1a) sabemos que estudió en el Seminario del conciliar de San Pedro y que hacia sus veinte años "sentó plaza de soldado" sirviendo de artillero en Cartagena, Cádiz y Jerez y participando en una campaña de corso (Aguirrezábal 15). Sabemos, por la misma declaración, que hacia 1780 se trasladó a Salamanca, ingresó en la universidad y cursó estudios "que fueron de tercero de Filosofía y tres y medio o cuatro de Teología" (A.H.N. *Primera declaración*, 11936, 1a). Allí se casó con Feliciana Obispo de Torres, y allí nació su único hijo, Juan Antonio. Salamanca es el "lugar" del primer gran viraje de la trayectoria de Picornell: de soldado a hombre de letras y pedagogo. Allí fue nombrado Conciliar de la escuela Mayor de la Universidad. Pero lo fundamental aquí es que Salamanca fue su primer punto de contacto sostenido con las nuevas ideas de los filósofos de la ilustración. La Universidad de Salamanca, y el Colegio de Filosofía en especial, eran, en la década de los ochenta, uno de los centros más activos de discusión y transmisión de ideas revolucionarias, "un foco de ideología materialista y de radicalismo político" donde, según Menéndez Pelayo (606), se formaba toda una nueva generación de revolucionarios. Picornell se movió durante toda esa década en los círculos del pensamiento ilustrado, leyó a Rousseau, y entró en contacto con las ideas fundamentales que articularían su propio pensamiento revolucionario más adelante. Allí desarrolló sus teorías pedagógicas, retomando algunas ideas centrales sobre la educación de la filosofía de Rousseau y algunos de los principios prácticos de las teorías de Pestalozzi. Y fue durante sus años en Salamanca cuando conoció al Abate Marchena, revolucionario incorregible, defensor apasionado de los ideales de los ilustrados franceses, colaborador de Napoleón, traductor de Montesquieu, Rousseau y Voltaire[5]. Salamanca es el punto de origen de la trayectoria revolucionaria de Picornell, y el "lugar" —en el sentido de Clifford— de su primer itinerario utópico. Este primer itinerario no se centró en la política sino en la educación. En 1785 Picornell compone su primer texto pedagógico bajo el título:

> *Examen público, catechístico, histórico y Geográfico, a que expone don Juan Picornell y Gomila, Socio de la Real Sociedad Económica de Madrid a su hijo Juan Antonio Picornell y Obispo, de edad de tres años, seis meses y veinte y quatro días, en un general que franqueará la Universidad de Salamanca Domingo 3 de Abril de este presente Año a las 10 de la mañana Año de 1785.*

El cuestionario está dedicado al Conde de Floridablanca, y en la dedicatoria Picornell formula ya algunas de sus ideas sobre la educación. Cuestiona la idea de que hay que esperar a la edad de razón para comenzar la educación del niño y reconceptualiza la primera infancia como el período más fructífero para iniciar al niño en el conocimiento: "aquellos preciosos días en que la flexibilidad de su memoria, pronta a recibir todas las modificaciones que se le quieran dar, sólo necesita de una aplicación metódica de sus facultades para procurarles los primeros elementos de la ciencia" (López 13). Propone un método afectivo-inductivo que conjuga la relación paternal, benévola y cariñosa del educador con su alumno, con un método que guía al niño progresando desde los datos de su propia experiencia en un ámbito familiar hasta el conocimiento más amplio de la geografía, la historia y la moral.

El cuestionario mismo contiene catorce tesis y preguntas sobre una gran variedad de temas que van desde la religión hasta la geografía del globo, la historia de los distintos pobladores de España y la evolución del castellano. Eran las preguntas que debían contestar los estudiantes para ingresar en los estudios superiores. Pero lo más interesante es que el cuestionario es sólo el guión práctico de un experimento pedagógico. Porque, tal como anuncia el título, Picornell efectivamente sometió a su hijo al examen del cuestionario ante un jurado examinador, y ante el

5. Pedro Grases sitúa su encuentro con Marchena en Salamanca durante esos años (*Preindependencia* 39). Castro Fulgencio López lo sitúa en Madrid entre 1790 y 1795 (27).

asombro de todo el jurado, Juan Antonio contestó satisfactoriamente las preguntas verificando así la eficacia del método de Picornell y demostrando el poder de su nueva filosofía de la educación.

En su dedicatoria, Picornell reconoce abiertamente que su método sigue las ideas de Rousseau, y que, apoyándose en "la autoridad de uno de los más grandes filósofos de Europa, he procurado seguir el rumbo que ha trazado este gran hombre, que es sin duda el de la misma naturaleza"; y vaticina el resultado final del experimento: "Un método tan luminoso no podía dejar de producir los más felices efectos. Tengo la satisfacción de que en la tierna edad de tres años, seis meses, y veinte y cuatro días, se halla ya en estado de sufrir el examen público que se ejecutará en una de las más famosas Academias de Europa" (López 13-14)[6]. La naturaleza del experimento no podía dejar de cautivar la imaginación de padres, educadores y pensadores como cautivó la de su padre, quien evoca su propia emoción y captura todo el dramatismo del momento en su *Dedicatoria:* "El natural regocijo que sentía en mi pecho al verle responder con exactitud una multitud de questiones utilísimas y satisfacer con una lengüecita que apenas podía articular las palabras a las repetidas preguntas de los que le tanteaban" (López 14). La idea misma de un niño que a los tres años demostrara ser capaz de ingresar a la educación superior en un lugar de tanto prestigio como Salamanca era espectacular, y la noticia del experimento y del éxito de la pedagogía de Picornell se difundió con rapidez por círculos muy amplios —hasta el propio Jovellanos se refiere a él en sus *Diarios* (Aguirrezábal 16)—. La importancia del éxito del experimento es doble. Por una parte confirmó para Picornell su propia fe en la educación como instrumento privilegiado para perfeccionar al ser humano y guiar la sociedad hacia el progreso. Y, a la vez, le convenció de que su poder de realizar transformaciones prodigiosas —la del niño en sabio prematuro— no estaba reservado a los grandes talentos sino que era igualmente eficaz con todos los seres humanos; de que la educación

6. *Juan Picornell y la conspiración de Gual y España* es una excelente biografía de Picornell, y ofrece la visión del personaje más completa y rica en detalles. Es novelada pero, aunque maneja una gran cantidad de datos, fuentes y documentos originales —verificables en muchos casos cotejando otras fuentes— no incluye notas al pie ni referencias biliográficas precisas. Sí incluye un apéndice documental. Todas las citas del *Cuestionario* y del *Discurso Teórico Práctico* aparecen en la obra de Casto Fulgencio López, quien cita extensamente de ambos textos.

podía, por sí sola, desempeñar el papel fundamental en la realización del potencial de cualquier ser humano: "porque me consta que muchos juzgaron su instrucción [la de su hijo] más bien efecto de un talento extraordinario que otra cosa, me veo obligado a confesar con el mayor candor que no es ningún monstruo de comprensión ni de memoria, y que lo que sabe es el fruto de un talento regular, cultivado con una educación metódica" (López 17). El resultado asombroso del examen del niño es la prueba irrefutable del poder la educación y de que la excelencia intelectual está al alcance de "el común de los hombres". Con el éxito del experimento la educación adquiere ya para Picornell una dimensión claramente utópica, a la vez que se democratiza.

A partir del experimento, Picornell se volcó en el desarrollo de sus teorías y un año más tarde publicó en Salamanca su *Discurso Teórico Práctico sobre la educación de la infancia dirigido a los padres de familia* (1786). Y es ahí donde se revela el alcance utópico cada vez más amplio de su visión de la educación. El *Discurso* es un tratado pedagógico, y es también un manual de acceso a la perfección del individuo y al progreso de la sociedad. La educación es el agente de transmutación de la naturaleza —"un bosque erial e inculto"— en un jardín que "produce dentro de su recinto los vegetales de todos los climas, las frutas más exquisitas y las más hermosas flores" (López 18). Las ideas de Picornell en el *Discurso* son consistentes con las propuestas pedagógicas más progresistas del momento. Retoma las ideas fundamentales de Pestalozzi sobre el desplazamiento necesario de la educación autoritaria por la educación persuasiva y afectiva, y sus principios incluyen el valor de la lactancia materna, el rechazo del castigo corporal para los niños, la solidaridad entre maestro y discípulo como vínculo y piedra angular del aprendizaje, el valor del ejercicio físico y la vida al aire libre y la individualización de la experiencia educativa. Ofrece métodos específicos para abordar la enseñanza de diversas materias, el método silábico para la lectura; el método progresivo que iba de lo más concreto y familiar para el niño hasta los conceptos abstractos para la enseñanza de la geografía y el estudio de la naturaleza; y el uso de cuentos y narraciones seductoras para la enseñanza de la historia y de la moral. Y todo ello con el objetivo de convertir al niño en verdadero ciudadano del mundo: "Al hablarles de los diversos habitadores del Globo, se tendrá gran cuidado en aficionarlos a todos y de hacer que miren al chino, al indio y al mogol como a conciudadanos de esta gran República del mundo" (López 22). Doble proyección utópica: la educación crea el nuevo sujeto utópico igualitario y fraternal con toda la humanidad; y el mundo se redefine como una gran república regida por los mismos ideales.

A fines de 1788 Picornell decide ampliar la difusión y el impacto de sus ideas y se traslada a Madrid con su familia. Su círculo de contactos se amplía considerablemente. Se hace miembro de la Real Sociedad Económica. Entra en contacto con la masonería y, según algunas fuentes (Warren, *The Early* 58) llega a ocupar un alto cargo en la Logia España, fundada por Giuseppe Bálsamo, alias el Conde de Cagliostro, ocultista, falsificador y aventurero consumado. A diferencia de las logias fundadas por el Conde de Arana a partir de 1760, que tenían un contenido aristocrático y filosófico, las que había fundado Cagliostro en Barcelona, Sevilla, Valencia, Cádiz y Madrid eran "populares, democráticas y revolucionarias" y funcionaban como centros de actividad revolucionaria (*cfr.* Tirado y Rojas 261-273; Warren, *The Early* 58).

En Madrid Picornell continúa apasionadamente su labor pedagógica. Funda y dirige una escuela y publica dos nuevas obras pedagógicas: *El maestro de primeras letras instruido perfectamente en todas las Obligaciones y Prerrogativas* (1789), y *Discurso sobre los mejores Medios de Escitar y Fomentar el Patriotismo en una monarquía* (1790). Ambos forman parte de un ambicioso plan de reforma de la educación nacional: el Plan de la Educación de la Juventud que le propone a Floridablanca en un *Memorial* de Agosto de 1790 (A.H.N. *Memorial* 3245). En él describe su proyecto de alfabetización y enseñanza de ortografía y gramática; educación en aritmética, historia y política; estudio de la Constitución; enseñanza de moral y civismo. El objetivo: crear ciudadanos cultos y conscientes de sus derechos y deberes como miembros de una comunidad armoniosa e igualitaria al servicio del progreso de la nación:

> Además de enseñar a los niños a leer con sentido y claridad, a escribir correctamente y con hermosura, contar con perfección; los principios de la Religión y Moral cristiana, las principales reglas de ortografía y gramática española, de la urbanidad y política, se les educa al tenor de nuestra Constitución, se imprime en sus costumbres las Leyes para que se les hagan familiares y naturales: se les da una verdadera idea de lo que es la

> Patria, de lo que es el bien público y de todas las obligaciones en que se hallan constituidos como vasallos y miembros del Estado, para que las puedan desempeñar dignamente; se les imbuye de aquellas máximas, impone aquellos principios y reviste de aquellas virtudes que se creen las más útiles, las más eficaces y conducentes a disipar la ignorancia y los errores del pueblo, enseñar y difundir las verdades más útiles y fomentar la gloria y prosperidad de la Nación. (López 25)

Picornell concluye el *Memorial* "ofreciéndose para abrir una escuela regentada por él, donde, poniendo en práctica sus normas, estaba seguro de rendir en seis meses los resultados que esperaba —es decir los mismos que había obtenido con su hijo— para obtener la protección del Gobierno y la adopción de sus reformas en todo el país" (López 23).

El 1 de agosto de 1790, por Real Orden, el conde de Floridablanca requirió a la Sociedad Económica para que estudiase el Plan y propusiera las enmiendas o cambios que considerara convenientes. El 2 de agosto se reunió la Junta de la Real Sociedad Económica para considerar y debatir el Plan. Picornell asistió a la sesión para presentar el Plan y contestar preguntas. El resultado fue muy diferente de lo que esperaba. El Plan fue rechazado en su totalidad, de hecho ni siquiera le permitieron terminar de leer su presentación. La intervención decisiva fue la de Don Francisco Cabarrús, respetado matemático y miembro de la Junta. Cabarrús interrumpió la lectura desde el principio y se lanzó a un ataque frontal alegando que el Plan no merecía siquiera ser leído ni considerado. Argumentaba que no valía la pena:

> leer aquel escrito ni otro alguno que hablase de buena educación, por ser en España tiempo perdido hablar de semejante materia, lo cual fundaba en este dilema: o el nuevo plan que se proponía era cual debía ser o no. Si lo era, *contendría precisamente muchas máximas e ideas opuestas a nuestro Gobierno, y, por consiguiente, no se podría aprobar*; y si no, evidentemente sería malo, por cuya razón se debía igualmente reprobar. Y así, fuese uno o fuese otro, debería archivarse dicho papel sin leerse, ni darle aquel curso que su Majestad mandaba. (López 17. El resaltado es mío)

Los argumentos de Cabarrús son tan contundentes como reveladores. Picornell no era todavía en aquel momento un revolucionario. Era un pedagogo progresista y reformista. El título mismo de su *Discurso sobre los Mejores Medios* deja bien claro que se proponía reformar la educación sin atentar al gobierno, es decir *dentro* de la Monarquía. Sin embargo, el argumento de Cabarrús ilumina el alcance revolucionario de la visión utópica de Picornell que impulsaba sus teorías ilustradas sobre la educación. Cabarrús simultáneamente reconoce que son las buenas —el plan "cual debía ser"—y aclara que no se pueden implementar porque, siendo buenas, serían, necesariamente, "opuestas a nuestro Gobierno".

El fracaso del Plan impulsó el segundo gran viraje de la trayectoria de Picornell. Se dirigió, de nuevo, a Floridablanca, en una carta fechada el 14 de agosto, esta vez para pedirle un cargo que le permitiera mantener a su familia y una beca para que su hijo pudiera completar su educación en el Colegio de los Escolapios de Madrid. Floridablanca le otorgó la Cátedra de derecho Natural de la universidad de Madrid y desde esa posición parece que Picornell viajó extensamente por toda España estudiando las condiciones de vida y el desarrollo de la economía, principalmente la agricultura en el país. Parece ser también que elaboró un extenso informe sobre el tema para Floridablanca, que multiplicó sus contactos con todo tipo de personas, y se familiarizó con el clima de descontento y aspiración de cambio que reinaba en distintos lugares[7]. Lo que si está claro es que durante los dos años que siguieron al fracaso de su Plan, el pensamiento de Picornell se radicalizó. Fue el segundo viraje de su trayectoria. Su "lugar" —el punto en el que intersectó su itinerario utópico de reforma social a través de la educación con el itinerario revolucionario de los futuros miembros de la Conspiración de San Blas— fue Madrid. Fue allí donde, durante esos años, entró en relación con todo un grupo de profesionales, intelectuales y profesores con los que formó un Comité Revolucionario. Todos ellos simpatizantes con los ideales de la Revolución Francesa, y muchos de ellos traductores de textos de la Revolución y del pensamiento político de la Ilustración. El Comité incluía profesores, abogados, médicos y a muchos de los organizadores de la futura Conspiración de San Blas. Estaban en él Manuel Cortés Campomanes, el más joven del grupo con sólo 19 años, ex alumno del Colegio de San Isidro y profesor ayudante en la escuela de la

7. Casto Fulgencio López asegura que durante esos viajes Picornell llevaba a cabo una labor constante de indoctrinación en los ideales de la revolución monárquica y captación de adeptos, pero no da datos verificables sobre todo ello (27- 32).

Real Comitiva; José Lax de Boas, profesor de Humanidades y traductor, alojado en la casa del Conde de Tepa; Sebastián Andrés, profesor de matemáticas por oposición en el Colegio de San Isidro el Real; Juan Pons Izquierdo, traductor profesional; Bernardino Gerasa, abogado y traductor; Joaquín Villalba, cirujano y autor de la *Historia y Biblioteca Universal de la Cirugía Médica Española*; y Juan Manzanares, abogado[8]. De entrada, las actividades del Comité Revolucionario se centraban en la propaganda revolucionaria, con la traducción y difusión de textos revolucionarios franceses que incluían desde las ideas revolucionarias del filósofo pre-comunista Bonnot de Mably (traducido por Lax) hasta la *Declaración de los derechos del ciudadano* (traducido por Pons Izquierdo). Los demás miembros hacían copias a mano que repartían entre un círculo cada vez más amplio de lectores, que a su vez hacían nuevas copias y las repartían clandestinamente entre un público cada vez más numeroso.

De acuerdo con la Acusación Fiscal (A.H.N. *Consejos*, 11937) del proceso que se siguió contra los conjurados una vez descubierta la Conspiración de San Blas, y de las propias declaraciones de los encausados, Lax fue el primero en proponer la idea de una conspiración. Los conspiradores comenzaron a reunirse en casa del Conde de Tepa en agosto de 1794. Lax era cerebro teórico de la conspiración, y Picornell su líder y ejecutor. A fines de 1794, Picornell le dijo a su mujer que necesitaba ausentarse de Madrid durante un tiempo para ocuparse de unos negocios en Parla, aunque en realidad se quedó en Madrid, cambiando de nombre —se hizo llamar Juan Obispo— y alquilando una habitación en una posada de la calle San Isidro en el barrio de las Vistillas. Desde allí continuó su labor de agitador atrayendo adeptos a su causa con un elaborado plan de indoctrinación apoyado por limosnas y ayudas que administraba desde su nuevo domicilio. La cuestión del origen de los fondos que manejaba Picornell no se ha esclarecido nunca pero consta que manejó dinero suficiente como para financiar sus actividades de captación, ayudar económicamente a Cortés y Andrés, y adquirir, papel, pólvora, armas y municiones. El propio Picornell declaró haber recibido seis mil reales de una comisión de Toledo, sin

8. La lista de nombres y los datos de profesión se desprenden de las declaraciones de los encausados Lax, Cortés y Andrés y Picornell en el proceso que siguió a la Conspiración de San Blas (A.H.N. *Consejos* 11936 y 11937).

precisar su origen, y en su declaración confesó haber repartido "4000 reales más o menos" en limosnas[9].

Fue durante esos meses en la posada de las Vistillas que Picornell escribió los dos documentos de la conspiración: el *Manifiesto* y la *Instrucción*[10]. El *Manifiesto* es una declaración apasionada que incita al pueblo a la rebelión contra el orden establecido. Comienza con una crítica feroz que no deja títere con cabeza. Enumera los males que aquejan el país, el mal estado de la agricultura, la pobreza de la industria, el exceso de impuestos:

> viendo al Estado Eclesiástico vejado, al noble abatido, y al plebeyo en la mayor opresión e infelicidad; a las ciencias sin protección, las artes sin fomento, la agricultura destruida, el comercio arruinado, las leyes sin fuerza, la virtud perseguida, el mérito desatendido, los buenos ministros depuestos, los Magistrados íntegros desanimados, los fueros de los Tribunales abolidos, los amantes del Público desterrados, los sagrados derechos de las Cortes violados, las Provincias invadidas, los Ejércitos sacrificados, el Reyno despoblado y el Erario Público exhausto...

Subraya la degradación del tejido social y moral mismo, la deshonestidad de la administración, la corrupción y decadencia de la corte, los sufrimientos del pueblo, ¿la causa de todo ello?, el mal gobierno de Carlos IV y sus ministros, con Godoy a la cabeza: "El Pueblo, plenamente convencido de que quantas miserias y calamidades afligen a la nación son efectos del mal gobierno".

La crítica acerba cumple dos funciones: por una parte define el escenario de la acción, configurando la realidad histórica como un espacio caótico y arbitrario, dominado por la explotación y la opresión; y por otra, y precisamente en virtud de esos extremos, legitima la sublevación popular. El pueblo se rebela porque no tiene otra alternativa y el contenido mismo de la sublevación no es otro que la recuperación de lo que Rousseau llamaba los derechos inalienables del ciudadano:

---

9. En la Primera Declaración de Rusiñol durante el proceso que siguió a la conspiración de Gual y España, éste dijo que Picornell había afirmado tener "un fondo de cinco millones puesto a su disposición para la conspiración de San Blas" (A.G.I Audiencia de Caracas, legajo 432, 84).

10. Ambos se conservan en el A.H.N. en la Pieza de Papeles Reservadísimos, números 1 y 3. Todas las citas a continuación y hasta que se indique otra cosa, pertenecen al *Manifiesto*.

"El Pueblo...se ve en la indispensable necesidad de ocurrir por sí mismo, en virtud de sus imprescriptibles derechos, al remedio de tantos males, por ser de otro modo salvar a la Patria de la entera ruina que la amenaza..."

En cierto sentido se puede decir que, a grandes rasgos, el *Manifiesto* reinscribe la estructura persuasiva de la novela de More: la primera parte detalla los elementos del caos y la segunda se construye como figura utópica de resolución simbólica a ese caos. Pero la figura de resolución simbólica no es aquí una isla sino la sociedad misma. Como en todas las revoluciones modernas, utopía e historia se dan la mano. La revolución es la promesa del ingreso inmediato a la utopía a través de la acción. Pero no en un espacio diferente —More— ni en un tiempo futuro —Mercier— sino en el aquí y ahora. A la crítica sigue pues en el *Manifiesto* el llamado a la revolución, única vía capaz de transformar ese caos en orden utópico. Una revolución que une e iguala a todas las clases bajo su estandarte: al "eclesiástico vejado, al noble abatido, y al plebeyo en la mayor opresión e infelicidad".

Tanto la legitimidad de la revolución como sus objetivos están claros: "Todos estos motivos obligan al pueblo a tomar la firme resolución de *recobrar sus derechos, de hacerlos valer y respetar*, con el fin de corregir el gobierno y arreglarlo del modo más conveniente al restablecimiento de *la felicidad general*" (El resaltado es mío).

Los tres puntos que cierran el discurso del *Manifiesto* muestran claramente las huellas de la imaginación utópica de Picornell y sitúan su discurso en el nuevo horizonte utópico de la Ilustración. Aclaran que ésta es una revolución para el bien de todo el pueblo: "Siendo esta empresa útil para todos"; precisa que esta revolución es "hija de la razón, de la justicia y de la virtud"; y asegura que en ella y por ella "Entre todos los españoles habrá Unión, Constancia y Fidelidad".

La *Instrucción*, segundo documento que preparó Picornell para la Conspiración de San Blas, es de carácter muy diferente. El *Manifiesto* era muy poco específico en lo que se refiere a las acciones concretas de su realización. El único punto fundamental que incluye es la creación de una Junta Suprema con poderes legislativos y ejecutivos muy amplios: "La junta suprema no sólo tendrá por ahora el poder absoluto para arreglar la nueva Constitución civil que se ha de observar en adelante, sino también para resolver y poner en ejecución quanto sea necesario y convenga para sostener y llevar a debido efecto la resolución del

Pueblo". Ni siquiera está completamente claro si se trata de un proyecto revolucionario republicano o de un plan reformista de monarquía constitucional. La *Instrucción*, por otra parte, contiene detalles para la ejecución del plan y la organización de la nueva sociedad. Sus veintidós artículos clarifican cómo el pueblo debe "reunirse, distribuirse, armarse y hacer el servicio bajo el mando de los jefes que eligirían" indica los lugares estratégicos que debían ser ocupados; contiene una lista de representantes del gobierno y funcionarios que habían de ser detenidos; explica cómo conseguir las armas necesarias para el triunfo y el mantenimiento de la rebelión y ordena que "todos los armeros, espaderos, longistas y demás que tengan armas vendibles... las presentarán sin detención alguna" (*Instrucción*). Orquesta cuidadosamente el despliegue de propaganda antes y después disponiendo que los "Los libelos, impresos, serían colocados en establecimientos y parajes públicos, "con el fin de irritar, seducir y alucinar al Pueblo con el *Manifiesto* y dirigirlo por medio de la *Instrucción*" (López 36). Y, finalmente, declara que todos los patriotas serán debidamente recompensados y todos los enemigos y traidores castigados con la pena de muerte.

El 30 de enero de 1795 Picornell dejó su habitación de la calle de San Isidro y se instaló en Lavapiés, en la calle Santa Isabel. Con la ayuda de uno de sus seguidores —el fundidor Manuel Hernández— guardó, en un cuarto del sótano de la Taberna del Sotanillo, un arca que contenía libros y papeles revolucionarios, y una partida de sables, cuchillos, armas de fuego, pólvora y municiones. Sin embargo, el 2 de febrero Manuel Hernández cambió de idea y delató la conspiración al Párroco de San Miguel. El Párroco le pasó la información al Gobernador del Consejo de Ministros, y éste ordenó al Conde del Pinar, Alcalde de Casa y Corte que desarticulara la conspiración y detuviera a los culpables sin dilación. La orden se cumplió, acompañada de registros, allanamientos, intimidación, redadas y confiscaciones. La instrucción del Sumario se hizo con rapidez y la justicia no vaciló en utilizar los "apremios" de la tortura para conseguir declaraciones completas de los implicados sobre objetivos, apoyos y participantes. Los interrogatorios revistieron una urgencia aún mayor, especialmente en relación con la amplitud de la conjura y sus apoyos financieros, a raíz de un anónimo que recibió Godoy el 7 de febrero. En él se afirmaba que "Picornell tenía muchos millones para sufragar los gastos" y que "estaban comprometidos con la conspiración hombres de todas las clases sociales y jerarquías; que los componentes de la Junta organizadora pasaban de ciento, y que estaban comprometidos en la conspiración algunos centenares de hombres de la plebe" (Aguirrezábal 28). Un "Informe Reservado" a S.M. preparado por el Gobernador del consejo durante el proceso parece indicar que en alguna declaración del sumario se mencionó la participación en la Junta de algunos altos cargos del gobierno "personas de cuya lealtad y probidad no se puede desconfiar" (A.H.N. *Estado*, 1361). Pero nada de esto transcendió, a pesar de que el nombre del Conde de Tepa aparecía en las declaraciones repetidamente asociado a las actividades de los conspiradores: era en su casa donde se alojaba Lax, en su cuarto donde se reunían los conspiradores y donde se sugirió que podían encontrarse más documentos relacionados con la conspiración[11]. No fue hasta dos años más tarde, durante el proceso que siguió a la conspiración de Gual y España, que el sargento Rusiñol reveló en su Segunda Declaración los nombres de varios conspiradores de muy alto nivel: el conde de Aranda, la marquesa de Matallana, el conde de Tepa, el duque de Almodóvar —traductor de la obra del Abate Raynal—, el marqués de Colomera, y otros muchos más. Declaró también que Almodóvar había sido designado Presidente de la Junta Suprema de la Nación, y aseguró que "los cinco millones se habían facilitado por los quatro Grandes Partidarios y varios Comerciantes" y que se había decidido que se entregase el mando del ejército al general Masarredo (Rosiñol 432, 84).

El juicio duró más de un año, retrasado entre otras razones por el motín que los reos encabezados por Picornell armaron en la cárcel en octubre de 1795. La sentencia, en mayo de 1796 condenó a morir en la horca a Picornell, Lax, Cortés y Andrés. Pons y Garasa, prófugos ambos, recibieron la misma pena. Otros implicados en grado menor o encubridores recibieron penas menores y cinco encausados fueron absueltos. En junio, el rey encargó a su consejero, Pérez de Lema, que estudiara el proceso. Y el 26 de julio, Pérez de Lema envió su informe al rey suplicando: "que se vea, considere y resuelva por la Augusta Persona del Rey, si será más útil y decoroso adoptar otro castigo... mayormente notándose en el proceso algunos defectos capitales que

11. Rosiñol, en su *Primera Declaración* da información relevante cuando dice que Picornell le había contado que la Junta Suprema de San Blas debía incluir "tres o quatro Grandes de España" (432, 84).

lo hacen ilegal", y aconsejándole la conmutación de la pena de muerte por la prisión en los penales de ultramar. Con la misma fecha, el duque de Alcudia le respondió en nombre del rey: "El Rey se ha conformado con este dictamen, y ha decretado conforme a lo propuesto...previniendo que los castillos elegidos son Puertobelo, Puerto Cabello y Panamá" (A.H.N. *Estado*, 3161; *Informe* y *Oficio*).

El primero en llegar a La Guaira —parada provisional camino del destino definitivo de los reos— fue Picornell. Llegó el 3 de diciembre de 1796. Sebastián Andrés y José Lax llegaron en abril, Manuel Cortés Campomanes en mayo y, poco después, llegó Juan Manzanares, completando el traslado de todo el grupo de conspiradores al mismo penal de La Guaira.

Fue el sargento José Rosiñol quien se encargo de desembarcar a Picornell y llevarlo a su celda el 5 de diciembre. Y fue también Rosiñol su primer enlace con un grupo de criollos simpatizantes de la Revolución Francesa y partidarios entusiastas de sus ideales de libertad, igualdad y fraternidad, que se reunía en La Guaira para intercambiar ideas y proyectos revolucionarios. Era el grupo que encabezaban Manuel Gual y José María España. La Guaira fue el "lugar" del tercer gran viraje de la trayectoria de Picornell. En La Guaira el itinerario político de Picornell intersectó con el itinerario independista y republicano del grupo de Gual y España. Su pensamiento se radicalizó y su horizonte utópico se amplió incorporando el componente anti-colonial e independentista. Y el itinerario del grupo Gual y España se modificó también, pasando de la plática transgresora a la acción revolucionaria.

En los meses que siguieron se fraguó la conspiración. Y en la oleada de registros y detenciones que siguió a la delación de Chirinos se incautaron los papeles que Picornell y sus compañeros habían ido preparando desde La Guaira para la insurrección: las *Ordenanzas*, la *Alocución*, la *Exhortación al pueblo Americano*, la *Canción Americana* y la *Carmañola Americana*. Entre los papeles de Gual, se incautaron además la *Instrucción* y el *Plan Revolucionario de la Guaira*. Y entre los que guardaba Montesinos en su escritorio, además de las *Ordenanzas* se encontró el *Soneto Americano*.[12] Más adelante se añadiría a este cor-

12. Esta relación se encuentra en "Informe del Capitan General de Caracas al Príncipe de la Paz sobre la conspiración de Gual y España, fechado en Agosto de 1797" (García Chuecos 113-17). El *Soneto* se encuentra en el Apéndice Documental Casto Fulgencio López, pero no en el de Grases (*Preindependencia y Emancipación*).

pus de documentos de la conspiración el librito fundamental que publicó Picornell desde Guadalupe para difundir por toda Tierra Firme las ideas de su revolución: *Los Derechos del Hombre y del ciudadano* precedidos por un *Discurso Preliminar* y acompañados de las *Máximas Republicanas*.

La cuestión de la autoría de cada documento es un poco confusa. Concuerdo con Grases cuando atribuye categóricamente a Picornell la autoría de los dos textos que acompañan la *Declaración* en el librito publicado por Picornell en 1797 en la supuesta editorial de Madrid "La Verdad"[13]. Los demás textos se atribuyen generalmente a Picornell y Cortés, y la verdad es que por el hecho mismo de que combinan y recombinan los mismos elementos, duplicando a veces contenidos que se remontan a San Blas, y otras añadiendo una serie de motivos nuevos, propiamente anticoloniales y americanos, es difícil deslindar con certeza la partipación individual en ellos no sólo de Picornell y Cortés sino de los otros conspiradores, como Lax y Andrés, e incluso de España y Gual. Pero desde el punto de vista del proceso trasatlántico de transmisión del nuevo horizonte utópico y del ideario revolucionario de San Blas, no es esto un problema grave, porque lo fundamental es el modo en que todos los textos forman un conjunto coherente en el que, utilizando discursos y formas diversos, se va definiendo una nueva visión. Es una visión revolucionaria; y es una visión utópica que, reinscribe los elementos centrales del horizonte utópico que trazó el pensamiento filosófico y político de la Ilustración —y que la Revolución Francesa había intentado llevar ya al plano de la acción—, a la vez que esboza las coordenadas del nuevo horizonte utópico que irá delineando el pensamiento revolucionario de la emancipación.

Las *Ordenanzas* (1797)[14] constan de cuarenta y cuatro artículos que deben "observarse interinamente por todos los pueblos americanos"[15].

---

13. En realidad, tal como señala el propio Grases, esa editorial no existió jamás y el librito se editó en Guadalupe en los dos meses que siguieron a la huída de Picornell de La Guaira el 4 de junio de 1797.
14. Todas las citas de las *Ordenanzas* son del Apéndice Documental publicado por Grases en *Preindependencia y Emancipación* (véase bibliografía). El original está en la Academia Nacional de la Historia, Caracas.
15. Existe otro documento de instrucciones de foco mucho más limitado: el *Plan Revolucionario de la Guaira*, dictado por Manuel Gual a José Cordero con instrucciones específicas para la acción del movimiento revolucionario en La Guaira al estallar la revolución (*cfr.* López 367).

Su objetivo inmediato es el guiar la acción y organización del pueblo desde la insurrección hacia la constitución de un nuevo gobierno. Contienen instrucciones muy específicas sobre cómo armar al pueblo y organizarlo en milicias; qué hacer en cuanto se tenga noticia del estallido de la insurrección: consignas y gritos de pregón, toma de plazas, calles y lugares estratégicos; entrega de "todos los mapas, planes y papeles relativos a las Provincias. Castillos, fortalezas, establecimientos y trabajos públicos...por Inventario con toda fidelidad al Comandante de las armas"; proclamación de edictos; creación de Juntas Gubernativas electivas; funciones y responsabilidades de dichas juntas; concesión de indultos y amnistías por delitos cometidos antes de la revolución; los castigos que se aplicarán a quien se oponga a la revolución; procedimientos de elección de jefes y comandantes militares; abolición inmediata de la esclavitud; y publicación en todos los Pueblos "desde este mismo instante" de "los derechos del hombre para inteligencia y gobierno de todos" (Grases, *Preindependencia* 177). Amplían el alcance de la revolución ordenando la ocupación de "cuantas provincias juzguen luego conveniente para asegurar más y más el acto de la Independencia que será declarada en la ciudad de N. dando un plazo de tres meses desde la publicación de las *Ordenanzas*" para que las provincias "envíen sus Diputados con amplios poderes para la declaración de la Independencia, establecimiento del Gobierno General interino del Estado, y particular de cada Pueblo y Provincia" (Grases, *Preindependencia* 176). Subraya el internacionalismo de la futura República, su vocación de apertura sin límites al exterior y de comercio libre.

Pero el texto de las *Ordenanzas* no se reduce a una lista más o menos exhaustiva de medidas prácticas. Contiene también una visión muy clara de la naturaleza de la sublevación y de los objetivos de todo el movimiento revolucionario del cual la conspiración no es más que la chispa que debe prender la mecha. Y es precisamente en la construcción de ambas —la revolución y la nueva sociedad— donde el pensamiento político intersecta con la imaginación utópica en las *Ordenanzas*. No hay nada necesariamente utópico en contemplar una revolución justa que se legitime por sus mismos objetivos. Pero dos elementos desbordan el marco de esta propuesta política. En primer lugar la idea de legitimación de la revolución en virtud de un concepto de derechos inalienables y naturales —en la línea de las formulaciones de Rousseau— que convierte la revolución en recuperación de esos derechos, que la monarquía y el régimen colonial habían usurpado. La propuesta de que esos derechos inalienables existieron en algún momento y que ahora se trata de restituirlos es una línea de desarrollo utópica. No existieron antes, y de hecho la formulación de esos derechos fundamentales —que en las *Ordenanzas* incluyen la libertad, la igualdad y la justicia— define la revolución como figura utópica de resolución simbólica a algunos de los problemas centrales de la sociedad colonial —opresión, desigualdad, injusticia, usurpación de propiedades y derechos—. Lejos de ser un movimiento caótico, la revolución será "hija de la razón, la justicia y de la virtud". En segundo lugar, la caracterización del pueblo revolucionario y de la nueva República. Aunque se previene de que el mal no será inmediatamente neutralizado porque "no ignoramos que no faltarán superiores malvados y almas bajas" capaces de "seguir el partido de la tiranía, servir de instrumento de la opresión de su misma Patria", el Pueblo estará unido en su lucha por la libertad por "lazos de constancia y fidelidad" en la voluntad compartida de "morir primero que abandonar la justicia de esta causa" (Grases, *Preindependencia* 172). Y la nueva República se configura a su vez como un espacio utópico de resolución simbólica: sin pago de tributos, sin distinción de razas, con igualdad total entre todos sus miembros. Es el espacio simbólico de "la felicidad general", donde "la buena unión, la concordia e igualdad...ha de reinar constantemente entre todos los habitantes...". Su divisa —la escarapela con cuya detallada descripción concluye el texto de las *Ordenanzas*— es el emblema de esa armonía:

> Será la divisa una escarapela cuatricolor, a saber: Blanca, Azul, Amarilla y Encarnada.
>
> Significación de los cuatro colores:
>
> Los cuatro colores de sus reunidos patriotas que son Pardos, Negros, Blancos, Indios
>
> La reunión de las cuatro provincias que forman el estado: Caracas, Maracaibo, Cumaná y Guayana
>
> Los cuatro fundamentos del derecho del hombre que son igualdad, libertad, propiedad y seguridad. (Grases, *Preindependencia* 177)

Es el emblema de la utopía republicana, donde todas las oposiciones y conflictos del pasado han sido neutralizados y donde el nuevo orden se levanta sobre una representación del pueblo y del territorio que actualiza los cuatro pilares que enmarcan el horizonte utópico de los conspiradores: igualdad, libertad, propiedad y seguridad.

La alocución *A los Habitantes Libres de la América Española* (1797)[16] retoma los puntos principales del razonamiento de las *Ordenanzas* pero los codifica en un discurso diferente. La *Alocución* es un discurso político apasionado, de alta retórica, que clama por una acción inmediata. Las cuatro frases interrogativas que abren el discurso retoman retóricamente la interpelación de Cicerón en su *Primera Catilinaria*: "¿Hasta cuando vuestra paciencia aguantará el peso de la opresión que crece todos los días? ¿Hasta cuando besareis servilmente el látigo con que os azotan? ¿Y hasta cuando la esclavitud en que vivís os parecerá honor y gloria?[17] (Grases, *Preindependencia* 178), denunciando de entrada los horrores del orden colonial presidido por la monarquía y exhortando a los patriotas a rebelarse y a seguir a los patriotas que "os muestran el camino de la libertad".

La memoria es aquí el archivo del pasado, y el pasado se construye como una serie de traiciones, como la sucesión de ciclos de explotación, crueldad y represión que han desembocado en el presente "de miseria" regido por un gobierno que se guía por "los Libros de Machiavel". Único elemento positivo: la evocación de la sublevación de Francisco de León (1749) contra el poder de la Compañía Gipuzcoana.

Frente al peso del pasado y los horrores del presente, la *Alocución* despliega una doble figura utópica. Por una parte la caracterización de la libertad, entendida aquí no sólo como derecho inalienable en la línea de Rousseau, sino como objetivo a la vez político —garantiza la resolución de los horrores de la sociedad colonial— y utópico, con un poder de transformación ilimitado: "Esta es la piedra Filosophale que muda en oro todos los demás metales", declara Picornell. Por otra parte la caracterización utópica de la sociedad de América del Norte, la "pintura de la situación de los Habitantes del Norte de esa América. Son ricos e independientes; codician su alianza las Potencias de Europa". Son ejemplo viviente de que "la Naturaleza se complace en poblar los

16. Todas las citas de la *Alocución* son también del Apéndice Documental de Pedro Grases: *Preindependencia y Emancipación*. García Chuecos publica en sus *Documentos* una version en francés del mismo texto, sin fecha de aparición (234).

17. Dice por su parte Cicerón: "Quo usque tandem abutere, Catilina, patientia nostra? Quam diu etiam furor iste tuus nos eludet? Quem ad finem sese effrenata iactabit audacia?"

campos de la libertad...". ¿La alternativa a la utopía revolucionaria que se condensa en esta doble figura utópica? "Los desiertos, la soledad y el silencio", que "son las consecuencias de la Tiranía en todo el universo" (todas las citas son de Grases, *Preindependencia* 179).

La *Exhortación a los pueblos*, otro documento, más breve, también de 1797 que según Casto Fulgencio López debía acompañar las *Ordenanzas*, resume los rasgos que articulan la figura utópica de la nueva República. Su protector es "el mismo Dios"; sus agentes de realización "los hombre buenos"; su instrumento "la razón, la Justicia y la virtud". El resultado es la república de la felicidad, visión revolucionaria de la armonía:

> De ella debe resultar la felicidad de los Pueblos, los quales entrando en la lexitima posesión de sus derechos imprescriptibles, y gobernados por sí mismos, con arreglo a unas Leyes Justas, sencillas e imparciales, derivadas de los sagrados principios del derecho natural, verán aparecer en la sociedad humana todas las virtudes, sin disfraz, y con ellas la abundancia, la buena fe, y otra multitud de bienes que las acompañan. (López 365)

Las huellas de la teoría de los derechos de Rousseau y del pensamiento político de la Ilustración —representatividad y legislación justa para el pueblo— enmarcan una visión de la armonía que aquí no es un sueño del deseo, sino que está ya al alcance de la mano, como lo demuestra la experiencia de "los Americanos del Norte y de la Francia" (López 366).

La imaginación utópica que articula el discurso poético de la *Canción Americana*, la *Carmañola Americana* y el *Soneto Americano*[18] se ancla en el mundo de los afectos para ir proyectando toda una serie de figuras utópicas cuyo objeto inmediato es capturar la imaginación del pueblo y movilizarlo para la acción. Las tres composiciones son variaciones de una narrativa parecida que se articula en torno a los mismos puntos centrales: la construcción del pasado infame, la crítica del presente intolerable, la caracterización legitimadora de la revolución y la visión de la República utópica del futuro. La *Carmañola Americana* es

18. Las tres compuestas en 1797 y atribuidas a Picornell y Cortés Campomanes. Casto Fulgencio López atribuye el *Soneto* sólo a Cortés. Todas las citas de la *Carmañola* y de la *Canción* son de Grases, *Preindependencia y Emancipación*, Apéndice Documental (ver bibliografía).

la más radical. Retoma el tono carnavalesco de la *Carmagnole* francesa evocando su impacto revolucionario, pero modifica el contenido. La francesa se centra en la sátira feroz del rey y la reina: él se porta como un bebé gordo y llorón a la vista de la torre, y Antoinette, que poco antes había jurado junto a su marido "degollar a todo París" se "cae de narices"; y narra la destrucción total de su poder, que ha pasado ahora a las manos del pueblo en armas. La caracterización es grotesca, y el furor revolucionario —que se vive como gran celebración— implacable.

La *Carmañola Americana* retoma elementos icónicos de la Revolución Francesa como los *sans-culottes* que aparecen aquí como "descamisados". Pero la narrativa es diferente y el elemento grotesco desaparece. El marco es claramente colonial. La administración colonial: Gobernadores, Audiencias, Corregidores, Alcaldes e Intendentes se conjugan al servicio del rey para "comerse la sangre del Pueblo Americano". El mal aparece representado por la figura del rey:

> No hay exceso ni maldad
> Que el Rey no haya ejecutado
> No hay fuero, no hay derecho
> Que no haya violado. (*Carmañola,* Grases 184)

Pero el rey no es el mal. El mal es el despotismo, que iguala a todos los que lo ejercen —"Todos los Reyes del Mundo/son igualmente tiranos"— y pervierte la naturaleza de los que —como la administración colonial— los sirven:

> Todos ellos a porfía
> Nos tiranizan furiosos
> Son crueles, avaros,
> Soberbios y orgullosos. (*Carmañola,* Grases 185)

La misma caracterización del déspota y la misma construcción del pasado encontramos a grandes rasgos en el *Soneto* y en la *Canción Americana:*

> Monstruo cruel y horrendo
> Hace trescientos años
> Que con furor devoras
> A los americanos (*Canción*, Grases 182)

La misma visión del sufrimiento del pueblo:

> Ha trescientos años
> que llora afligido
> el Americano
> triste y oprimido. (*Soneto,* López 376)

La construcción del pasado es pues la historia del despotismo y sus efectos: la corrupción y crueldad de los tiranos, y el sufrimiento de los que las soportan. Su historia es la crónica de un doble desnudamiento, que simboliza en la *Carmañola* la figura del descamisado:

> Si alguno quiere saber
> porque estoy descamisado
> porque con los tributos
> el Rey me ha desnudado. (*Carmañola*, Grases 184)

Al desnudamiento como privación de posesiones se añade en los tres textos el desnudamiento como usurpación de derechos. Resume la *Canción*:

> Todos nuestros derechos
> los vemos usurpados
> Con tributos e impuestos
> estamos agobiados. (*Canción*, Grases 180)

La revolución se va a ir definiendo en los tres textos como recuperación de derechos y ambos desnudamientos van a ser neutralizados en la figura utópica de la nueva república:

> Lograda la libertad
> Todos felices seremos
> Si las puras virtudes
> Constantes ejercemos.
> La fraternidad a todos
> Con sus lazos ligará,
> Y el fruto de la industria
> Cada uno logrará. (*Carmañola,* Grases 187)

La construcción del presente es interesante. No se centra en la crítica de la realidad social inmediata tanto como en la caracterización del momento revolucionario. Es el tiempo de la venganza, del ajuste de cuentas y del castigo. Es el "tiempo de que pagues/tus crímenes, Malvado". Ya, ahora mismo. "Pueblo americano/ya ha llegado el día/ que el partido muera/de la Tiranía" dice el *Soneto;* "..ya los sin camisas/afilan sus cuchillos" anuncia la *Carmañola*; "Ya la terrible espada del pueblo americano/va a destruir tu orgullo/déspota sanguinario" se hace eco la *Canción Americana* (*Soneto*, López 375; *Canción* y *Carmañola*, Grases 182 y 185). Pero es, a la vez, el tiempo de la esperanza, y del acceso inminente a la utopía revolucionaria: la utopía de la libertad, la fraternidad, la recuperación de los derechos del pueblo, la justicia y la prosperidad.

La utopía es la "justa causa/que nos tiene unidos" y que justifica la violencia revolucionaria. Una misma estrategia discursiva expresa y resuelve la necesidad de justificación de esa violencia en los tres textos. La estrategia tiene tres puntos. En primer lugar se presenta la revolución como proceso de recuperación de derechos inalienables usurpados por los tiranos. Cierto, el pueblo se arma y recurre a la violencia; pero sólo "para hacer se respeten/sus derechos sagrados". En segundo lugar porque en el contexto de esa usurpación, la sublevación es, además de deber ciudadano, una misión sagrada, es decir conforme con la voluntad divina: "¡Oh tú, Ser infinito/ Supremo, Justo, Sabio/Tú que criaste al hombre/de libertad dotado". Ésta es la fuente de su legitimación suprema y por eso cuenta con la protección divina: "Dios protege nuestra Causa/Él dirige nuestro brazo" dice la *Carmañola* (*Canción* y *Carmañola,* Grases 181 y 186); y reitera el *Soneto*:

> El ser infinito
> desde el alto cielo
> será nuestra aiuda
> y nuestro consuelo
> y su brazo fuerte
> armado será
> quien de los tiranos
> nos defenderá. (López 376-7)

El tercer punto de la estrategia de legitimación de la violencia revolucionaria apela a un marco afectivo y familiar. Se centra en la construcción de la Patria como madre:

> La Patria es nuestra madre
> nuestra madre querida
> a quien tiene el Tirano
> esclava y oprimida
> a ella es a quien debemos
> hasta la misma vida (*Canción*, Grases 180)

declara la *Canción*; y es esta la madre a quien debemos todo, "aquesta grande Madre/triste y abatida" la que "a todos nos llama/con voz afligida", corrobora el *Soneto* (López 378). En el doble marco de la voluntad divina y del sagrado deber filial de proteger a la madre, se completa la justificación moral de la violencia revolucionaria.

Ninguno de estos textos detalla el proceso de transición hacia el nuevo orden. El *Soneto* sigue los pasos del viajero de Mercier cuando afirmaba que la revolución se había hecho "tres aisément". Aquí el "con toda facilidad" de Mercier se concreta en la aparición de una "unión sagrada" que "sin dificultad/hará recobremos/nuestra libertad" (López 376).El tiempo de la historia desaparece y, en su lugar, tenemos el tiempo instantáneo de la utopía revolucionaria. No hay proceso, no hay evolución, hay transformación total, advenimiento del nuevo orden: el de la utopía republicana que se despliega en los tres textos.

La república utópica se construye en los tres textos como figura de resolución simbólica a todos los conflictos y contradicciones que han hecho necesaria la revolución. Es el espacio de la "unión perfecta" de la "felicidad" y de la "alegría". La clave de su existencia es la libertad: "lograda la Libertad/todos felices seremos", dice la *Carmañola*, y continúa con una evocación sistemática de los demás pilares de la utopía republicana de la ilustración. En primer lugar la fraternidad: "la Fraternidad a todos/ con sus lazos ligará" —el *Soneto*, por su parte, puntualiza que esa fraternidad incluirá a "Los Blancos, los Negros/ los Yndios y los Pardos" (López 376)—. En segundo lugar la igualdad: "Seremos todos iguales/Y no habrá otras distinciones/que el talento y la virtud/y las grandes acciones". En tercer lugar la justicia: "Igualmente la Justicia/se ejercerá sobre todos" (*Carmañola,* Grases 187). La visión final de la república es la figura utópica de una nueva armonía, donde se hace realidad el grito de guerra de los revolucionarios que repite el refrán del *Soneto*: "Viva nuestro pueblo/Viva la igualdad/la Ley, la Justicia/y la Libertad" (López 379); un espacio de crecimiento y prosperidad general: "Florecerán nuestros Artes/Comercio y Agricultura" (*Carmañola*, Grases 187) porque el mismo cielo derramará "toda la abundancia/sobre nuestro suelo"; espacio de la armonía entre ley divina, ley natural y leyes humanas, donde "Vivirán los Pueblos/ con gusto y placer/ mostrando las Leyes/ todo su poder" (*Soneto,* López 378 y 377).

Coincido con Pedro Grases en considerar que el *Discurso Preliminar* es la obra teórica de más envergadura de Picornell. En el tríptico que compone junto con la traducción de la *Declaración de los Derechos del Hombre y del Ciudadano* y las *Máximas Republicanas* se formulan todos los elementos centrales que articulan tanto su pensamiento político como su plan de acción revolucionaria y su visión de la nueva República. El *Discurso* es un texto mediador que tiende un puente entre los principios de la Revolución Francesa en su momento más extremo[19], el rechazo del antiguo orden, el anhelo de libertad y la visión de sociedades alternativas que agita ya a amplios sectores de la población de las colonias. Su objeto declarado es el instruir a los pueblos en "los derechos sagrados e imprescriptibles" cuya ignorancia es "la causa de cuantos males se experimentan sobre la tierra". El *Discurso* es un panfleto político. Rastrea los orígenes históricos de la opresión y de la tiranía en Hispanoamérica, critica la realidad del presente y evalúa las condiciones necesarias y propicias para la acción revolucionaria, anticipando y detallando sus efectos transformadores. Contiene además una reflexión sobre la corrupción del poder y el arte de gobernar.

Comienza definiendo la misión del revolucionario: restituir al pueblo la "soberanía" perdida a lo largo de siglos de ignorancia de los propios derechos y obligaciones. La primera formulación del proyecto revolucionario retoma la metáfora de la oposición entre luz y tinieblas, tan central al pensamiento de la Ilustración, y se propone "substituir la luz a las tinieblas, el orden a la confusión, el imperio de una ley razonable y justa a la fuerza arbitraria y desmedida, la dulce fraternidad que

19. Ya que introduce la versión de la *Declaración* de 1793, inspirada por Danton en pleno Terror.

el evangelio ordena al espíritu de evasión y de discordia que la detestable política de los Reyes ha introducido entre nosotros…" (Grases, *Preindependencia* 189)[20]. La serie de oposiciones binarias de esta primera formulación anuncia ya la crítica de la América colonial y anticipa algunos de los rasgos de la figura utópica de la República. La crítica se presenta a través de series de contraste entre la historia de la colonia y la visión de la República. Igual que en los textos anteriores, el pasado se construye como el espacio simbólico de la tiranía. El origen de este orden funesto se remonta a su acto fundacional: la Conquista, un proceso esencialmente ilegítimo e inmoral porque era radicalmente contrario a " la voz de la razón, de la justicia y de la naturaleza". La construcción del pasado es una representación sin contrastes de "los horrores del despotismo", que acumula iniquidades: el "corazón perverso" de los déspotas, su "depravada política", su abuso de "la ignorancia y bondad de los pueblos", sus "enormes crímenes" y "horrendos delitos" han configurado una larga historia en la que "no hay derecho alguno que no se halle atropellado, ni género de atentado, de violencia, ni de atrocidad, que no se haya cometido". Denuncia también el poder de la ideología dominante, previniendo a sus lectores para que no se dejen engañar por ella: "hasta aquí llega la perversidad de los Reyes, abusan de las voces más sagradas, se valen de los fines más honestos y justos, para engañar a los hombres, alucinar a los pueblos y, de este modo, poner mejor en ejecución sus depravados intentos, y encubrir todas sus maldades" (Grases, *Preindependencia* 190).

Los efectos de semejante orden son terribles. La lista de agravios que organiza la crítica del presente incluye los mismos elementos que los demás documentos de la conspiración de Gual y España y duplica muchos de la de San Blas: justicia corrompida, gobierno opresor, agricultura arruinada, comercio destruido, impuestos intolerables, libertades nulas. Pero el aspecto más desolador de la crítica es la caracterización del pueblo americano —que es, por extensión, la de cualquier pueblo sometido a semejante orden—. Es un pueblo "empobrecido, dividido, envilecido y esclavizado". Su suerte es "más desgraciada que la del esclavo más mísero" bajo un sistema de gobierno en el que "somos

20. Todas las citas del *Discurso Preliminar* son de Grases, *Preindependencia y Emancipación*, Apéndice documental. Para una historia detallada de las sucesivas traducciones y ediciones de la *Déclaration des droits de l'Homme* en Hispanoamérica véase Grases, *Preindependencia*, 65-84.

y hemos sido siempre tratados no como hombres sino peor que bestias" (Grases, *Preindependencia* 191-2).

La construcción del pasado en estos términos, la crítica del presente y el lamento por la suerte del pueblo americano cumplen dos funciones. Por una parte exigen el compromiso emocional del lector con un rechazo radical: "No se puede leer la historia sin derramar lágrimas: cada página representa un espectáculo horrendo, cada hecho un acto cruel e inhumano". Por otra crea el marco para la justificación estratégica y moral de la violencia revolucionaria: "¿Qué medio elegiremos para librarnos de tan insoportable esclavitud?", pregunta Picornell. La respuesta es ya obvia:

> No hay otro que el de la *fuerza:* éste es el único medio que nos resta: éste es el que nos vemos en la dura necesidad de abrazar al punto, en la hora, si queremos salvar la Patria, si deseamos recobrar nuestros imprescriptibles derechos; bien que no se nos han podido quitar sin una infracción de las leyes más sagradas de la naturaleza y por un abuso feroz de la fuerza armada. (Grases, *Preindependencia* 191).

Inversión total: el gobierno colonial carece de legitimidad y viola derechos inalienables y leyes sagradas. Frente a él, la revolución es legal y moralmente legítima; es más: es el simple retorno a la legalidad.

Sin embargo, paradójicamente, el retorno y la recuperación no nos remiten al pasado. Marcan el ingreso en el "destino modificable" de Bloch y abren de par en par las puertas de la utopía. Porque, entreveradas con la argumentación lógica de Picornell en el *Discurso* y con el discurso analítico que organiza su crítica del presente y de su historia, al filo mismo de argumentación y análisis, la imaginación utópica va proyectando figuras de resolución simbólica y trazando los contornos del espacio utópico alternativo: la nueva República. Utópica es la caracterización del proyecto como desplazamiento de las tinieblas por la luz. La doble metáfora enlaza con una de las líneas maestras del horizonte utópico de la Ilustración —el poder del conocimiento— y a la vez crea un espacio de resolución simbólica, en el contexto americano, para la derrota del absolutismo y el advenimiento de la libertad. Utópica es la caracterización del nuevo sujeto como inversión radical de los valores del opresor: "Así, hacer de un vasallo, o de un esclavo, que es lo mismo, un Republicano, es formar un hombre nuevo, es volver todo al contrario de lo que era" (Grases, *Preindependencia* 193). Y utópica es la caracterización del legislador: "instruido" "sin pasiones", "libre de errores", conocedor de "la naturaleza del hombre y de las cosas", de "lo moral y lo físico", firme y decidido, abnegado hasta el límite y ajeno a cualquier deseo de recompensa. Utópica no porque sea un paragón de virtudes, que lo es, sino porque los rasgos de la caracterización se seleccionan exactamente en previsión de las vulnerabilidades de la nueva sociedad, componiendo una figura clave capaz de neutralizar todos los peligros que acechan a la nueva república. Y, finalmente, utópica es la visión de la "verdadera República", objetivo final de la revolución. En sus rasgos se condensan los principios fundamentales de la *Declaración* que sigue y, a la vez, se integran las cualidades y valores necesarios para la neutralización radical del mal del antiguo orden y la preservación del nuevo:

> En una verdadera República, es todo al contrario, el cuerpo político es uno. Todos los ciudadanos tienen el mismo espíritu, los mismos sentimientos, los mismos derechos, los mismos intereses, las mismas virtudes: la razón sola es la que manda, y no la violencia; el amor quien hace obedecer, y no el temor; la fraternidad quien construye la unión, y de ningún modo los manejos del egoísmo y de la ambición. (Grases, *Preindependencia* 193)

Picornell invoca repetidamente el poder del "momento revolucionario", el verdadero momento, lo llama a veces y su invocación repetida del "momento" nos remite a la compresión utópica del tiempo del progreso de la humanidad en Condorcet, o incluso en Liebniz, con su idea de que el futuro está al caer, de que el presente está ya "preñado de futuro". La espera es impensable, "el esperar más tiempo sería consentir en las más execrables maldades", y el momento es propicio porque los pueblos por fin "conocen de algún modo" sus derechos. Éste es el momento de la revolución: "ésta es la crisis violenta y necesaria que conduce con rapidez a la mutación de un estado deplorable". De hecho, concluye, "todo el arte para obrar una mutación feliz consiste en aprovecharse del *verdadero momento*, o por mejor decir, en saber escoger la mejor disposición de los espíritus; esta disposición, este momento precioso, se encuentra en el acto del primer movimiento de la revolución" (Grases, *Preindependencia* 194. El resaltado es mío). No obstante, muy al revés del viajero de Mercier y del optimismo del

*Soneto Americano*, Picornell no se hace ilusiones sobre la facilidad de esa mutación. El uso mismo del término mutación captura la esencia instantánea y no evolutiva del tiempo revolucionario. Pero Picornell advierte de entrada de la posibilidad de mutaciones infelices, de revoluciones fracasadas. Y es dentro de ese marco donde, lado por lado con la visión de la República utópica, Picornell expone con gran lucidez su crítica del poder y su teoría del buen arte de gobernar, anticipando algunas de las ideas que retomarán, desde el desencanto de la revolución fallida, libertadores como Mier y Bolívar. Avisa de los peligros de la concentración del poder en pocas manos: "Conferir a un hombre solo todo el poder es precipitarse en la esclavitud y obrar en contra el objeto de las asociaciones políticas, que exigen una distribución igual entre todos los miembros del cuerpo civil"; de la corrupción que acecha, del valor supremo de la soberanía del pueblo; y afirma la necesidad absoluta de restringir el alcance de la autoridad: "la verdadera esencia de la autoridad, la sola que la puede contener en sus justos límites, es aquella que la hace colectiva, electiva, alternativa y momentánea"(Grases, *Preindependencia* 196)[21].

El texto de las *Máximas Republicanas* responde, con igual urgencia, a la necesidad de preservar la República utópica de los muchos peligros que la acechan. Pero la estrategia es diferente. Se centra en la construcción cuidadosa de dos caracterizaciones complementarias: la de la Patria y la del republicano. Juntas componen un alegato religioso-moral para la preservación de la utopía. La Patria —aquí encarnada en la República utópica— es sagrada, una extensión de la voluntad del Ser Supremo, en la medida en que se constituye como el espacio de realización de la libertad y la igualdad que Dios dio, como don precioso, a todos los seres humanos. Servir a la Patria es pues acatar la voluntad divina. La Patria no se construye como espacio histórico sino como espacio utópico que conjuga todas las virtudes, garantiza todos los derechos, cumple todas las promesas. El lazo que une al ciudadano con la Patria es el amor, aquí fuerza utópica imparable, porque neutraliza todos los peligros y garantiza la preservación de la utopía: "El amor a la Patria purifica los corazones, corrobora la virtud, fija y asegura la independencia del universo: él solo produce los héroes y los grandes hom-

21. *Máximas Republicanas.* Todas las citas de las *Máximas* son también del Apéndice Documental de Grases.

bres, y con él se puede todo". La caracterización del republicano, por otra parte, conjuga en una sola figura la del "patriota", el "amigo de la humanidad", el "ciudadano libre y virtuoso", y el hombre "sobrio", "amigo de la frugalidad, amante de su prójimo". Es una construcción utópica que neutraliza el peligro de la tensión fundamental entre el yo individual y el yo colectivo, supeditando el deseo y la voluntad del primero a los imperativos morales del segundo. Y funciona como un exorcismo que, en cierto modo, complementa el proceso de transformación del individuo en el *Discurso.* Allí era la República con sus instituciones y leyes la que "formaba al hombre nuevo", volviéndolo "todo lo contrario de lo que era". Aquí es el republicano quien protege la integridad de la república y garantiza su preservación con un comportamiento virtuoso que ejemplifica todos y cada uno de los principios revolucionarios que enumera la *Declaración.* En su figura utópica convergen —enmarcadas por un ascetismo muy roussoniano— las dos grandes líneas de la estrategia de preservación de la República que articulan las *Máximas*, la apelación a los principios filosóficos de la *Declaración*, con los valores más altos de la moral cristiana:

> El republicano es, en fin, económico, sobrio y frugal; amigo del pobre, de la viuda y del huérfano, es con ellos liberal y generoso; sin fausto, simple y modesto en sus vestidos, es enemigo del lujo y del orgullo; siempre pacífico, igual y tranquilo, mira a sus semejantes sin envidia; es buen padre, buen marido y buen vecino; la paz y la concordia reinan en su familia y alrededor de el; respeta a los sabios y a los ancianos, obedece a las leyes, estima a los magistrados, es amigo fiel de las virtudes y de la probidad; justo para con sus hermanos, la felicidad de ellos hace la suya; y nada de lo que le rodea es desgraciado. (Grases, *Preindependencia* 210)

La conspiración de Gual y España fracasó, pero no fue el final de la carrera revolucionaria de Picornell. Muy al contrario, su vida, a partir de aquella noche del 4 de junio en que se fugó junto con Cortés y Andrés del penal de La Guaira, fue recorriendo la geografía de América, inscribiendo en su mapa nuevas trayectorias de exploración utópica para la acción revolucionaria y, más tarde, contrarrevolucionaria.[22] A partir

22. Me baso para la biografía de esta parte de la carrera de Picornell en el trabajo de Harris Gaylord Warren: "The Southern Career of Don Juan Mariano Picornell" (véase bibliografía).

de 1797 su vida se parece cada vez más a la de un aventurero de folletín, en constante movimiento, siempre en busca de la figura que le permita resquebrajar los cimientos del viejo orden abriendo las puertas a su utopía republicana. De La Guaira a Curaçao, de allí a Guadalupe y Trinidad, luego a América del Norte. Sabemos que hacia 1801 estuvo en Baltimore y Filadelfia; y que en octubre de 1806 estaba en París, donde fue recibido como miembro asociado por la Société Médicale de Paris. Pero en 1810 se embarcó para Veracruz y en 1811 estaba de vuelta en Venezuela donde el nuevo Congreso de una Venezuela independiente que se formó tras la revolución de Miranda le dio la bienvenida. Sabemos que ocupó el cargo de Intendente de Policía para el gobierno independentista de Venezuela, llevando a cabo una intensa labor de propaganda anticolonial; y que en julio de 1812, al caer el gobierno independentista de Miranda, derrotado por las fuerzas monárquicas de Monteverde, huyó a los Estados Unidos. De vuelta en Filadelfia ejerció como médico, pero en diciembre de 1812 se embarcó en el río Ohio junto con José Álvarez de Toledo y Henry Adams Bullard rumbo a Natchez. Formaban, junto con otros ciudadanos de Filadelfia, parte de una nueva conspiración independentista. El objetivo era la emancipación de los grandes territorios del norte de México, que incluían lo que hoy es Texas.

La actuación de Picornell durante todo el episodio de la conjura para la insurrección de Toledo-Gutiérrez es un tanto confusa y problemática. Por una parte continuó su labor agitadora y propagandística con pasión y efectividad, traduciendo e imprimiendo propaganda revolucionaria en una imprenta que le compró Toledo, escribiendo artículos en periódicos y publicando *La Gaceta de Texas.* Pero, a la vez, intrigó primero contra Gutiérrez y luego contra Toledo; y, finalmente, se alió con el general Humbert. Humbert, veterano de la Revolución Francesa, había ofrecido su ejército a los patriotas a condición de que formaran ya un gobierno provisional para el México emancipado. Así se hizo, y Picornell fue nombrado presidente interino. Sabemos que, en nombre del gobierno provisional, Picornell, ya "Presidente de las Provincias de México", publicó un "Manifiesto" en *L'Ami des Lois*, periódico de Nueva Orleans, exponiendo el plan revolucionario. No obstante, poco después, su trayectoria dio un giro dramático. Reclutado por un espía de Fernando VII —el Padre Antonio de Sedella— Picornell se convirtió en agente secreto al servicio de la monarquía. Desde su nuevo puesto trabajó hasta 1820 con éxito considerable, con el consulado español, desarticulando conspiraciones independentistas desde Nueva Orleans, donde, a la vez, ejercía como médico. No consta que hubiera estudiado medicina, ni que tuviera licencia, pero prueba de su buena reputación de médico —y de su talento seductor— es el que en 1818 fuera admitido como miembro de la Medical Society. Y que, poco más tarde, la misma sociedad le encargara una farmacopea para uso en todos los Estados Unidos. Y que, finalmente, en 1819, durante una epidemia de fiebre amarilla, el gobernador de Louisiana lo nombrara "Director de la cuarentena" para la región. Todavía en 1823, el Doctor Pierre Frédéric Thomas, secretario de la Medical Society, publicó en París las extensas observaciones de Picornell sobre las condiciones sanitarias de Nueva Orleans como introducción a su estudio *Essai sur la Fièvre Jaune d'Amérique*[23]. Las *Consideraciones* de Picornell revelan una mente lúcida, una gran capacidad de cuidadosa observación y una actitud progresista. Sus conclusiones sobre los problemas sanitarios de la ciudad y sus posibles remedios anticipan en muchos años las medidas que poco a poco irían implementando las ciudades de todo el continente.

Por alguna razón misteriosa, hacia 1820 Picornell dejó Nueva Orleans y se embarcó para Cuba y a partir de ese momento se pierde su rastro. Lo único que sabemos es que se instaló en Puerto Príncipe desde donde fundó un taller para comadronas y, probablemente, siguió practicando la medicina —a pesar de una prohibición del Cabildo— hasta su muerte, en 1825.

Es fácil dejarse seducir por las vueltas y revueltas de la increíble trayectoria de Picornell. Pero lo fundamental desde el punto de vista de una cartografía de la dinámica utópica de la América del período de emancipación de las colonias, es que sus múltiples itinerarios van delineando los contornos de un mapa. Es un mapa que organiza un espacio simbólico donde aparecen las rutas que enlazan puntos principales de contacto y transmisión del pensamiento revolucionario de la Ilustración: París, Londres, Madrid, Venezuela, Curaçao, Guadalupe, Trinidad, Filadelfia, Baltimore, Nueva Orleans. Es un mapa que revela ya la red de intereses internacionales que van a entrar en juego durante el proceso político de la emancipación: España, Inglaterra, Francia, Estados Uni-

23. El título completo de la obra es: *Essai sur la Fièvre Jaune d'Amérique...Précedé de Considérations Hygiéniques sur la Nouvelle-Orléans, Par J. M. Picornell, Membre de la Société Médicale de Paris*, New Orleans/Paris, 1823.

dos. Y es un mapa que captura, en un primer esbozo, los recorridos de la imaginación utópica, iluminando la dinámica de visiones, intercambios, adaptaciones y formulaciones utópicas que, a través de discursos múltiples, van configurando el ideario revolucionario de las nuevas naciones. Un ideario republicano que incorpora elementos centrales del horizonte utópico que proyectaba el pensamiento de la Ilustración. En ese ideario, la imaginación utópica se expresa, como en el caso de la conspiración de Gual y España, en discursos diferentes, que van desde la obra poética hasta el tratado pedagógico o político.

Las líneas de ese mapa nos remiten también al proceso de formación de un nuevo paradigma utópico durante ese período; distinto del de More y del de Mercier; distinto, incluso, de la utopía del progreso indefinido de Condorcet y Kant. En More la utopía flotaba en una distancia a la vez espacial y simbólica. La ruptura que simbolizaba la destrucción del istmo creaba una separación infranqueable —la que indicaba la tos que impidió al narrador oír los datos de su situación exacta— a la vez que inauguraba un tiempo diferente, fuera de la historia. Mercier, por otra parte situaba su París utópico en el futuro, a una distancia cuantificable del presente. Pero, aunque no detallaba el proceso de transformación que el juego incesante de comparaciones entre el antes y el ahora implicaba —de hecho su "con toda facilidad" lo borraba, creando una discontinuidad no cuantificable— sus huellas estaban claramente inscritas en el juego de comparaciones mismo. La transformación de París era el resultado de un proceso en el tiempo que mediaba entre 1770 y 2440. Pero los textos de la conspiración de Gual y España enlazan con un paradigma diferente. Es el paradigma utópico de la revolución. No se sitúa la utopía en una distancia infranqueable, ni en un tiempo impredecible. La redefinición del "momento" como unidad a la vez temporal y simbólica en el *Discurso*, por ejemplo, indica un tiempo diferente del de la historia o el del progreso imparable hacia una utopía. El momento es como el fiel de la balanza en el instante mismo en que el peso va a forzar la inversión de posición de los platillos. Indica el ingreso inmediato en una realidad alternativa. No conecta el antes con el después sino que borra la distancia puntual entre presente y futuro. El paradigma utópico de la revolución es el del "aquí" y —sobre todo— el del "ahora", la realidad alternativa como posibilidad inmediata a través de la acción revolucionaria; la utopía, por primera vez ahora sí, al alcance de la mano.

# Capítulo IV

# Itinerarios

*Todo pasa y todo queda,*
*pero lo nuestro es pasar,*
*pasar haciendo caminos,*
*caminos sobre la mar.*

Antonio Machado

Francisco de Miranda (1750-1816) estaba en París, encerrado en la cárcel de La Force por orden directa de Robespierre mientras Picornell y sus compañeros tejían la trama de la Conspiración de San Blas. Y estaba en Londres cuando Picornell llegó al penal de La Guaira y entabló contacto con el círculo de Gual y España. Desde Londres recibió noticias de la conspiración y de su fracaso. Y fue a Londres donde le envió Gual, en julio de 1799, la primera carta que se conserva de un contacto que se prolongó hasta la muerte de Gual en octubre de 1800. En ella, Gual le contaba el fracaso de la conspiración y le invitaba a ser el agente principal de la lucha por la independencia de Venezuela:

> La Revolución se malogró porque estando yo fuera de Caracas descubrió el Gobierno el plan por la imprudencia de un necio. Se apoderó de muchas personas y tomó las provincias más activas en La Guaira y Caracas y, desconcertadas ya las cosas, me salvé con el objeto de pedir auxilios a las colonias inglesas que aún esperan mis compatriotas. Este es en extracto el suceso malogrado, después del cual ha crecido la opinión y el deseo de independencia. Venga usted le repito a tener la gloria de establecerla, como lo desea su antiguo y verdadero amigo y compatriota. (García Chuecos 60)

La carta iba acompañada de documentos relacionados con la conspiración fallida. Miranda los recibió el 27 de julio y el 30 se los entregó al Ministro Henry Dundas, junto con un resumen de los méritos de Gual, que concluía en estos términos: "El general Miranda le conoció íntimamente en su juventud y esta informado de que en su país es hombre de distinguida habilidad y consecuencia" (García Chuecos 60).

Miranda le contestó en octubre del mismo año, resumiendo sus propias gestiones con el gobierno francés primero, y, después del Terror, con el Primer Ministro de Inglaterra, William Pitt. En diciembre volvió a escribirle prometiéndole el envío de un gran mapa de América meridional y de un diccionario geográfico-histórico, y reafirmando su propio compromiso con la lucha por la Independencia. Gual lo siguió manteniendo al corriente de sus propias gestiones en Trinidad con el gobernador Picton, y de su plan de invadir Venezuela por el puerto de Carúpano. El 24 de septiembre de 1800, en una carta a su amigo Ignacio Abad —interceptada por agentes del gobernador Emparan— afirmaba: "El mes de noviembre próximo se hallará mi paisano y grande amigo Miranda en Jamaica con un cuerpo de doce mil hombres de tropa y un armamento bastante considerable para entrar por el Saco de Maracaibo a auxiliar y proteger a los malcontentos del Reino de Santa Fe y dar la libertad al dicho Reino". La carta dejaba claro que el desembarco —"este gran golpe"— estaba programado para fines de noviembre o principios de diciembre del mismo año. No hay evidencia de que Miranda estuviera en ese momento dispuesto a desempeñar el papel que le asignaba Gual ni de que hubiera una acción invasora inminente —aunque Miranda volvió a presentarle a Pitt por esas mismas fechas una nueva versión de su plan de independencia de 1790—. Pero en carta fechada el 20 de octubre, uno de los espías de Emparan en Trinidad informaba al gobernador de la llegada de los documentos mencionados por Miranda: "el día 20 de julio recibió Gual cartas de Miranda, con un libro de mapas en que se comprendía todas las Américas y un plan de ataque, infundiéndole ánimo para que siguiese la empresa de la libertad de la Patria, y que dentro de poco tiempo sería auxiliado por las tropas de la Gran Bretaña".

El caso es que el desembarco no se produjo, y que, aunque se hubiera producido, el pobre Gual no hubiera estado allí para contarlo porque murió en Trinidad el 25 de octubre. Nunca se sabrá con certeza si murió envenenado por sus perseguidores, pero un informe del mismo espía habla de la intención de uno de ellos de drogar a Gual dándole un poco de opio "en alguna comida o bebida"; y añade: "Por fin tuve proporción de darles un poco de licor cristalino de Benencia y otros ingredientes de mayor actividad con que quedó Gual muy prostrado y su compañero bastante enfermo..." (García Chuecos 64)[1]. Lo que si es seguro es que Gual no volvería a tener contacto con Miranda después de esa fecha, ni volvería a encontrarse nunca más con ninguno de los conspiradores supervivientes. Picornell continuaría sus recorridos por Estados Unidos y el Caribe, de Baltimore a Filadelfia, de allí a Texas, Nueva Orleans y, finalmente, a la Habana. Cortés Campomanes por otra parte cruzaría el Atlántico de nuevo, esta vez en sentido inverso, camino de Londres. El 26 de enero de 1806 se presentó a Miranda con la doble aureola revolucionaria de las conspiraciones de San Blas y de Gual España. Miranda lo admitió en su círculo íntimo de colaboradores y le asignó la tarea de infiltrar y ganar para la causa independentista la colonia española de Londres.

El trasvase del ideario Picornell y del proyecto emancipador de la conspiración Gual y España al círculo revolucionario de Miranda clausura un primer ciclo de actividad revolucionaria y de articulaciones utópicas en la lucha por la independencia de Hispanoamérica. Y el juego de trayectorias personales e ideológicas de los conspiradores, que se van entretejiendo al filo de desplazamientos e itinerarios transatlánticos, prefigura un complejo juego, de dimensiones mucho más amplias: el que va delineando el espacio histórico y simbólico donde la imaginación utópica va a ir explorando los caminos de la libertad en una dinámica incesante de formulación y transformación de modos, medios y objetivos. Unas veces se trataba de viajes de exploración, otras de exilios forzosos, pero, cada uno a su modo, iban tejiendo la tupida red de contactos e intercambios de ideas y proyectos a los dos lados del Atlántico que alimentaría la visión —tan inminente para Leibniz y para Condorcet como lo sería para Paine y Miranda— de un futuro a la medida de las aspiraciones liberadoras e ilustradas de la primera generación republicana.

Sin duda el itinerario trasatlántico del reo Picornell y su trasvase a Venezuela de los ideales liberadores de la revolución francesa iluminan

1. Las referencias a opio y a vidrio molido como modo de drogar y liquidar adversarios aparecen con frecuencia en los informes de espías del período.

el intenso tráfico de ideas entre Europa y América durante todo el período de la emancipación. Pero ya mucho antes que él, en 1767 Juan Pablo Viscardo había cruzado en sentido inverso el Atlántico hacia el exilio, siguiendo la orden de expulsión de los jesuitas de toda Hispanoamérica. Y desde su exilio en Italia primero, y en Londres hasta su muerte, trabajaría infatigablemente por la independencia, contrastando las ideas del modelo inglés con su propia experiencia de la Revolución Francesa, y formulando en sus textos la crítica del sistema colonial y sus propias propuestas de emancipación de las colonias de América. Viscardo no pudo regresar nunca más a Perú porque la Corona había decretado pena de muerte para cualquier jesuita que lo intentara, pero su *Carta a los españoles americanos* escrita en Francia entre 1791 y 1792, si viajaría a las Américas, primero en el original francés, luego en traducción de Francisco de Miranda en 1799. Allí se convertiría en uno de los textos fundacionales de la lucha por la independencia[2].

Viajes, exilios y traducciones son tres puntos fundamentales de anclaje de la dinámica utópica de la emancipación. Filadelfia, Londres y París sus coordenadas espaciales y las tres zonas claves de contacto. El triángulo geográfico enmarca un espacio simbólico de actividad incesante para la imaginación utópica y el pensamiento político de la primera generación republicana. Y, entre todos los viajeros de este primer ciclo de articulaciones utópicas y planes de acción revolucionarios, ninguna figura captura de manera más exacta que la de Francisco de Miranda la convergencia de estos tres elementos.

Los objetivos del joven Miranda cuando se embarcó por primera vez rumbo a Europa en julio de 1791 no eran particularmente originales para alguien de su clase: completar su educación en Europa y prepararse para ocupar un puesto relevante en España o en la sociedad de su país. Su solicitud oficial de salvoconducto habla de su deseo ardiente de servir al Rey poniendo sus talentos al servicio de la corona. Pero sus actividades rebasaron muy pronto los aplicados planes que les había propuesto a sus padres. Su diario documenta su intensa curiosidad intelectual, sus lecturas, su incipiente biblioteca. Y documenta también su pasión por la acción y su fascinación con cuestiones militares. En

2. Los historiadores han comparado repetidamente esta Carta al *Summary View of the Rights of British Americans* (1744) de Thomas Jefferson; y la han considerado como primera declaración de la independencia de Hispanoamérica (Racine 144-5).

enero de 1773 fue nombrado capitán en un regimiento real y entre 1773 y 1776 participó en las campañas militares del norte de África. Fue durante estos años cuando visitó Gibraltar como oficial del ejército español, y esta visita fue como la semilla de una larga relación entre Miranda y Gran Bretaña, y de una duradera admiración por el modelo inglés de gobierno y sociedad: la monarquía constitucional, la libertad de ideas, el dinamismo productivo de una sociedad mercantil. Y fue en aquella época cuando conoció a John Turnbull y entabló con él una amistad que lo acompañaría toda su vida. Fue Turnbull quien alimentó su admiración por el modelo inglés, proporcionándole libros —Locke, Bolimbroke, etc.— y, más adelante, contactos con personajes importantes en Gran Bretaña. Fue Turnbull quien lo defendió contra las sucesivas campañas de acusaciones que pondrían el honor y la credibilidad de Miranda en entredicho en varios momentos de su trayectoria política. Y fue todavía Turnbull quien planeó y financió el plan de escape de la cárcel de La Carraca que no se ejecutaría a tiempo de salvar, una vez más, a Miranda.

Su primer contacto con la revolución de América del Norte tuvo lugar en 1781, en el contexto de la batalla de Pensacola, como oficial del Regimiento Aragón que se enfrentó durante semanas al ejército inglés, apoyando a las antiguas colonias del norte. Las actividades diplomáticas que lo ocuparon entre 1781 y 1782, como agente del Gobernador de Cuba, Juan Manuel de Cagigal, le darían pronto la oportunidad de profundizar en su conocimiento de América del Norte. Después de haber concluido brillantemente por encargo de Cagigal su misión de canje de prisioneros con el Gobernador de Jamaica, se enfrentó a su regreso a Cuba con una acusación que incluía traición, espionaje, contrabando y posesión de libros prohibidos. Miranda, apoyado por Cagigal, siempre negó los tres primeros cargos. Pero lo de los libros era cierto, porque sus propias listas y diario muestran que, después de añadir los veinticuatro libros que compró a los ingleses después del triunfo de Pensacola, su biblioteca pasaba ya de trescientos volúmenes, incluidos muchos de los textos ilustrados fundamentales del pensamiento filosófico y político inglés y francés, prohibidísimos todos ellos por la Iglesia, la Corona y el gobierno de sus colonias. El caso es que todo este lío lo obligó primero a esconderse en las montañas cerca de la Habana y poco más tarde a desertar y partir hacia el exilio, embarcándose rumbo a los Estados Unidos en el *Prudent,* que zarpaba de La Habana el 1 de junio de 1793.

La estancia en los Estados Unidos entre su llegada en 1793 y su partida hacia Londres en diciembre de 1794 fue fundamental para la formación del ideario político de Miranda. En su carta de despedida a Cagigal le explicaba que el objeto de su viaje era aprender recorriendo otras naciones todo lo necesario para que la "semilla" de sus principios políticos y su vocación de libertad fructificaran: "La experiencia y el conocimiento que el hombre adquiere, visitando y examinando personalmente con inteligencia prolija, el gran libro del universo; las sociedades más sabias y virtuosas que lo componen; sus leyes, gobierno, agricultura, policía, comercio, arte militar, navegación, ciencias, artes, etc., es lo que únicamente puede sazonar el fruto y completar de algún modo la *opera magna* de formar un hombre sólido y de provecho" (Miranda, *América espera* 61)[3]. Sus recorridos de Carolina del Sur a Filadelfia, de allí a Nueva York y más tarde a Boston, y su propio autorretrato como "estudiante de la Revolución Americana" iluminan una trayectoria intelectual en la que cristalizó por primera vez su identidad de revolucionario americano, comprometido ya para siempre con la emancipación de Hispanoamérica, y con la creación de un nuevo espacio histórico y cultural, libre, ilustrado e independiente; análogo —aunque diferente— al que iba descubriendo a través de viajes, visitas y contactos en los 18 meses que pasó en Estados Unidos. A lo largo de esos meses comenzaron a definirse los contornos del mapa del universo mental de Miranda en sus dos facetas complementarias: el pensamiento político y la imaginación utópica. Fue en su viaje a los Estados Unidos cuando el viajero criollo se transformó en revolucionario transatlántico.

Durante los cinco meses que pasó en Nueva York —entre enero y junio de 1784— Miranda conoció a Thomas Paine y a Alexander Hamilton, con quien compartiría ideas y planes para la independencia de Hispanoamérica durante los siguientes veinte años; entabló contacto con comerciantes y empresarios atrayéndolos a su causa con las excelentes perspectivas comerciales que el libre comercio con Hispanoamérica ofrecería para Norteamérica; visitó West Point y estudió minuciosamente las defensas y fortificaciones del Hudson, analizando las estrategias que la región había adoptado en su guerra contra los ingle-

3. Este volumen incluye también numerosas entradas de diario fundamentales para seguir la trayectoria personal y política de Miranda.

ses. Y, desde Nueva York, formuló un primer esbozo de su visión de la América emancipada: "En el año 1784, en la ciudad de Nueva York, concebí un proyecto de libertad e independencia para todo el continente Americano, con la cooperación de Inglaterra" (Robertson 43-44).

En Boston, Miranda expandió su red de contactos y profundizó en su análisis de la nueva sociedad democrática del Norte. Entabló relación con Samuel Adams y debatió con él ideas y objetivos de su propio proyecto. Fue a Adams a quién le planteó también las dos cuestiones que le preocupaban del sistema representativo norteamericano: el uso de la propiedad como factor determinante en la candidatura de representantes y el requisito religioso para alcanzar cualquier puesto de gobierno. La primera porque desplazaba la elección por méritos con la elección basada en medios económicos, lo cual podía resultar en la presencia de más "asnos adinerados" que gente de talento en diversos niveles del gobierno; la segunda porque contradecía el principio fundamental de libertad religiosa. Miranda recorrió, con ojo atento a cuestiones militares, las fortificaciones de Bunker Hill, y admiró la colección de doce mil libros de la biblioteca de Harvard College; pero se sorprendió de la escasa presencia de textos en lenguas distintas al inglés. En el otoño de 1794 conoció también en Boston al general Henry Knox, fundador de la U.S. Military Academy, amigo personal de Washington y Ministro de la Guerra entre 1785 y 1794, con quién mantendría relación durante el resto de su vida. Con él discutió planes concretos de invasión —presupuestos, tamaño del ejército invasor, posible composición de mandos— y estrategias para conseguir apoyo en Boston[4].

Sin duda la experiencia y los contactos que Miranda fue acumulando en sus estancias en Nueva York y Boston fueron sumamente importantes, y Miranda, a lo largo de los años, volvería una y otra vez a ellos y a las lecciones aprendidas. Pero, entre todas las ciudades que visitó, fue en Filadelfia, durante el otoño de 1793 donde tuvo su gran experiencia transformadora. Fue a partir de su contacto con el círculo político ilustrado de Filadelfia cuando empezó a fraguarse el perfil que lo convertiría en paradigma de toda una generación de revolucionarios:

4. El 23 de noviembre de 1684, le envió un presupuesto detallado para equipar y armar una fuerza de ataque, incluyendo los nombres de oficiales americanos que podrían dirigirla (Miranda, *América espera* 65-68).

> Miranda el viajero, el exiliado y el revolucionario, es la figura emblemática y, a la vez, fundadora de una cultura política atlántica en la que la oposición al absolutismo monárquico se convierte en una plataforma hemisférica que trasciende colonias, imperios y formas de gobierno. A partir de él el arquetipo del exiliado se reproducirá en la historia intelectual y política del siglo XIX hispanoamericano. (Rojas 18)

Es en Filadelfia donde, con la estancia de Miranda, el mapa de la geografía del continente converge por primera vez con la gran cartografía del espacio simbólico donde se van a ir desplegando las utopías de la emancipación. Filadelfia era la cuna simbólica de la revolución de las colonias del norte. Allí habían convergido en el período formativo del nuevo gobierno los padres fundadores: Adams, Franklin, Jefferson, Washington. Allí —en *The Indian Queen*, la misma posada donde se alojaría Miranda— se decía que había escrito Jefferson la "Declaración de Independencia de los Estados Unidos" en 1776. Fue en Filadelfia donde se reunieron el primer y segundo Congresos Continentales; y donde se redactó y adoptó la constitución de los estados Unidos en 1778.

Para Benjamin Franklin, lo que definía el carácter singular de la ciudad era "la conjunción de barcos y libros, puertos y bibliotecas" que para él era "la clave de la ilustración americana" (Rojas 18). Para Miranda y las olas sucesivas de exiliados hispanoamericanos que recalaron en su puerto durante todo el largo proceso de la emancipación, fue más que esto. El plano de la ciudad, sus calles bien trazadas, la belleza de su arquitectura, el buen orden de calles y mercados, su limpieza, su iluminación y la seguridad que reinaba en ellas, la armonía y el buen gusto que se desprendía de todo ello, encantaron a Miranda desde el primer momento (Miranda, *The New Democracy* 40-42)[5]. Pero ya Miranda veía en ella más que una bella y bien ordenada ciudad. Era la figura anunciadora de un nuevo orden libre, igualitario, ilustrado; y evidencia tangible de que el ingreso de las colonias de Hispanoamérica en ese nuevo orden —utópico en la medida en que su visión se iba articulando simultáneamente como resolución simbólica de los problemas de las colonias y como visión ideal del futuro que se encerraba en las promesas del pensamiento de la ilustración— era posible y, con un

5. Descripciones en sus entradas del Diario de viaje por Estados Unidos.

plan de acción adecuado, inminente. Para un revolucionario en ciernes como Miranda, Filadelfia era también la mas importante zona de contacto y de convergencia del pensamiento ilustrado inglés y francés con el ideario político de la nueva república. El lugar central de ingreso y difusión del pensamiento de la ilustración en Norteamérica fue Filadelfia. Su gran vitalidad comercial e intelectual creaban un ambiente propicio a la incorporación y difusión de los nuevos ideales. Su puerto conectaba América con los grandes centros del pensamiento europeo: Francia e Inglaterra. Por Filadelfia entraron y desde allí se difundieron las lecturas de Rousseau y Condorcet. Franklin, Jefferson, Adams viajarían desde allí a Inglaterra y a Francia, en un movimiento de vaivén incesante, de cotejo y enriquecimiento de ideas y proyectos. En Filadelfia recaló en abril de 1794 Talleyrand, uno de los muchos exiliados de la Revolución Francesa que eligieron esta ciudad como refugio. Igual que Constantin de Volnay, quien residió en Filadelfia hasta que la administración de John Adams lo acusó de espionaje y tuvo que regresar a Europa. Pero durante su estancia participó junto con otros muchos exiliados franceses en las reuniones de la American Philosophical Society, fundada en 1743 por Benjamin Franklin, y allí entabló amistad con Jefferson.

En 1774 emigró a Filadelfia y comenzó a trabajar como editor y corresponsal de la *Pennsylvania Gazette* Thomas Paine (1737-1809). Durante su viaje a los Estados Unidos, Miranda entabló una relación con él que se reanudaría con la participación de ambos en la Revolución Francesa, y en las persecuciones de Robespierre durante el Terror. Muchos otros republicanos hispanoamericanos llegarían a conocerlo o a leer sus textos en Filadelfia durante sus propios exilios. Paine es figura clave en el vaivén de itinerarios e ideas entre los dos lados del Atlántico. Sus dos textos fundamentales: *Common Sense* (1776) y *Rights of Man* (1791 y 1792) fueron probablemente los más leídos y traducidos de todo el período. De *Common Sense* se vendieron más de ciento cincuenta mil ejemplares en un año sólo en inglés, lo cual lo convirtió, según muchos de sus contemporáneos, en el texto fundamental en la formulación y difusión del ideario independentista en América del Norte.

A partir de 1787 fue amigo y colaborador de Condorcet. El texto de Condorcet: *De l'influence de la révolution d'Amérique sur l'Europe,* se nutrió de la reflexión de Paine en su *Letter to the Abbe Raynal* (1782) que había sido traducida y circulaba por toda Francia. Con él publicó en 1792 el ensayo *Réponse à quatre questions*. Y con él colaboró en el marco del Comité de L'Instruction Publique en un proyecto de sistema de educación pública. En Filadelfia, Paine conoció a Washington, y continuó su relación con Franklin[6]. Su relación con Jefferson complementó la amistad del propio Jefferson con Condorcet como vía de introducción de las ideas y la visión utópica de Condorcet en América. La importancia de Paine como ideólogo en la Revolución Americana hizo que lo nombraran secretario en el Congreso Continental y, en 1779, de la Asamblea de Pennsylvania. A finales de la década de los ochenta fue nombrado embajador de los Estados Unidos en Gran Bretaña. Paine coincidió de nuevo con Miranda en Francia, donde la difusión de sus ideas y su participación en apoyo de la revolución le valieron ser el único extranjero elegido como miembro de la Convention Nationale. Y testificó a favor de Miranda durante el proceso que el Comité Revolucionario inició por su gestión como oficial del ejército del Norte. Denunciado por Marat, fue —como Condorcet y, más tarde, Miranda— perseguido y detenido durante el Terror, antes de ser liberado y regresar a América, donde, a pesar de que Jefferson nunca lo abandonó, acabaría siendo perseguido por los Federalistas acusado de ateísmo por su ataque frontal al cristianismo en *The Age of Reason* (1796).

Los recorridos geográficos de Paine van puntuando sus itinerarios intelectuales. Lo verdaderamente relevante aquí es el bagaje de ideas y experiencias que viaja con él en cada travesía. De América a Europa lleva su visión y experiencia de primera mano de la Revolución Americana y las ideas que formuló en *Common Sense* (1776) y en la *Carta al Abad Raynal* (1782). Aquí elabora su rechazo del colonialismo y su crítica de la monarquía y del absolutismo. En *Common Sense*, América es, por razónes históricas —su alejamiento de los centros del poder y tradiciones europeos— el lugar privilegiado para la liquidación del antiguo régimen y el nacimiento de un orden nuevo. Paine la compara al arca de Noé para una humanidad que "suspira por ver terminada el arca donde toda la libertad y verdadera religión del mundo serán depositadas". El texto apoya la propuesta de independencia con un análisis riguroso del modelo inglés y de las condiciones que reclaman

6. Franklin lo había conocido en Londres y fue quien lo animó a emigrar a los Estados Unidos y apoyó su solicitud de ingreso.

un gobierno radicalmente diferente para una nueva sociedad emancipada. Pero, a la vez, revela claramente el juego entre crítica análitica y visión utópica. Es la imaginación utópica la que articula la comparación de América con el arca que, en la Biblia, simbolizaba el nuevo génesis de una humanidad purificada a partir de un linaje incorrupto, y un mundo lavado —literalmente— de toda contaminación histórica por las aguas del diluvio. Y la que asoma en la subjetividad del propio Paine como sujeto utópico de una nueva era, ciudadano del mundo sin mas ligaduras ni interés que el compromiso irrenunciable con la libertad. La compresión del tiempo, y la visión del momento y del futuro muestran también las huellas del pensamiento utópico. Ha llegado el momento de crear "la más pura constitución en toda la faz de la tierra". Tenemos, dice Paine, "el poder de recrear el mundo". En su visión utópica, América es el arca fundadora, y su revolución el portal de una nueva historia: "No ha habido una situación comparable a nuestro presente desde los tiempos de Noé hasta hoy. Un nuevo mundo esta ahora a nuestro alcance, y una nueva humanidad, tal vez tan numerosa como todos los habitantes de Europa, está a punto de recibir la libertad que les corresponde, tal vez en el plazo de unos pocos meses" (Paine 53)[7].

Ésta es la visión utópica que Paine lleva de América a Europa, en sus textos primero y en sus diálogos con filósofos y políticos durante sus recorridos entre 1787 y 1797. Pero a lo largo de sus itinerarios europeos y de su participación notable en la Revolución Francesa, Paine fue reformulando y enriqueciendo su visión de la revolución y del futuro, y fueron esas nuevas ideas las que viajarían a América en la correspondencia y textos que escribió a partir de 1791, especialmente en las dos partes de *Rights of Man.* Defensa apasionada de la Revolución Francesa frente al ataque de Burke en *Reflections on the Revolution in France* (1790), *Rights of Man* ilumina toda una fase, que ejemplifica Paine, del diálogo entre el pensamiento político de las dos orillas. Aquí Paine parte de sus tesis de *Common Sense* y de su experiencia de la Revolución Americana y formula un proyecto revolucionario que incorpora las líneas maestras del pensamiento político —y del horizonte utópico— de los filósofos ilustrados, sobre todo de Condorcet. A la idea de la libertad se añade un nuevo énfasis en la igualdad como base necesaria de la

7. Todas las citas que siguen de textos de Paine provienen de esta edición. Las traducciones son mías.

nueva organización social, que despertará una cierta alarma entre sus amigos americanos y lo llevará en 1797 a publicar *Agrarian Justice*, retomando los puntos centrales de la discusión sobre sufragio y propiedad que ya en 1784 había mantenido Miranda con Samuel Adams en Boston; y proponiendo explícitamente incorporar este aspecto de su experiencia francesa en la revolución de América —"Francia ha tenido el honor de añadir *Igualdad* a la palabra *Libertad*"— y argumentando que el derecho al voto pertenece a los derechos de propiedad natural y no puede, por lo tanto, depender de ninguna otra forma de propiedad (propiedades artificiales, para Paine) (Paine 411-12). Su discusión de las diferencias entre derechos naturales y civiles enlaza con las ideas de Rousseau y con una de las contradicciones fundamentales de la utopía rousseauniana: la tensión entre el yo individual y el colectivo. En el marco de un pensamiento revolucionario que tiene la libertad como derecho inalienable y objetivo primordial, la cuestión del justo equilibrio entre derechos naturales y derechos civiles es fundamental. Paine la había abordado ya en una carta a Jefferson de 1788, tendiendo un puente entre los debates que rodearon la redacción de la *Declaración de los derechos del hombre* (1789) y los debates constitucionales americanos en que participaban —entre otros— en la misma época Jefferson, Franklin y Adams. Relacionadas con ella están la función y el poder de la ley y la cuestión de la función y competencias del nuevo gobierno. La postura de Paine enlaza con la visión utópica del futuro de armonía social para una humanidad de sujetos plenos, libres y responsables de la *Décima época* de *L'Esquisse*, incorporando toda la filosofía política —y la visión utópica— que se encarna en los tres primeros artículos de la *Declaración de los derechos del hombre;* y proponiendo un modelo de equilibrio en el que la propiedad existe dentro de un sistema de beneficio recíproco "que impida las actividades depredadoras de una parte de la sociedad protegiendo a la otra de una existencia miserable" (Paine 129).

Pero la piedra angular de la visión de un futuro de libertad y felicidad para la humanidad que transimitiría de Europa a América el pensamiento de Paine es la misma que en Kant, Turgot y Condorcet: la razón.

Al hablar de las influencias y reinscripciones del pensamiento revolucionario ilustrado en los textos de Paine es importante aclarar que no hay evidencia de que los hubiera leído. Aparte de su amistad y colaboración con Condorcet con quién compartió ideas y textos, la asimilación del pensamiento de, por ejemplo, Locke —a quien negaba haber leído— de Rousseau y Raynal —a quienes sí reconocía haber leído— y Turgot, no se hizo en el caso de Paine en las bibliotecas. Se consideraba un completo autodidacta: "Cuando escribía se basaba en los debates de las tertulias de café de los círculos políticos y en el bagaje cultural que iba acumulando a lo largo de sus viajes" (Phillip, "Introduction", en Paine X). Es en su experiencia vivida durante las revoluciones, en sus debates políticos, en las polémicas que circulaban impresas, donde Paine —como tantos otros revolucionarios del momento— conectó con el pensamiento político de su época y asimiló y difundió las coordenadas utópicas del momento en las dos orillas.

"Lo que dijo Arquímedes del poder de la mecánica puede aplicarse a la Razón y la Libertad: Dadme un punto de apoyo y levantaré el mundo" (*Rights of Man*, Paine 210). Así comienza la introducción a la segunda parte de *Rights of Man.* Esta declaración inscribe el punto de articulación central del pensamiento de Turgot y Condorcet en el discurso de *Rights of Man* y tiene implicaciones fundamentales para las articulaciones utópicas que recorren el pensamiento de Paine. América ocupa un lugar central en esas articulaciones porque América es, en la visión de Paine, precisamente el punto de apoyo que permitirá levantar el mundo, en un "siglo de revoluciones en el que todo puede ser concebido" (*Rights of Man*, Paine 197). Pero, igual que en Condorcet, la razón es la clave de todas las transformaciones de la humanidad y del acceso al futuro utópico. En ella se apoya la imaginación utópica para ir configurando las imágenes del futuro de la humanidad: "La Razón, como el tiempo seguirá avanzando inexorable y los prejuicios caerán derrotados por el interés", anuncia en la Introducción de 1792, y, a partir de ahí desarrolla su propia periodización de la historia como proceso de advenimiento de la utopía libre, igualitaria y fraternal:

> Y así sucede con las revoluciones lo mismo que con la marea de todos los asuntos de la humanidad. Ahora mismo la idea de un gobierno fundado sobre una teoría moral, en un sistema de paz universal, y en el derecho hereditario incuestionable de los Derechos del hombre, se va desplazando de Oeste a Este, con fuerza todavía mayor que la que impulsó el desplazamiento de Este a Oeste del gobierno de la espada. Lo mueven intereses más nacionales que particulares, y encierra la promesa de una nueva era para la especie humana. (*Rights of Man*, Paine 213)

La historia del pasado, concebida como un vaivén entre Este y Oeste —que recuerda por analogía el del propio Paine y toda esa generación de republicanos entre las dos orillas— en movimiento progresivo hacia el futuro utópico. Las armas de elección para alcanzar ese futuro eluden deliberadamente la violencia: "La Razón y el debate, la persuasión y la convicción, serán las armas de este desafío, y únicamente ante su supresión se autorizará el uso de la violencia" (*Rights of Man*, Paine 213).

En su contacto con los revolucionarios ilustrados de Francia, su concepto mismo de revolución se modifica. La idea de la revolución como recuperación de un estado de armonía natural que ha sido destruida por la corrupción del absolutismo y la desigualdad social es muy clara en *Common Sense:* "El Gobierno, como el vestido, es la marca de la inocencia perdida; los palacios de los reyes se construyeron sobre las ruinas de las rosaledas del Paraíso" (Paine 5). Pero en *Rights of Man* la revolución se inscribe ya —igual que para Condorcet— en el doble marco de la perfectibilidad humana y la visión progresiva de la historia

El triunfo de la razón y el movimiento progresivo de la humanidad ilustrada se conjugan en Paine, como en Condorcet, para asegurar la convergencia de utopía e historia en un futuro ya inminente: "Cuando el sistema representativo se haya establecido en los gobiernos de toda Europa, las naciones se conocerán unas a otras, abandonarán los viejos prejuicios, y cesarán las animosidades fomentadas por las intrigas y artificios de las cortes...El soldado oprimido volverá a ser un hombre libre, y el torturado marino ...proseguirá su viaje mercantil sin sobresaltos". La utopía como destino y génesis de un nuevo orden cívico, político y moral que inaugura una nueva historia de la humanidad: "De hoy en adelante la época en que vivimos merecerá ser llamada 'la época de la razón' y nuestra generación será para generaciones futuras como el Adán de un nuevo mundo" (*Rights of Man*, Paine 321). El mapa del mundo mismo se transforma. En el nuevo mapa dos polos simbólicos —América y Francia— alteran representaciones tradicionales desplazando el mapa geográfico con la cartografía del espacio simbólico de la utopía: "Jamás se ofreció antes a Inglaterra, ni a toda Europa una oportunidad semejante a la que presentan hoy las dos revoluciones de América y Francia. La primera representa la defensa de la libertad en todo el mundo occidental. La segunda en toda Europa" (*Rights of Man*, Paine 321).

Junto con los textos que Paine escribió desde Europa—sobre todo las dos partes de *Rights of Man Dissertation on First Principles of Government* (1795) y *Agrarian Justice* (1797), la correspondencia privada que mantuvo con Jefferson fue una de las vías importantes de transmisión de las coordenadas utópicas de los ilustrados franceses —a través de las trasformaciones del pensamiento revolucionario de Paine— a los Estados Unidos. Pero sin la convergencia particular en Filadelfia de barcos, imprentas, libros y exiliados, ni el ideario de Paine ni las coordenadas utópicas de los ilustrados europeos habrían podido difundirse, como lo hicieron, entre las primeras generaciones de republicanos hispanoamericanos exiliados[8]. Entre todas las ciudades de Norteamérica que acogieron las oleadas sucesivas de exiliados y viajeros republicanos de Hispanoamérica, Filadelfia fue —nos recuerda Rojas— "la ciudad donde publicaron y conspiraron", "la plataforma estratégica para los emigrados del Sur". Funcionó "como un puente que comunicaba las revoluciones hispanoamericanas y su devenir constitucional con la revolución de independencia estadounidense de 1776" (116 y 119).

Conspirar, estudiar, escribir, traducir y publicar fueron actividades complementarias en la experiencia de estos exilios. Para todo ello, Filadelfia ofrecía el lugar idóneo. En ella convergía la cultura letrada de la ciudad mas culta de los Estados Unidos, con la cultura panfletaria más dinámica y creativa de todo el país. Fue allí adonde se dirigió el joven Franklin cuando, en 1723, se escapó de Boston dejando atrás la librería de su padre y el taller de imprenta de su hermano. El mismo taller desde el cual había iniciado su carrera periodística con la serie de artículos que publicó bajo el sinónimo "Silence Dogwood". Su trayectoria es reveladora de la extraordinaria actividad de impresión, publicación y difusión de libros y artículos que se desarrollaba en la ciudad durante aquellos años. Apenas llegado conectó con Andrew Bradford, conocido impresor y editor del periódico *The American Weekly Mercury.* Se alojó con él a la vez que entraba a trabajar para otro editor: Samuel Kreimer. Franklin comprendió ya en Boston que la palabra era el arma privilegiada para formular visiones, y que el mejor modo

8. En su obra ya citada *Preindependencia y Emancipación*, Pedro Grases incluye una lista de libros especialmente "vinculados a la política de Tierra Firme" publicados en Filadelfia (443-445).

de difundir las propias y criticar las ajenas era la publicación de piezas cortas en periódicos. Los innumerables artículos —opiniones anónimas, correspondencias apócrifas, piezas satíricas y reflexiones políticas— que publicó durante los años siguientes bajo múltiples y cómicos seudónimos, como Martha Careful, Celia Shortface y Anthony Afterwit, le valieron la reputación de ser, a los 23 años, el más agudo y divertido periodista de toda América, además del mejor escritor de Filadelfia; o incluso "el mejor escritor de América" según algunos críticos contemporáneos (Isaacson 61). Todos los exiliados se nutrían de ese vertiginoso clima de intercambio de ideas y, en algunos casos —como Paine— contribuirían sus propios textos a la *Pennsylvania Gazette*, el periódico de Benjamin Franklin.

Algunas editoriales de Filadelfia se interesaban especialmente por temas hispanoamericanos[9], La editorial Palmer publicó en 1811, en inglés y en español un texto fascinante de Manuel Torres: *La naturaleza descubierta en su modo de enseñar las lenguas a los hombres.* Y cinco años más tarde, *An Exposition on the Commerce of Spanish America with Some Observations upon Its Importance for the United States*, del mismo autor (Altamirano, I 218 y Rojas 127)[10]. Fue también en Palmer donde se publicaron entre 1811 y 1814 las traducciones de Manuel García de Sena, otros dos puntos de referencia fundamentales en la cartografía de la dinámica utópica inseparable del pensamiento político del momento. La primera es *La Independencia de la Costa Firme justificada por Thomas Paine treinta años ha* (1811). La segunda: *Historia concisa de los Estados Unidos desde el descubrimiento de América hasta el año 1807* (1812). La editorial de Jean-François Hurtel, por otra parte, publicó en 1817 otro texto fundamental: *El triunfo de la libertad sobre el despotismo* de Juan Germán Roscio; y más adelante pu-

9. Monica Henry estudia las redes de publicación de los exilados hispanoamericanos en "Les premières publications révolutionnaires des exilés hispano-américains aux Etats-Unis" (ver Bibliografía).

10. Manuel Torres fue un personaje fundamental en el círculo de emigrados de Filadelfia. Ministro y "purchasing agent" de la Gran Colombia en Estados Unidos, conectó a sucesivas olas de exiliados con sus contactos diplomáticos, que incluían a Monroe y Adams, y los introdujo en los círculos masónicos. Las cartas entre Torres y Mier demuestran el compromiso de Torres con la edición de literatura revolucionaria y su difusión en Hispanoamérica. A su muerte, Rocafuerte heredó su red de contactos editoriales y diplomáticos y los compartió con la nueva ola de emigrados que llegaría a Filadelfia en 1823.

blicaría la *Memoria político instructiva* (1822) de Fray Servando Teresa de Mier, y el *Plan del Perú* (1823), de Manuel Lorenzo Vidaurre. William Stavely, dueño de la editorial Stavely & Co. publicó las *Lecciones de filosofía* de Félix Varela, los tres primeros números de "El Habanero", punto de encuentro obligado para los independentistas cubanos, y, en 1826, la novela anónima *Jicontécatl*, atribuida según algunos críticos a Varela, y a Heredia según otros. Finalmente, en 1821, el editor D. Huntington publicó en la imprenta T&W Mercein *Ideas necesarias a todo pueblo americano que quiera ser libre*, de Vicente Rocafuerte, que incluía en los apéndices traducciones al español de textos de Thomas Paine, del discurso de John Quincy Adams, de julio de 1821, de la Declaración de Independencia, los artículos de la Confederación, y la Constitución de 1787.

García de Sena y Vicente Rocafuerte no fueron casos aislados cuando decidieron traducir y difundir el ideario de Paine y otros documentos clave para pensamiento independentista republicano. La traducción y la correspondencia —privada y oficial— fueron inseparables de la experiencia del viaje y del exilio y cumplieron un papel fundamental en la exploración, la difusión y el intercambio de formulaciones utópicas. No es exagerado hablar de la verdadera fiebre epistolar que compartieron los viajeros, exiliados y estadistas del gran período revolucionario de las independencias. Intercambiaban cartas sin parar y mantenían, pese al trasiego constante de desplazamientos y mudanzas, viajes y exilios, cuidadosos diarios y extensos archivos de sus comunicaciones con sus correligionarios. Miranda es un ejemplo perfecto. Empezó a escribir su diario tan pronto como se embarcó en el puerto de La Guaira rumbo a España en su primer viaje a Europa en 1871. En su diario consignó cuidadosamente las primeras impresiones de su llegada a Madrid, y las campañas de África en las que participó como oficial del Ejército de la Princesa. Y en su diario siguió consignando durante toda su vida itinerarios y descubrimientos: su viaje iniciático a los Estados Unidos[11]; las incidencias de sus actividades políticas a favor de la Independencia durante sus estancias en Londres; los altibajos de su participación en la Revolución Francesa desde París; sus recorridos

11. Existe una edición completa en inglés del diario de su viaje por estados Unidos: *The New Democracy in America: Travels of Francisco de Miranda in the United States, 1783-84*. Traducido por Judson P. Wood. Oklahoma: University of Oklahoma Press, 1963.

por todas las grandes capitales europeas; su primer encuentro y su amistad con la emperatriz Katerina de Rusia; sus contactos con los grandes personajes de la época.

De hecho, el diario y la carta tenían una función complementaria para viajeros y exiliados. Frente a la actividad incesante de sus vidas, el diario abría un espacio de recuento y reflexión. Su continuidad narrativa reconstruía y ordenaba en el tiempo propio del desarrollo personal las dislocaciones y fracturas del exilio y de la experiencia del viajero, enlazándolas con las grandes transformaciones del pensamiento y de la sociedad. El diario era, en ese sentido, la crónica de una subjetividad en movimiento constante. Y era también la huella y prueba tangible del camino recorrido hacia la visión utópica, o el proyecto personal y colectivo.

La correspondencia, por otra parte, creaba un espacio compartido para la comunicación. Rompía la soledad y el aislamiento, creaba solidaridades, continuidad y compañía en medio del movimiento constante del sujeto y de la incertidumbre de la época. Anulaba la distancia y tendía puentes para las ideas. En un mundo en el que los viajes requerían mucho tiempo y presentaban, además, dificultades considerables, la correspondencia era un complemento necesario de toda actividad intelectual y política. Era, además, un espacio privilegiado para el intercambio de ideas, la formulación de proyectos, la búsqueda de apoyos y aliados, la negociación de acuerdos. Refiriéndose a la correspondencia entre San Martín y Juan Manuel Rosas durante el período de 1838 a 1850, Rojas reconoce el valor particular de la correspondencia durante el período de la emancipación y de formación de las nuevas repúblicas:

> Muchos de los problemas simbólicos de la construcción de las repúblicas hispanoamericanas en las primeras décadas postcoloniales son legibles en esas cartas: el panteón heroico, la rivalidad entre caudillos, la guerra civil, el reparto de empleos públicos, el culto a los padres fundadores, las relaciones con las potencias atlánticas, la melancolía y el exilio. (20)

Las cartas podían ser también espacio de auto-caracterización; de alegato y auto-defensa, enlace entre el espacio mental y privado del diario y el ámbito público de la historia. Miranda nunca dejó de escribir cartas. Cartas personales, cartas políticas, cartas intelectuales, cartas de introducción o presentación, cartas alegando argumentos en su defensa en los numerosos procesos en que se vio envuelto a lo largo de toda su vida. Comenzó a escribirlas desde sus primeros años en Madrid, y siguió escribiéndolas desde la celda miserable de la cárcel de La Carraca, en Cádiz, donde acabaría su vida en 1816, después de la traición de Monteverde[12]. Diarios y cartas conjugados documentan sus itinerarios geográficos y mentales, como los de todos sus contemporáneos.

La traducción es el complemento inseparable del viaje y del exilio. Es herramienta ineludible de negociación del descolocamiento del yo en el movimiento de conocimiento, cuestionamiento, reconocimiento e interpretación de realidades nuevas desde una subjetividad propia. En el contexto del viaje y del exilio, la traducción de lenguas no es más que uno de los aspectos de un proceso de comunicación y negociación infinitamente complejo. Traducción, en aquel contexto, era también la producción de discursos políticos en el marco de una tensión constante entre procesos de comunicación que incluían el traslado literal, la búsqueda de equivalencias y analogías, la recreación de subjetividades, la transculturación de tradiciones y modelos[13].

Al filo de los recorridos por el espacio geográfico y simbólico que delimitaban Filadelfia, Londres, y París, la traducción fue, en primer lugar, elemento clave en el procesamiento de la experiencia de viajeros y exiliados. Experiencia, interpretación y negociación eran los tres ejes de transformación del pensamiento en las zonas de contacto. La traducción fue uno de sus lenguajes de elección. Y fue también un instrumento fundamental en la creación del gran espacio de las ideas donde una comunidad intelectual dispersa entre Hispanoamérica y los Estados Unidos, América y Europa compartió y difundió las coordenadas

12. Las capitulaciones que firmó el gobierno revolucionario de la Primera República de Venezuela con Monteverde en 1812 prometían salvoconductos a Miranda y otros miembros del gobierno pero Monteverde violó los acuerdos, los detuvo y entregó al gobierno español.

13. Para un panorama del debate actual sobre la traducción interesan especialmente los ensayos de Paul Ricoeur en *On Translation*, Routledge, 2006; y *Oneself and Another*, University of Chicago Press, 1992; George Steiner, *After Babel: Aspects of Language and Translation*, Oxford University Press, 1998; Marcel Detienne, *Comparer l'incomparable*, Seuil, 2000; Anurdha Dingwaney, and Carol Maier, *Inter-Cultural Communication at Work*, Cambridge University Press, 1994; Paolo Bartoloni, *On the Cultures of Exile, Translation and Writing*, Purdue University Press, 2008; Lorna Hardwick, *Translating Words, Translating Cultures*, Duckworth, 2000.

utópicas de la visión de una nueva humanidad y una nueva historia. La traducción tendía puentes hemisféricos y trasatlánticos. Sophie de Condorcet, por ejemplo, traducía al francés los textos americanos de Paine —participante activo en la Revolución Francesa en París durante aquellos años— en la misma época en que Jefferson traducía al inglés *The Ruin of Empires*, la gran obra de Constantin Volnay, exiliado en Filadelfia como consecuencia de las persecuciones del Terror[14].

*La Independencia de las Costas de Tierra Firme justificada por Thomas Paine treinta años ha* (1811)[15] fue la primera obra de traducción del pensamiento revolucionario republicano que publicó García de Sena en Palmer. Es una colección de traducciones de textos fundamentales de Paine acompañada de una selección de documentos diversos. El título da la clave del proyecto. Se trata de crear en el texto una convergencia entre la voluntad emancipadora de Hispanoamérica y el ideario ilustrado republicano de Paine. Traducir el pensamiento de Paine es una forma de legitimar la independencia de las colonias autorizándola con las ideas del pensamiento revolucionario de la ilustración. García de Sena selecciona cuidadosamente y traduce los fragmentos más idóneos para cumplir esa función. De Paine incluye, en primer lugar, dos fragmentos de *Common Sense*: "Del origen y designio del gobierno en general" (9-17); y "De la Monarquía y sucesión hereditaria" (18-32). Sigue con la traducción de *Dissertation on the First Principles of Government*: "Disertación sobre los primeros principios del Gobierno" (33-36). Y concluye con la traducción de otro de los ensayos de Paine: *Dissertations on Government, the Affairs of the Bank and Paper Money:* "Disertación acerca del Gobierno, los asuntos de Banco y papel-moneda" (67-156). Completan el volumen los tres textos fundacionales de la república de los Estados Unidos: "Declaración de Independencia", "Artículos de Confederación y perpetua unión", "Constitución de los Estados Unidos"; y varios modelos de constitución de distintos Estados: "Constitución de Massachusetts", "Relación de la Constitución de Connecticut", "Constitución de la República de Pennsylvania" y "Constitución de Virginia".

14. De hecho Jefferson sólo tradujo los primeros 20 capítulos y fue Joel Barlow quien la terminó y publicó bajo su propio nombre. Por otro lado, Mariano Moreno (1778-1811) tradujo *Les ruines* al español y lo parafraseó en el prólogo a su traducción de *El contrato social* (1810).
15. Todas las referencias son a la edición de la Imprenta Palmer, Filadelfia, 1811.

Introducen el volumen dos dedicatorias que complementan el título, aclarando la intención del proyecto de traducción. En la primera, a su hermano Ramón, le asigna el papel de transmisor de la obra, explicándole que lo que sus textos ofrecen "son las verdades que el antiguo gobierno tenía tanto interés en ocultarnos: incurriendo a este fin en el sacrílego atentado de hacer un precepto casi divino de lo que era en realidad un acto de despotismo". La independencia se presenta así no como violación o ruptura de un orden legítimo sino como retorno a una verdad natural —el orden de la libertad y de los derechos de cada individuo— que la monarquía y el orden colonial habían ofuscado y usurpado. Paine es el mensajero de esas verdades y "el primero que declaró públicamente contra la opresión y prescribió reglas para establecer y preservar la libertad de los tiranos". La función de la traducción es enlazar la exposición de esas verdades con la realidad de Hispanoamérica. La traducción lingüística es sólo una pequeña parte de esa tarea. Aunque García de Sena afirma haber traducido "literalmente al español" acota ésta con declaraciones complementarias que iluminan lo que es realmente traducir para él. Por una parte clarifica para sus lectores que su objetivo primordial no es la traducción de lenguajes sino la de ideas: "diles que sin atender al buen o mal estilo de la traducción procuren impresionarse de las máximas en ella contenidas"; por otra reconoce que, como traductor, ha "extractado" lo que le parecía fundamental del pensamiento de Paine. El criterio de selección retoma las prioridades del título: se trata de hacer una traducción de las "máximas" que deben trazar el camino a seguir por los pueblos de Hispanoamérica para alcanzar la libertad. En ese sentido el proyecto de traducción de García de Sena es una combinación de recetario para la felicidad de los pueblos y de hoja de ruta hacia una utopía: la de convertir Hispanoamérica en un espacio social y político análogo al que contempla García de Sena en Filadelfia, donde la aceptación de las ideas que traduce "constituye en estos países la felicidad de sus habitantes, que yo jamás me canso de admirar, y que es la misma que deseo con ansia para los nuestros". Es el deseo la fuerza que impulsa en *La Independencia* la convergencia del ideario del pensamiento revolucionario ilustrado de Paine con la visión utópica de la libertad y los derechos recobrados que García de Sena condensa en una sola palabra: la felicidad.

La segunda dedicatoria "A los habitantes de la Costa Firme" retoma explícitamente en una serie de contrastes y oposiciones la contradicción fundamental que subyacía en el razonamiento de la dedicatoria a su hermano: el orden despótico monárquico y colonial, contra el orden natural de la libertad. El primero está presidido por "los monstruos que abortaba España para gobernaros"; el segundo por la igualdad y la libertad de todos. La independencia es en ese contexto la ruptura de las cadenas que mantenían a los pueblos en la esclavitud y la puerta de ingreso en un futuro utópico presidido por gobiernos como "el más bello que ha existido jamás sobre la tierra". Los textos se presentan de nuevo como hoja de ruta hacia la utopía: "avanzamos en el camino de la felicidad...apresuraos, amigos, daros prisa hermanos en llegar allá". El "allá" de García de Sena es la utopía de una "libertad y prosperidad de todos" [16].

La hoja de ruta contiene las ideas que a García de Sena le parecen más indispensables para navegar el recorrido entre el presente y la visión utópica del futuro. Ése es el criterio exacto que domina la selección de textos extractados. Junto al principio de selección opera el principio de adaptablilidad. García de Sena es consciente de que conviene evitar o censurar algunos textos que chocan directamente con tradiciones de Hispanoamérica, por ejemplo las ideas de Paine en todo lo referente a la religión, y explicar otros —por ejemplo la separación de Iglesia y Estado que exigen las constituciones de diversos estados que traduce[17]— para evitar rechazos viscerales entre sus compatriotas y facilitar la circulación de su obra. En una carta de 1810 a su hermano Ramón revela su preocupación y su deseo de que: "cerciorado por su lectura de no contener una sola palabra contraria a nuestra religión tenga un libre pasaje entre mis conciudadanos" (Grases, *Manuel García de Sena* 46). No incluye ningún extracto de *Rights of Man*, lo cual por una parte es sorprendente, pero tiene sentido cuando se considera que en 1811 la Revolución Francesa había evolucionado ya de una forma alarmante para las Américas. El propio Paine, que había escrito *Rights of Man* en defensa de esa revolución había sido perseguido por la tiranía de Robespierre durante el Terror. García de Sena, como muchos de sus contemporáneos, adopta entusiastamente el ideario que impulsó la revolución —el mismo que articula el pensamiento político de Paine— pero disociándose de la revolución misma.

---

16. Todas las citas son de las dos *Dedicatorias* reproducidas en *Manuel García de Sena y la Independencia de Hispanoamérica*, Pedro Grases (ed.), 34-37.
17. Por ejemplo las explicaciones que acompañan su traducción de la Constitución de Virginia.

Al traducir los principios fundamentales de ese ideario —libertad para todos, igualdad de derechos, la idea de representatividad en el propio gobierno como derecho natural, la conciencia de ciudadanía, y la fraternidad entre clases y razas— traduce también el marco utópico para su propia visión de la independencia. La idea de que la revolución de los Estados Unidos no es un hecho aislado sino "en gran medida la causa de toda la humanidad" que anticipa las mismas transformaciones en Hispanoamérica —tal como profetiza Paine en *Common Sense* cuando prevé que "surgirán, como han surgido ya aquí, muchas situaciones que no son locales, sino universales, y que atañerán a los principios de todos los Amantes de la Humanidad, y el gran Acontecimiento que moviliza sus afectos" (Paine 3). La construcción utópica del momento y del tiempo de la nueva historia: "Nunca brilló el sol con tanta fuerza iluminando una causa de mayor valor. Esta causa no es sólo asunto de una ciudad, un país, una provincia, un reino, sino de todo un continente...Esta causa no es cuestión de un día, un año, una época; la posteridad toda participa en esta confrontación y se verá afectada, en mayor o menor medida, por resultado de los acontecimientos que vivimos, hasta el fin de los tiempos". El tiempo del presente de la revolución como semilla: "Ahora es el tiempo de sembrar la unión continental, la fe y el honor"; la exigencia de perfección del momento revolucionario, punto de inscripción de un orden nuevo que marcará indeleblemente el destino de los siglos del porvenir: "La menor fractura sería como el nombre grabado a punta de cuchillo en la tierna corteza de un joven roble; la herida crecería con el árbol y la posteridad podría leer nuestro error en grandes letras" (*Common Sense*, Paine 20). Semilla y joven roble capturan la visión utópica de la nueva sociedad: joven, llena de vida y fuerza. Y anticipan la metáfora de las etapas del crecimiento del ser humano —de infancia a madurez— que, desde Paine hasta la *Carta de Jamaica* de Simón Bolívar organizará la periodización utópica de la historia. Los progresos que América ha realizado ya, dice Paine en *Common Sense*, la convierten en gigante en comparación con las otras naciones; pero no son más que la infancia de lo que llegará a ser cuando el poder de gobernar y legislar esté en sus manos (49). Adoptados los principios fundamentales de razón y libertad, su crecimiento será tan armonioso e inevitable como el del joven roble.

El proyecto intelectual de la *Historia Concisa de los Estados Unidos desde el descubrimiento de América hasta el año de 1807,* (1812), la segunda obra de traducción de García de Sena, complementa el de *La Independencia*. El volumen es una traducción de la tercera edición de un libro publicado inicialmente en Filadelfia por John M'Culloch en 1787, en su propia editorial[18]. Es coherente con los criterios de traducción y selección de *La Independencia.* Se trata de seleccionar documentos y de transmitir ideas que puedan servir de guía a los hispanoamericanos en su recorrido hacia la independencia. Igual que en la obra anterior, García de Sena aclara que su objetivo no es la traducción perfecta de lenguaje a lenguaje sino la comunicación de ideas y modelos de utilidad fundamental. Pero aquí ya no se trata sólo de ideas o teorías sino de hechos: "Ni lo fastidioso del estilo, ni los muchos defectos que se encuentren en la traducción, serán capaces de *desfigurar los hechos que me propongo transmitir*" (el resaltado es mío). En ese sentido el segundo libro constituye la prueba de la veracidad de las ideas del primero. La historia de los Estados Unidos es, para García de Sena, la prueba tangible de que el recorrido hacia su visión utópica de la independencia de Hispanoamérica es viable. En la "Advertencia a los Americanos Españoles" que introduce el texto aclara su propio objetivo. Parte de la analogía entre el proceso de emancipación de las colonias del Norte con el de las de Hispanoamérica: "ella me ha parecido contener avisos muy importantes a la América Española en sus presentes circunstancias, tan análogas a las de este país cuando intentó sustraerse al yugo de la Gran Bretaña" y termina afirmando que "Nuestra causa es en todo idéntica a la que estos defendieron" (Grases, *Manuel García de Sena* 42-3).

La "causa" es la lucha por la libertad en el recorrido hacia la utopía. Los Estados Unidos son su modelo, pero la visión de García de Sena retoma la de Paine cuando delineaba en *Common Sense* un nuevo espacio utópico que rebasa las demarcaciones de ciudades, condados, provincias y reinos. En la "Advertencia", el "continente" de Paine se transforma en la utopía panamericana de García de Sena: "¡Que el Nuevo Mundo dé al antiguo lecciones de virtud! ¡Feliz entonces cuando desde la tierra fría del Labrador hasta el más apartado cabo de la del Fuego no se vean en él sino congresos, a quienes pueda decirse

18. El título original en inglés es *A Concise History of the United States from the Discovery of America till 1807.* La obra era una versión abreviada y revisada para uso escolar de una voluminosa recopilación de documentos: *Introduction to the History of the United States,* publicada por M'Culloch en 1787.

dignamente: 'Pueda este gran monumento erigido a la libertad servir de lección a los tiranos y de ejemplo al oprimido'!" (Grases, *Manuel García de Sena* 43).

A partir de su publicación en Filadelfia, los itinerarios de las dos obras de García de Sena por toda Hispanoamérica[19] las convirtieron en dos de los libros más leídos de todo el proceso de independencia. Así lo atestiguan numerosos testimonios personales de la época, así como notas de periódico, acciones legales, presencia verificable en los debates constitucionales y comentarios en diarios de viajeros.

En Venezuela, José Félix Blanco anota ya en 1812 en su colección de documentos: "los primeros principios de libertad y de derecho constitucional que conocimos los más de los actores de la transformación política de 1810 y 1811 fueron los del publicista Thomas Paine, que nos comunicó desde Filadelfia nuestro compatriota Manuel García de Sena por medio del libro escrito de aquel autor" (Grases, *Manuel García de Sena* 52). Y en carta a Ramón Azpurúa le recomienda encarecidamente la lectura del libro de García de Sena. Uno de sus contemporáneos, el coronel Juan de Austria, comenta como "Circulaba de mano en mano y se había hecho lectura de moda en la República, un libro cuyo título lisonjeaba bastante el espíritu público de aquella época, *La Independencia de la costa Firme justificada por Thomas Paine treinta años ha*". La *Gazeta de Caracas*, por otra parte, publicó en los números del 14 y el 17 de enero de 1812 extractos de la misma obra (Grases, *Manuel García de Sena* 53). El hecho de que uno de los primeros actos de Monteverde fuera incautar los "siete cajones de libros" que contenían 125 ejemplares cada uno de *La Independencia* nos da una idea de la popularidad de la obra en Venezuela; y la condena y prohibición del libro por la Inquisición en 1811 confirma el peligro que representaba su difusión una vez derrotada la primera república. Finalmente, Pedro Grases señala la huella clara de la obra de García de Sena en la constitución de Venezuela de 1811; en las leyes fundamentales de México de 1824 y de Argentina de 1853; y en varios proyectos constitucionales del río de la Plata, que retoman puntos de la Constitución de Massachusetts y enmiendas a la de Estados Unidos traducidas sólo por él.

19. En 1811, una comunicación del Ministro de España en Estados Unidos, Luís de Onís, advierte de que García de Sena "imprimió cinco mil ejemplares, envió mil quinientos a la Costa Firma y los demás consta que procura enviarlos a Veracruz, Cartagena, La Habana y Puerto Rico" (Grases, *Manuel García de Sena* 58).

Igual difusión parece haber alcanzado la *Historia concisa.* En dos Oficios de 1816 al Cabildo de Montevideo, José Artigas recomendaba su lectura encarecidamente, expresando su confianza en que "sus luces basten para esclarecer las ideas de esos Magistrados, y todo contribuya a fijar nuestros adelantamientos". Y en 1819, Henry M. Brackenridge, afirmaba en su libro *Voyage to South America*, escrito al regreso de su viaje en misión política al continente Sur, que "todo aquel que sabía leer lo había leído", y que su lectura había generado "la más extravagante admiración por los Estados Unidos" (Grases, *Manuel García de Sena* 56-7).

El proyecto de traducción de García de Sena fue fundamental en la dinámica de formulación y transmisión de visiones utópicas de la América emancipada. Pero no fue el único. Anticipa otro proyecto de difusión de pensamiento político y coordenadas utópicas. El del ecuatoriano Vicente Rocafuerte publicado, también en Filadelfia, por la imprenta T&W Mercein en 1821.

El título —*Ideas necesarias a todo pueblo americano independiente que quiera ser libre*— explica con toda claridad el proyecto. Rocafuerte recopila y traduce una selección de textos que le parecen contener los principios y estrategias fundamentales para la emancipación de Hispanoamérica. Emancipación en el sentido más amplio, porque aquí convergen bajo esa rúbrica dos procesos complementarios: el de transformación política de Hispanoamérica siguiendo el ejemplo de los Estados Unidos; y el del perfeccionamiento de sus habitantes, siguiendo las líneas de un pensamiento que se remonta a *L'Esquisse* de Condorcet y al pensamiento de otros grandes ilustrados franceses. No es casualidad que Rocafuerte hubiera traducido también *El contrato social* de Rousseau, la *Historia de la independencia de Norte América*, del Abate Raynal, y *El espíritu de las leyes* de Montesquieu, unos de los textos que más influyeron en el pensamiento político de Europa y las Américas desde su publicación en 1748.

La selección contiene en primer lugar tres textos de Paine: *Del origen y designio del gobierno en general*, *De la monarquía y la sucesión hereditaria*, y *Disertación sobre los primeros principios de gobierno*[20]. Sigue a continuación un *Discurso* de John Quincy Adams, pronuncia-

20. Son los mismos tres textos que había traducido García de Sena. Rocafuerte se refiere a la traducción de éste y comenta algunos puntos y diferencias.

do el 4 de julio de 1821. Intercalada en él, se incluye la Declaración de Independencia de los Estados Unidos, de 1776. Completan el volumen dos documentos fundacionales del gobierno de los Estados Unidos: los Artículos de la Confederación, de 1778; y La Constitución de los Estados Unidos, de 1787, incluyendo el texto de las primeras doce enmiendas. La obra se cierra con el texto de una resolución, propuesta por el Senado y pendiente del voto de los estados de la Unión. Rocafuerte aclara que no sólo son estas las "teorías necesarias" que sentaron las bases para el progreso y la prosperidad de Norteamérica, como lo harán para la América hispana, sino que además ese poder es verificable porque "han recibido ya la sanción del tiempo" (12)[21].

Pero la función de los textos no se reduce a transmitir las "teorías necesarias". Sirven de apoyo a la propuesta apasionada que Rocafuerte articula en el largo *Prólogo* que los precede. El lugar simbólico desde donde habla Rocafuerte es el de la utopía misma: Filadelfia, cuna simbólica de la nueva nación, "asilo de los oprimidos, centro de las luces, baluarte de la libertad". Desde allí, enuncia en diez principios las condiciones necesarias para el advenimiento de la utopía en Hispanoamérica, proclamando la "brillante luz" de sus "sublimes verdades" (Rocafuerte 1). Éste es su decálogo:

> 1. Todos los seres humanos han nacido libres. 2. Dios les ha concedido derechos inalienables e imprescriptibles. 3. Los derechos incluyen el derecho a la vida, a la libertad y a buscar y promover la propia felicidad. 4. La función única del gobierno es promover y proteger estos derechos. 5. Los gobiernos no tienen otra autoridad que la que les otorgan los gobernados. 6. El pueblo tiene el derecho de mudar o abolir cualquier forma de gobierno contraria a estos principios. 7. Es su deber destruirlo y reemplazarlo por otro que garantice su felicidad. 8. El despotismo legitima la insurrección. 9. El pueblo tiene el derecho a organizar sus poderes políticos del modo más conveniente para afianzar su seguridad y conseguir su prosperidad. 10. La prudencia aconseja no mudar a la ligera gobiernos establecidos y arraigados desde muchos años antes.

En la imaginación utópica de Rocafuerte, son el decálogo infalible para crear en Hispanoamérica una realidad nueva que duplique la que

21. Todas las citas son de la versión electrónica de la edición de T.&W. Mercein de Google Books.

se condensa en su visión de Filadelfia, la ciudad que habita. La equivalencia entre su visión utópica de la ciudad de Filadelfia y su descripción de Guayaquil hace explícita en el texto la posibilidad de una doble utopía. Guayaquil, como Filadelfia, se representa como lugar idóneo para el nacimiento de una realidad política, económica y social análoga a la de los Estados Unidos. Por su situación, puertos y astilleros; por su riqueza natural e industria floreciente; y, sobre todo, por su extraordinaria actividad y potencial comercial que fomentan un "espíritu mercantil que es enemigo de privilegios, de monopolios, de compañías reales y de realísmo" (Rocafuerte 15). Pero Rocafuerte es consciente de los peligros que acechan el recorrido por el nuevo panorama de "la actual época de sistemas constitucionales". Por una parte el tremendo peso de una larga tradición de absolutismo despótico. Por otra el espectro inquietante de la utopía traicionada en Francia, primero con el Terror, luego con el despotismo de Bonaparte. El pensamiento utópico que articula su *Prólogo*, despliega toda una serie de estrategias puntuales de resolución simbólica a dos contradicciones fundamentales: la contradicción histórica entre libertad y despotismo; y la contradicción actual, trágicamente escenificada en la Revolución Francesa, entre utopía y tiranía.

A la primera opone dos construcciones utópicas complementarias: su visión progresiva de la Historia como movimiento desde las tinieblas hacia la luz, y su caracterización del momento revolucionario. La Historia como recorrido que se inicia con los remotos tiempos de la ignorancia, cuando "los hombres creían en brujas y por caridad encendían las hogueras del Santo Oficio"; que pasa de los abusos depredadores de la nobleza feudal "cuadrilla de salteadores, que se creían autorizados a cometer toda serie de crímenes" al advenimiento de la monarquía, gran paso adelante en aquel contexto donde "era ciertamente menor mal sujetarse más bien a un rey que a los caprichos de una insolente y despótica nobleza". Progreso, sin duda, en su momento. Pero una etapa ya muy lejana en el progreso de la humanidad, y completamente obsoleta en el siglo de las luces. Uno de los momentos más líricos del *Prólogo*, describe la visión de ese proceso, y de la Historia misma que va articulando la imaginación utópica de Rocafuerte:

> En aquellos siglos de error y de tinieblas fue la monarquía tan útil como lo es la luna en la oscuridad de la noche; pero así como esta reina del cielo va perdiendo su esplendor y brillo a medida que va creciendo el cre-

> púsculo de la mañana, hasta que, envuelta en los fulgentes rayos del sol, se eclipsa y desaparece del firmamento, así las monarquías han ido decayendo a medida que la luz de la civilización ha ido adelantando al hombre en el conocimiento de su fuerza física y moral. La antorcha de la filosofía, a manera del astro brillante del día, ha estado gradualmente disipando la negra, densa atmósfera que rodeaba a los tronos, hasta poner en clara luz los podridos cimientos en que se apoyan. (Rocafuerte 9-10)

A lo largo del recorrido simbólico hacia la luz desde las tinieblas, se han ido modificando las formas de gobierno en una trayectoria que lleva desde la tiranía de la anarquía depredadora feudal, pasando por el absolutismo monárquico, a la monarquía constitucional, para llegar finalmente al modelo republicano constitucional de los Estados Unidos, "el más perfecto, el único en donde el hombre goza de las mayores ventajas de la sociedad con el menor gravámen posible" (Rocafuerte 7). Rocafuerte es muy consciente del peso del pasado, y anticipa las críticas que puedan intentar descalificar su visión argumentando que la tradición de Hispanoamérica se interpone entre su historia y la realización de la visión utópica. A todo ello contrapone su visión del momento revolucionario. Ha llegado, dice, el momento de "hacer prosperar en nuestro suelo la delicada planta de la libertad". Y aunque reconoce que al "joven roble" de García de Sena, se oponen tenazmente los árboles del absolutismo, que, "se sostienen todavía como esos antediluvianos árboles de las impenetrables selvas de nuestra América, que teniendo sus raíces desprendidas ya de la tierra, sólo quedan adheridos o pegados al suelo por el grave peso de su tronco, y el equilibrio de la añosa copa", afirma apasionadamente la importancia única del momento. Frente a historia, tradición y críticas, el momento revolucionario inscribe con toda su fuerza la oportunidad de ingreso en el orden nuevo: los antediluvianos árboles están, afirma Rocafuerte, "dispuestos a caer al impulso del primer huracán que los empuje" (Rocafuerte 11).

La segunda contradicción —entre utopía revolucionaria y nueva tiranía— se neutraliza, en primer lugar, con la visión de un nuevo orden político y social que se remonta hasta el pensamiento de Montesquieu. Es el de "la libertad constitucional", un orden gobernado por los sólidos principios de las "leyes constitucionales...verdaderas bases de la augusta y respetable libertad". Y esta visión del poder del sistema representativo para trazar el camino por el que los hispanoamericanos "darán pasos agigantados en la carrera de su felicidad" se complementa con la acción conjugada de la instrucción pública con el instinto de perfección de la humanidad. La "especie humana tiene una natural tendencia a la perfección", declara Rocafuerte retomando una de las líneas maestras del pensamiento ilustrado desde Rousseau hasta Turgot y Condorcet. Alimentada por una instrucción pública que multiplique "los conocimientos elementales de las ciencias exactas, de la agricultura, del comercio y de la economía política" llegará "la verdadera ilustración" de una nueva humanidad regida por el uso de la razón —inmune a las pasiones y excesos que han destruido la visión utópica que impulsó la Revolución Francesa—.

Los textos que siguen reinscriben una vez más las coordenadas del pensamiento revolucionario de Paine, y delinean un mapa de recorridos complementarios hacia la realización de esa visión. Los extractos de *Common Sense* ocupan el lugar teórico principal, ya que, para Rocafuerte, fue Tomas Paine quién "contribuyó más que nadie" a la lucha de la libertad contra el despotismo monárquico. *De la monarquía y la sucesión hereditaria*, incluye además de la referencia a la traducción de García de Sena, sus propios comentarios, aclaraciones y explicaciones. *Disertación sobre los primeros principios de gobierno* incluye una breve crítica al modelo constitucional de las Cortes de Cádiz y subraya en itálicas puntos de interés fundamental. El *Discurso de John Quincy Adams* y los documentos que siguen, por otra parte, funcionan simultáneamente como testimonios de realización —documentan la implementación de esas ideas en los Estados Unidos— y como modelos para la configuración del gobierno de las nuevas repúblicas.

Rocafuerte introduce este *Discurso* como manual indispensable en la lucha, porque "defiende con argumentos victoriosos los principios de la libertad, los medios de conservarla, la facilidad de establecerla en América" y subraya —haciéndose eco de la posición de García de Sena— que "casi todos sus raciocinios se pueden aplicar a nuestras circunstancias" (Rocafuerte 12-13). El texto mismo del *Discurso* confirma la visión de la historia como movimiento del progreso desde "la época remota del despotismo y la violencia" hasta el nacimiento de una nueva era inaugurada por la *Declaración de Independencia* cuya lectura intercalada en el *Discurso* ofrece John Quincy Adams en ritual de celebración patriótica. Traza asimismo, desde Moisés hasta Guillermo de Orange, el linaje de la libertad que en ella se codifica, advirtiendo del doloroso recorrido —puntuado en los Estados Unidos por las masacres de Lexington y Bunker Hill— hacia la independencia y la libertad. El recorrido se escenifica en la estructura retórica del *Discurso* como tragedia en tres actos (Rocafuerte 19). Primer acto: la declaración de la Independencia. Segundo acto: la "guerra sangrienta, horrible, gloriosa". Tercer acto: intervención de la Divina Providencia que inclina al más poderoso príncipe al reconocer el derecho a la independencia.

La *Declaración* intercalada marca en el *Discurso* el punto simbólico preciso de ingreso en la utopía: "En un día salió del caos una nación", una nación que el *Discurso* construye aquí como el espacio mismo de la armonía: la utopía de la libertad, iluminada por esa *Declaración* que es como "un fanal colocado en la cima de una montaña, al cual vuelven los ojos todos los habitantes de la tierra, considerándolo como el foco del genio y de la felicidad, su luz permanecerá hasta que el tiempo se pierda en la eternidad" (Rocafuerte 119).

Los tres documentos que siguen: Artículos de Confederación (1778) y Constitución de los Estados Unidos (1787) ofrecen ejemplos verificables de implementación de las ideas que codifica la *Declaración*, y del decálogo que el propio Rocafuerte incluye en su prólogo. Los tres combinados son "la esperanza de los pueblos oprimidos...el único fanal que indica al hombre el rumbo de su felicidad" (Rocafuerte 9). Documentos políticos fundamentales los tres en el desarrollo del pensamiento constitucional; y a la vez, fanales providenciales, faros de costa que iluminan y guían los rumbos inciertos de una nueva humanidad hacia la utopía entrevista.

Un movimiento de vaivén incesante de viajeros y exiliados entre América y Europa fue trazando así las rutas de la imaginación utópica que enlazaron repetidamente las dos orillas del Atlántico; a la vez que un vaivén complementario tendía puentes entre la América del Norte e Hispanoamérica. Las rutas de la traducción siguieron ese mismo movimiento. Por ejemplo, las numerosas traducciones de obras dramáticas francesas o italianas que hizo Olavide desde su exilio en Francia y Madrid entre 1764 y 1780; el pensamiento de Rousseau, y Montesquieu traducido al español por Mariano Moreno y Rocafuerte; la *Declaración de los derechos del hombre* por Nariño (1789) y por Picornell (1797); *Las Ruinas*, de Volnay, por Moreno; los textos de Paine traducidos al francés por Sophie de Condorcet; y, unos años más tarde, al español, primero por García de Sena y, poco después, por Rocafuerte; o la *Carta dirigida a los españoles americanos* de Juan Pablo Viscardo, escrita desde el exilio en francés, publicada en Londres en 1799 y traducida por Miranda al español en 1801.

Entre 1795 y 1797, Miranda estaba en París. Había sobrevivido el proceso que levantó contra él el Tribunal Criminal Revolucionario por los reveses —especialmente la debacle de Neerwinden— que el Ejército del Norte que estaba bajo su mando, había sufrido en la campaña contra Bélgica. Se defendió brillantemente, y, con la ayuda de su abogado defensor Chauveau Lagarde y del testimonio de Paine —quien argumentó que por todo lo que sabía de Miranda no era concebible que fuera capaz de traición, estando como estaba la causa de la Revolución Francesa tan ligada a la independencia de Hispanoamérica, por la cual Miranda había sacrificado todo en su vida—, fue absuelto el 15 de mayo de 1793. Pero en julio del mismo año fue detenido de nuevo por orden de Robespierre en una de las oleadas de detenciones y ejecuciones que enviaron a la cárcel, como al propio Paine, o a la muerte, como a Condorcet, a tantos defensores de la revolución. Tuvo la suerte inconcebible de salir con vida de la cárcel de La Force a la caída de Robespierre, pero no fue absuelto por el Comité de Seguridad Pública hasta enero de 1795. A partir de ese momento y hasta su exilio a Londres en 1798, amenazado de nuevas persecuciones, Miranda combinó su actividad política al servicio de la Revolución con la expansión de su red de apoyos y contactos para la independencia de Venezuela y toda Hispanoamérica. Fue en ese contexto que tuvo lugar una convención de patriotas revolucionarios hispanoamericanos donde se redactó y firmó, en diciembre de 1797, un documento que debía presentarle Miranda a Pitt para intentar, una vez más, conseguir su apoyo para una invasión del continente. Era el *Acta de París*. La firmaron como representantes de "las Colonias Hispano-Americanas", además del propio Miranda, el peruano José Godoy del Pozo y el chileno Manuel José de Salas; pero en su redacción participaron muy probablemente otros miembros del círculo de emigrados hispanoamericanos, como Pablo de Olavide, Francisco Iznardi y Pedro José Caro (Racine 137).

El *Acta de París* es un documento importante[22]. Por una parte presenta con un lenguaje contractual muy claro los puntos de negociación de acuerdos con Gran Bretaña relativos a su apoyo a la independen-

22. El *Acta de París* está incluido en *América espera*, de Francisco de Miranda (194-99).

cia de Hispanoamérica. Incluye entre sus 18 cláusulas: una declaración de independencia plena con apoyo de Gran Bretaña; acuerdo de protección y marítimo con Gran Bretaña; alianza en defensa de la libertad de Hispanoamérica con Gran Bretaña contra Francia y "su ambición destructora"; tratado de comercio preferencial de carácter casi exclusivo por el momento, incluido el derecho de paso por un posible canal de Panamá cuya construcción se proyecta para un futuro próximo; alianza con Estados Unidos y cesión de las dos Floridas y de la Louisiana a cambio de apoyo militar; renuncia a derechos sobre las islas del Caribe, con la excepción de Cuba y del puerto de La Habana; y concesión del mando militar y diplomático para todas las operaciones al general Francisco de Miranda en reconocimiento de su demostrada competencia y reconocidos méritos. El *Acta* se cierra con una lista detallada de efectos militares que Miranda y Olavide quedan encargados de obtener de Inglaterra a la mayor brevedad, y especifica que copias del documento serán enviadas también a Filadelfia. De hecho, el presidente John Adams recibió un ejemplar en agosto de 1798; y Knox y Hamilton poco después. Lo interesante aquí es la lucidez de un documento que enmarca su visión utópica, sus peticiones y sus puntos de negociación, en un análisis clarísimo del complejo entramado de intereses y alianzas internacionales en los que se insertaban, cada vez, los esfuerzos de Miranda y los demás exiliados hispanoamericanos por conseguir los apoyos y ayudas necesarios para financiar y organizar la rebelión de las colonias hispanoamericanas.

Miranda había visto, durante sus largos años de exilio en Londres primero y en Francia después, disolverse promesas y esperanzas al compás de las alianzas y enfrentamientos de las grandes potencias de cuyo apoyo dependía. Entre 1798 y 1811, Miranda trabajó infatigablemente en Inglaterra y en Estados Unidos en busca de ese indispensable apoyo. Lo consiguió de Estados Unidos —aunque no oficialmente— para la desastrosa invasión del *Leander*, en 1806. De regreso en Londres en 1798, Miranda continuaría sus esfuerzos, ampliando su círculo revolucionario, estrechando su amistad con Bentham, introduciendo en los círculos del poder a las nuevas generaciones de líderes republicanos que llegaban de Hispanoamérica. Los múltiples itinerarios de Bolívar, O'Higgins, San Martín, Villarrutia, Irigoyen, Antepara, Cortés Campomanes —único repatriado de la conspiración Gual y España— convergieron durante esos años en casa de Miranda. Allí leyeron los libros de su biblioteca, participaron en tertulias intelectuales y políticas, planearon negociaciones y conspiraron con él para la independencia.

Uno de tantos itinerarios que se cruzó con el de Miranda durante esos años en Londres fue el de Juan Pablo Viscardo y Guzmán (1748-1798). Pero, irónicamente, aunque los unía un mismo rechazo del orden colonial y una pasión igual por la independencia de Hispanoamérica; aunque coincidieron en Londres durante breves semanas a principios de 1798, nunca llegaron a conocerse.

El itinerario de Juan Pablo Viscardo comenzó, como el de tantos otros, con el exilio. Pero el suyo fue un exilio diferente. Al morir su padre en 1760, ingresó en la orden de los Jesuitas. Tenía apenas veinte años cuando llegó a Cádiz. De allí pasó a Italia y se instaló con su hermano, también desterrado, en la provincia de Massa e Carrara. No regresaría nunca más al Perú. La orden de expulsión de los jesuitas incluía la prohibición de comunicarse con cualquier persona en el Perú, además de la pena muerte en caso de regreso. Viscardo parece haber pasado los primeros años de su exilio intentando obtener justicia de la corona y recuperar las rentas que le correspondían del patrimonio familiar. Pero en 1881 le llegó la noticia de la rebelión de Túpac Amaru II. Fue en ese momento cuando la pena ante la injusticia de su suerte, su justificada cólera y su crítica radical del sistema colonial, cristalizaron por primera vez en una intervención a favor de la emancipación de Hispanoamérica. Contactó al cónsul inglés de Liorna con una propuesta de intervención para liberar el Perú de la dominación española. La rebelión de Túpac Amaru —que a estas alturas ya había sido derrotada, aunque Viscardo lo ignoraba— era la prueba del descontento generalizado contra el gobierno español y de la oportunidad del momento. Viscardo se ofreció también para actuar como agente inglés en el proyecto. Ya que conocía el territorio y hablaba quechua, ofrecía una colaboración muy valiosa como guía e intérprete.

A partir de ese momento los itinerarios de Viscardo por Europa se multiplicaron, llevándolo de Massa e Carrara a Londres en 1782, de vuelta a Massa e Carrara en 1784, a Francia en 1791 y, finalmente, de allí a Londres en 1795. Durante su primera estancia en Londres preparó para el gobierno británico un plan de invasión que proponía Buenos Aires como base de operaciones para liberar el continente penetrando por el interior hacia el Perú. Pero la paz firmada entre España e Inglaterra en ese momento acabó, temporalmente, con el interés del gobierno inglés, aunque le asignaron a Viscardo una pequeña pensión de 300 libras por servicios recibidos —y, tal vez, en previsión de servicios futuros—.

Fue durante su estancia en Francia durante los años más radicales de la Revolución cuando escribió su *Lettre aux Espagnols-Américains*. La llevó consigo a Londres en 1785. Pero no se publicaría hasta 1799, después del regreso de Miranda. Los itinerarios de Viscardo y Miranda coincidieron brevemente en Londres entre el 15 de enero y el 10 de febrero de 1798. Pero no fue hasta marzo cuando Miranda supo de Viscardo a través de Rufus King, el embajador de los Estados Unidos. En una de las visitas que le hizó Miranda para negociar apoyos para sus propios proyectos, King le habló de Viscardo y le entregó los papeles de su archivo, que Viscardo le había hecho llegar a King poco antes de su muerte. Miranda comprendió inmediatamente el valor extraordinario de la *Lettre aux Espagnols-Américains* y la publicó en francés en 1799 en Londres —aunque, por razones diplomáticas, Filadelfia aparecía como el lugar de publicación—. En 1801, Miranda publicó en P. Boyle, Vine Street Piccadilly, su traducción al español: la *Carta a los españoles americanos*, para difusión en toda Hispanoamérica. A pesar de las sucesivas prohibiciones y confiscaciones por parte de los agentes del gobierno español de "tan peligroso panfleto"[23], la carta se difundió ampliamente por todos sus territorios americanos.

Ese "tan peligroso panfleto" es, en realidad, un texto extraordinario, y un documento de primera importancia en el desarrollo del pensamiento de la emancipación. Por una parte revela un gran conocimiento de la historia de las colonias y de las estructuras y funcionamiento del gobierno colonial. Revela igualmente una clara visión del juego de intereses nacionales e internacionales relevantes para cualquier propuesta o plan de emancipación. Por otra parte, la *Carta* ilumina los procesos de la imaginación utópica, capturando con exactitud el modo de articulación de un pensamiento que va a ir trazando los caminos de la utopía entreverados con el pensamiento político de la emancipación. Como telón de fondo, una contradicción fundamental: Despotismo ~ Derecho natural[24].

23. Carta de Pedro Cevallos a José Anduaga, 14 de Mayo de 1804; Archivo de Simancas, Estado 8.253, *Nos los Inquisidores Apostólicos contra la Herética Pravedad y Apostasía...*

24. Fundamental en el sentido que le da Bloch siguiendo el principio aristotélico del término medio imposible: no hay síntesis posible ni punto intermedio entre sus dos términos.

La historia del pasado es la historia de la tiranía. Se construye como representación puntual de los errores y horrores —el "horroroso cuadro"— del despotismo. Su acto fundacional es la traición. Traición originaria de la monarquía a su función tutelar cuando deja de defender y proteger a sus súbditos, traición del rey a los conquistadores cuando dejó de recompensar sus servicios. La metáfora de la relación entre padres e hijos para contextualizar la traición subraya su sentido de acto contra la naturaleza y su impacto afectivo. Frente a esa traición, la lealtad y el "entusiasmo ciego" con el que "hemos sacrificado riquezas infinitas de toda especie, prodigado nuestro sudor, y derramado...con gusto nuestra sangre" se funda en la lealtad de los criollos hacia su rey y su amor por la patria originaria.

Todo el razonamiento que articula en la *Carta,* la construcción del pasado retoma las líneas de un pensamiento rebelde que se remonta hasta las cartas de Lope de Aguirre a Felipe II y al Provincial Montesinos[25]; la referencia velada a la ejecución de Pedro Pizarro confirma este linaje. Al igual que sucedía en Aguirre, la ruptura de un contrato sagrado marca un proceso de deslegitimización de todo el orden de la ley colonial. A partir de ella las múltiples caras de la relación entre España y sus colonias se resumen en una sola palabra: la usurpación. "Todo lo que hemos prodigado a la España ha sido pues usurpado sobre nosotros y nuestros hijos", declara Viscardo. Usurpación es el "destierro forzoso del mundo antiguo" y la separación "de una sociedad a la que estamos unidos por los lazos más estrechos". Y a esa usurpación se añade la "usurpación sin ejemplo de nuestra libertad personal" y "la otra igualmente importante de la propiedad de nuestros bienes"[26]. La tiranía todo lo contamina creando un panorama de desolación personal y colectiva: "Nuestra historia", dice Viscardo, "se podría reducir a estas cuatro palabras: *ingratitud, injusticia, servidumbre y desolación* (1). Las críticas feroces de Lope de Aguirre resuenan nuevamente en la

25. Para los documentos de la expedición de Lope de Aguirre, véase: *Lope de Aguirre y la rebelión de los marañones*, ed. Beatriz Pastor y Sergio Callau, Madrid: Castalia, 2010.

26. Juan Pablo Viscardo, *Carta a los Españoles Americanos.* Texto completo en Documentos de la Independencia de las colonias Hispanoamericanas, (IV); en *Araucaria. Revista Iberoamericana de Filosofía, Política y Humanidades*, 9.17, (2007). La Biblioteca Ayacucho publica una version abreviada en *El Pensamiento Político de la Emancipación*, Caracas, 1985. Vol. 1. Citamos por la versión digital que ofrece el Instituto Cervantes (véase bibliografía).

descripción de sus efectos: "no hemos experimentado de su parte sino los más horribles desórdenes y los más grandes vicios...hemos sido entregados al orgullo, a la injusticia, a la rapacidad de sus ministros, tan avaros, por lo menos, como los favoritos de Carlos V, implacables para con unas gentes que no conocen y que miran como extranjeras, procuran solamente satisfacer su codicia con la perfecta seguridad de que su conducta inicua será impune". Como resuenan en el lamento por la propia marginación: "Así, mientras que en la corte se derraman las riquezas y los honores a extranjeros de todas las naciones, nosotros solos somos declarados indignos de ellos e incapaces de ocupar, aun en nuestra patria, unos empleos que en rigor nos pertenecen exclusivamente. Así la gloria que costó tantas penas a nuestros padres, es para nosotros una herencia de ignominia, y con nuestros tesoros inmensos no hemos comprado sino miseria y esclavitud" (4).

El proceso de deslegitimización se apoya en una serie de redefiniciones puntuales y culmina en una inversión radical: la lealtad a España se convierte en traición al propio país: "Guiados de un entusiasmo ciego no hemos considerado que tanto empeño a favor de un país, que nos es extranjero, a quien nada debemos, de quien no dependemos y del cual nada podemos esperar es una traición cruel contra aquel donde somos nacidos, y que nos suministra el alimento necesario para nosotros y nuestros hijos" (Viscardo 2). Aquí es el propio país quien ejerce la función protectora del padre, mientras que España aparece caracterizada como "extranjera" y contraria al bien de los americanos y sus descendientes. Es la primera legitimación de la rebelión en la *Carta* y, en esta primera línea de argumentación, se basa en razones históricas. Pero no es la única. Hay un proceso complementario de legitimación de la independencia que se apoya en la caracterización del segundo término de la contradicción: los derechos naturales.

El punto de anclaje de la inscripción en la *Carta* de las teorías de la ilustración sobre derechos naturales es una referencia a Montesquieu que invierte la relación de supremacía entre España y América —"Las Indias son potencias bajo un mismo dueño; mas las Indias son el principal y la España el accesorio"— introduciendo el principio fundamental: ha llegado el momento que "la naturaleza, la razón y la justicia han prescrito para emanciparnos de una tutela tan tiránica". Es hora de inclinar la balanza del lado de la libertad en una lucha que ha durado siglos, de rechazar definitivamente una autoridad real que "se salió de sus márgenes" contaminándolo todo con su "poder despótico", de clausurar el orden de la tiranía que el primer término de la contradicción desplegaba, de terminar con un régimen de usurpaciones y destierros —como los que habían asolado la vida del propio Viscardo—, de abrir el paso a un nuevo orden fundado sobre la libertad y los derechos de cada individuo.

La piedra angular del nuevo orden reinscribe los principios de la *Declaración de los derechos del hombre*: "La conservación de los derechos naturales y, sobre todo, de la libertad y seguridad de las personas y haciendas, es incontestablemente la piedra fundamental de toda sociedad humana, de cualquier manera que esté combinada" (Viscardo 5). El segundo término de la contradicción se integra así en el linaje del pensamiento político ilustrado, y es en la convergencia de la crítica del pasado colonial con el pensamiento político de los filósofos de la Ilustración donde Viscardo va a ir articulando la visión utópica de la emancipación. La naturaleza, la justicia y la razón se conjugan en un mismo dictamen: los derechos naturales y la libertad son inalienables. Tenemos, dice Viscardo, "la obligación indispensable de conservar los derechos naturales recibidos de nuestro creador, derechos preciosos que no somos dueños de enejenar…¿el hombre, puede renunciar a su razón o puede ésta serle arrancada por la fuerza? La libertad personal no le pertenece menos que la razón. El libre uso de estos mismos derechos es la herencia inestimable que debemos dejar a nuestra posteridad" (10). En ese contexto, la emancipación se convierte en movimiento de recuperación de los derechos naturales usurpados por la tiranía, y esa recuperación adquiere la fuerza imperativa de un mandato que complementa la legitimación de la sublevación que Viscardo argumentaba ya a partir de su crítica del pasado.

No hay síntesis posible entre el orden de la tiranía que documenta la historia y el orden de los derechos y la libertad. Se impone una ruptura radical con el continuo de la historia del pasado, y el ingreso en un espacio alternativo como paso necesario a la fundación de un orden y una historia nuevos: la visión de la América emancipada que contempla ya la imaginación utópica. La construcción del "momento" marca —de forma análoga al "neutro" de Bloch— el punto de ingreso al espacio alternativo del nuevo orden. Un momento que es a la vez unidad temporal y clave simbólica que recordarán generaciones venideras como "el momento en que para ser libres no era menester sino el quererlo" (11).

Un momento que marca para la imaginación utópica la fundación de un nuevo continente: "Descubramos otra vez la América para todos nuestros hermanos, los habitantes de este globo, de donde la ingratitud, la injusticia y la avaricia más insensata nos han desterrado" (Viscardo 11).

Desde el punto intermedio de la distancia infranqueable que separa los dos términos de la contradicción fundamental, el "momento" de Viscardo abre de par en par las puertas de la utopía: "Este momento ha llegado, acojámosle con todos los sentimientos de una preciosa gratitud, y que por pocos esfuerzos que hagamos, la sabia libertad, don precioso del cielo, acompañada de todas las virtudes, y seguida de la prosperidad comenzará su reino en el Nuevo Mundo, y la tiranía será inmediatamente exterminada" (Viscardo 11). Tiempo suspendido en una visión utópica que simbólicamente neutraliza y anula instantáneamente los horrores del tiempo y de la historia que se condensaban en la construcción del primer término de la contradicción. Como en el París utópico del viajero de Mercier, no hay proceso, no hay dilación, no hay negociación: la América emancipada es completa, inmediata, instantánea y plena. Es... una utopía.

Los últimos dos párrafos de la carta de Viscardo despliegan la visión radiante del vasto paisaje utópico de la América emancipada. En el espacio alternativo, que se articula como espacio de resolución simbólica de todas las contradicciones y problemas del pasado histórico, "Se verá renacer la gloria nacional en un imperio inmenso, convertido en asilo seguro para todos los españoles, que además de la hospitalidad fraternal que siempre han hallado allí, podrán respirar libremente bajo las leyes de la razón y la justicia" (11). Cada corrupción o violación de derechos naturales en el orden anterior se verá neutralizada en el nuevo: el reino de la razón, de la justicia y de la humanidad desplazará "los horrores de la opresión y de la crueldad"; el temor y la angustia dejaran paso a la confianza mutua, la satisfacción y el goce general; el poder destructivo de la codicia y el egoísmo serán desterrados; la libertad protegida.

En la visión final que Viscardo despliega ante nuestros ojos en la *Carta*, la isla de Wilde es más que isla. Es todo un continente: el Nuevo Mundo de una América que inscribe su presencia en el gran mapa de las utopías, desplazando distancias geográficas con convergencias simbólicas: "De esta manera, la América reunirá las extremidades de la tierra", y sus habitantes serán atados por el interés común en una sola "*grande familia de hermanos*" (11. Resaltado en el original).

# Capítulo V

# Los caminos de la libertad

*The palaces of Kings are built on the ruins of the bowers of Paradise.*

Thomas Paine

La figura utópica de la América emancipada que fueron desplegando en los textos —y actualizando en la acción legislativa y política— los revolucionarios hispanoamericanos entre 1797 y las primeras dos décadas del siglo XIX es como un prisma: sus facetas capturan momentáneamente múltiples visiones evanescentes de la utopía, proyectando —como el prisma— una figura coherente y, a veces, armoniosa, en su juego incesante de refracciones, luces y sombras. Con la pluma, con la ley y con la espada, los pensadores de la emancipación fueron delineando los contornos de una América liberada, que combinaba la razón analítica del pensamiento político de la ilustración con los sueños del deseo y las visiones liberadoras de la imaginación utópica.

De los muchos posibles caminos hacia la utopía que exploraron, voy a esbozar aquí el recorrido de los que fueron delineando una cartografía que se apoya en cuatro figuras paradigmáticas: Juan Germán Roscio (1763-1821), Fray Servando Teresa de Mier (1765-1827), Fernández Lizardi (1776-1827) y Félix Varela (1758-1853).

## I

Las categorías raciales que definían la identidad social de los habitantes de la Hispanoamérica colonial tejían una tupida red que determinaba de forma férrea el lugar que a cada cual correspondía, y sentaba sus condiciones de acceso o exclusión de los ámbitos del poder económico, social, político y discursivo. Como "pardo" que era, Juan Germán Roscio no debería ni haber tenido acceso a la universidad. Pero, gracias a la intervención de la Condesa de San Javier, lo tuvo. En la universidad de Caracas completó su bachiller en Cánones en 1792, su doctorado en Teología en 1794 y su doctorado en Derecho Civil en 1800. Esta convergencia inicial de dos sistemas legales, el derecho canónico con el civil, enmarcaría ya desde sus primeros escritos toda su argumentación en defensa de la emancipación, y complementaría su incesante y apasionada actividad política.

Se rumoreó, aunque sin pruebas definitivas, que había sido cómplice de la Conspiración de Gual y España en 1797. Tal vez, aunque sin duda su primera intervención política decisiva fue en abril de 1810, cuando, junto con otros ciudadanos, irrumpió en una sesión del Cabildo y se proclamó con ellos "representante del pueblo" anulando abiertamente la autoridad del Capitán General Vicente Emparán. En los meses que siguieron presidió la Junta de Gobierno de Caracas, formó parte del Congreso Constituyente de la Primera República de Venezuela, colaboró con Francisco Isnardi en la redacción del Acta de la Independencia de Venezuela (5 de julio de1811) y escribió un documento fundamental: *Manifiesto al mundo de la Confederación de Venezuela* (30 de julio de 1811). Pero al firmar Miranda su desgraciada capitulación ante Monteverde en julio de 1812, Roscio fue apresado y encerrado en los calabozos del penal de La Guaira —el mismo donde Picornell había fraguado la conspiración de Gual y España— junto con Miranda y siete miembros destacados de su círculo político. Monteverde los llamó "los ocho monstruos"[1] y los envió con la mayor prontitud a la cárcel de Cádiz. Miranda acabaría su vida en ella; pero Roscio y sus siete compañeros fueron trasladados al penal de Ceuta. Y fue durante su encierro en Ceuta entre 1812 y 1815 cuando Roscio escribió su obra mayor: *El triunfo de la libertad sobre el despotismo*, aunque no la publicaría hasta su llegada a Filadelfia, después de un largo viaje de regreso a las Américas que lo llevaría primero a Jamaica, de allí a Nueva Orleans, y, finalmente a Filadelfia, la ciudad de la libertad.

---

1. Eran: Juan Germán Roscio, Francisco Isnardi, José Cortés de Madariaga, Manuel Ruiz, Juan Paz Castillo, Juan Barona, Juan Pablo Ayala y Jose Mirés.

La imprenta Palmer publicó la primera edición en 1817. En 1821, la imprenta de M. Carey & Sons publicó, también en Filadelfia, una segunda edición.

A pesar de su brevedad, el *Manifiesto al mundo* es uno de los documentos fundacionales de la emancipación. En él se esbozan ya una estructura retórica y unas estrategias discursivas que anuncian el pensamiento teológico-político que organiza todo el proyecto de *El triunfo de la libertad*. Dos días antes de la publicación del *Manifiesto*, el 3 de julio de 1811, en una de sus intervenciones en la sesión del Congreso Constituyente, Roscio introdujo dos de los principios fundamentales que están en la base de toda la argumentación del *Manifiesto* cuando afirmó categóricamente que: "los reyes no tienen derechos ni privilegios divinos, y que está al arbitrio de los pueblos removerlos y arrojarlos cuando les convenga" (Romero, *Pensamiento político* 39). La negación del origen divino de la monarquía y el principio de revocabilidad, que reconoce el derecho de los pueblos a revocar el mandato de su rey cuando éste abusa de su poder y rompe el contrato social con sus súbditos, son la piedra angular de su crítica del absolutismo monárquico y el punto de partida de la argumentación teológico-política que legitima en sus escritos la emancipación de Hispanoamérica. No son principios originales. Son ideas centrales de todo el pensamiento político de la Ilustración. Pero lo que sí es original es la forma en que Roscio va a situar la cuestión religiosa en el centro de su defensa del derecho de los pueblos y de su legitimación de la emancipación.

Para Roscio, la religión católica es mucho más que un aspecto de la tradición cultural hispánica, o una elección individual que codifica creencias y esperanzas. Es un obstáculo formidable que se levanta como una barrera mental infranqueable entre la historia de opresión de Hispanoamérica y su liberación. Es un problema político de primera magnitud. El problema está en la forma en que las ideas centrales del pensamiento de la Ilustración chocan con siglos de teología, indoctrinación y prácticas religiosas que avalan el origen divino de la monarquía y justifican el carácter sagrado del absolutismo. El poder de la Iglesia era inseparable del de la monarquía, y, en el contexto del dogma de obediencia ciega a la autoridad real decretado por la Iglesia, todo pensamiento crítico se convertía en descalificación moral, toda complicidad con un ideario revolucionario en pecado. Roscio era plenamente consciente de ese sistema de equivalencias central a la ideología oficial, y del temor doble —a la transgresión contra su rey y al pecado contra su Dios— que el ciudadano debía necesariamente superar para poder aceptar las ideas de un modo de conciencia y de un sistema de pensamiento alternativos que le prometían su liberación.

No hay duda de que la Iglesia veía claramente la amenaza que las nuevas ideas representaban. La libertad individual y su corolario: la libertad de cultos, señala con razón Domingo Miliani, "debilitaba el poder político del catolicismo, sustentador del absolutismo monárquico desde los tiempos de la Contrarreforma" (XV). No es casualidad que utilizara todo el poder de la Inquisición y la amenaza de excomunión para contenerlas. Ni que incluyera en su índice de libros prohibidos tantos textos fundamentales del pensamiento ilustrado. La persecución de los revolucionarios hispanoamericanos por la Iglesia fue sistemática y muchos de ellos fueron juzgados por sus tribunales inquisitoriales, como Pablo de Olavide, y pasaron por sus cárceles, como Mier.

No se les escapaba a los revolucionarios la magnitud del problema de un choque frontal con la Iglesia. Se trataba de evitar en lo posible el "con la iglesia hemos topado, Sancho" que, desde los tiempos de *Don Quijote*, avisaba de sus peligros. Desde los primeros textos de la emancipación podemos seguir el hilo de un lenguaje conciliador que, en contradicción flagrante con el programa liberador que proponen, afirma lealtades y asegura protecciones para la Iglesia y sus representantes. El *Discurso preliminar* de Picornell no admite compromisos, pero el punto 10 de sus *Ordenanzas* (1797) protege las rentas de la Iglesia a condición de que no prediquen contra el nuevo gobierno, el punto 11 garantiza recompensas por la participación de su clero, y el punto 12 aclara que "Serán tratados con respeto y veneración los templos, las imágenes de Jesucristo, de María Santísima y los Santos, y todos los sacerdotes, contra los cuales cualquier insulto será castigado con rigor" (Grases, *Preindependencia* 173). En su Plan de Gobierno de 1790, revisado en 1801, Miranda declara, por una parte, que "Los curas de todas las provincias serán nombrados o confirmados por sus respectivos feligreses"; y que "La tolerancia religiosa está aceptada por la Constitución y ningún ciudadano será jamás molestado por sus opiniones religiosas"; pero, por otra, afirma categóricamente que "La religión católica romana será la religión nacional" (Romero 15 y

19). La "Convocatoria a las provincias" promulgada por la Junta de Santa Fe en 1810 juraba "la defensa y la conservación de nuestra santa religión católica" (Romero 151). El "Acta de federación de las Provincias Unidas de Nueva Granada" (1811) clarificaba que "En todas y cada una de las Provincias Unidas de la Nueva Granada se conservará la religión católica, apostólica y romana en toda su pureza e integridad" (Romero 168). Y el Acta de Independencia de Venezuela (1811) reafirma "el derecho a vivir y morir libres, creyendo y defendiendo la Santa, Católica y Apostólica Religión de Jesucristo" (Romero 108). Incluso las traducciones que desde Filadelfia alimentaban la difusión del ideario político de la Ilustración por toda Hispanoamérica revelaban estrategias de apaciguamento. García de Sena anotó cuidadosamente en sus traducciones algunos pasajes sobre la religión y censuró otros porque temía que cualquier radicalismo en relación con el lugar de la religión o la libertad de cultos pudiera impedir la difusión de los textos, o crear un rechazo radical del pensamiento de Paine y de todo el proyecto implícito en *La Independencia de Tierra Firme*.

Juan Germán Roscio no evita, no elude, no suaviza. Comprende en toda su complejidad las diferencias profundas entre escolásticos y enciclopedistas, y la magnitud del problema que plantea la contradicción fundamental entre creencias religiosas y libertad individual. Y por eso comprende la necesidad de "demoler la conciencia monárquico-religiosa" (Roscio XV) desde adentro, es decir, utilizando los mismos textos que la Iglesia ha venido utilizando para justificar su alianza con el poder. Esa conciencia es para Roscio el núcleo de la pasividad, del temor y del rechazo de la visión de una América emancipada.

Todas las armas del derecho canónico y del derecho civil se conjugan el discurso crítico de Roscio configurando un pensamiento teológico-político que se enfoca en despejar los obstáculos —creencias, dogmas, prejuicios— que entorpecen el recorrido hacia su visión de la utopía. El *Manifiesto al mundo* despliega esa visión ante un público que incluye, en razón del título mismo, a toda la humanidad. La construcción de la figura utópica de la América emancipada enlaza aquí con un tropo que se remonta a los cantos XXXV y XXXVI de *La Araucana,* y que Viscardo había utilizado ya pocos años antes en su *Carta a los españoles americanos*.

En *La Araucana*, el narrador participa a lo largo de esos dos cantos en una expedición de conquista de los territorios del sur de

Chile. El episodio se abre con una crítica amarga de todo el proceso de la conquista con la cual el poeta lamenta que se haya consumado la destrucción de las Indias que había denunciado ya Bartolomé de las Casas. Narra el recorrido de una jornada geográfica por los territorios del sur de Chile, y narra, a la vez, la jornada simbólica que recorre el poeta desde el fracaso de la utopía que prometía el descubrimiento de América, hasta la visión de una nueva utopía, una historia alternativa al ciclo de violencia y depredación que ha configurado la historia de la conquista. El archipiélago del sur de Chile es un paraíso natural. y es también la figura utópica de resolución a todos los horrores del proceso de conquista y el punto de partida simbólico de una historia alternativa posible, fundada sobre "la paz y la amistad" que ofrece el jefe indígena. Es, en palabras del poeta, "otro nuevo mundo", descubierto en la jornada simbólica que él mismo recorre entre la historia de la utopía traicionada y la nueva utopía. Ya durante el período de la emancipación, Viscardo vuelve sobre el mismo tropo utópico y equipara la emancipación a un nuevo descubrimiento de América: "Descubramos —dice— otra vez de nuevo la América para todos nuestros hermanos". Al igual que en *La Araucana*, el "otro nuevo mundo" que revela ese nuevo descubrimiento se articula como figura de neutralización del pasado colonial. El espacio colonial degradado por "la injusticia y la avaricia más insensata" es neutralizado por la figura utópica de una América donde "la sabia libertad...acompañada de todas las virtudes y seguida de la prosperidad comenzará su reino en el Nuevo Mundo" convirtiéndolo en el lugar simbólico de la fraternidad universal —*"de una sola grande familia de hermanos"* (Viscardo 10-11)—.

En el *Manifiesto al mundo* de Roscio, el tropo utópico se modifica ligeramente: al primer descubrimiento se opone el nacimiento de una nueva América que se levanta liberada contra la degradación de un pasado de opresión y de injusticia:

> Si el descubrimiento del Nuevo Mundo fue uno de los acontecimientos más interesantes a la especie humana, no lo será menos la regeneración de este mismo mundo degradado desde entonces por la opresión y la servidumbre. La América, levantándose del polvo y las cadenas, y sin pasar por las gradaciones políticas de las naciones, va a conquistar por su turno al antiguo mundo, sin inundarlo, esclavizarlo, ni embrutecerlo". (Romero 110)

A primera vista parece introducirse —por oposición al descubrimiento de una figura utópica suspendida en la distancia como la visión del archipiélago de Ercilla, o la utopía fraternal de Viscardo— la idea de la emancipación como proceso histórico. El renacer se presenta como una liberación progresiva de las cadenas. Pero la frase "sin pasar por las gradaciones políticas de las naciones" captura, como lo hacía la ruptura del istmo de Utopus, la ruptura con la historia, y el punto de articulación de la visión utópica como salida de la serie histórica del pasado colonial, y como ingreso en una historia alternativa. Este nacimiento no es como el del fénix que renace igual a sí mismo de sus propias cenizas. Indica una diferencia radical entre las dos Américas, y el ingreso en un espacio alternativo que no admite ni compromisos ni síntesis entre los dos términos: la América de la historia colonial y la visión utópica de la América emancipada. En la historia alternativa que contempla la imaginación utópica de Roscio, América recorre el camino de la Conquista en sentido inverso, y "va a conquistar por su turno al antiguo mundo, sin inundarlo, esclavizarlo, ni embrutecerlo". La inversión neutraliza el pasado colonial y marca el principio de una nueva historia cuyos términos se articulan en una serie de oposiciones binarias que van puntuando el movimiento inverso que se inicia con la llegada de una nueva oleada de europeos a las costas de una América "constituida y gobernada por sí misma" que abrirá "los brazos para recibir a los pueblos de Europa". Vendrán, dice Roscio, "sin la ferocidad y perfidia de los héroes del siglo XVI; como amigos, no como tiranos; como menesterosos, y no como señores; no para destruir sino para edificar; no como tigres sino como hombres" (Romero 111). Y la América emancipada se convertirá entonces en el lugar utópico para "consolidar y perfeccionar la felicidad de ambos mundos" (111).

Esa visión, puntualiza el *Manifiesto,* no es un "sueño agradable". Ni es una "ilusión" como la que alimentaron las falsas promesas de la Regencia que conquistó de nuevo América "con frases e hipérboles". Es "un homenaje que hace la razón a la Providencia". Y esta convergencia de razón y Providencia anticipa ya la combinación de racionalismo político y teología que irá desbrozando en *El triunfo de la libertad* el recorrido hacia la realización de la utopía. Lo autoriza la confluencia en su origen de la razón con la Providencia.

La emancipación es doblemente legítima: en términos del derecho canónico y del derecho natural. Por una parte porque estaba escrita en los "inefables designios" de la Providencia. Y, por otra, porque el derecho natural así lo determina. En primer lugar porque, aclara: "Que la América no pertenece al territorio español es un principio de derecho natural y una ley del derecho positivo". En segundo lugar porque, por ese mismo derecho natural, el rey que abusa de su poder pierde todos sus derechos y, en virtud del principio de revocabilidad, hace nulo el juramento de fidelidad de sus súbditos. La metáfora tradicional del tutelaje protector de la paternidad, utilizada por la tiranía para justificarse, se invierte aquí, convirtiéndose en argumento a favor de la liberación porque, dice Roscio, "bien es sabido que en el orden natural es del deber del padre emancipar al hijo cuando saliendo de la minoridad puede hacer uso de sus fuerzas y su razón...y que es derecho del hijo hacerlo cuando la crueldad o disipación del padre o tutor comprometen su suerte" (Romero 111-17). El nuevo código moral y jurídico que desplaza en la visión utópica de la América emancipada al de la obediencia ciega y lealtad incondicional al rey, es el de la libertad y fraternidad de todos, "que Dios mismo ha establecido para la felicidad del género humano" (115).

Toda la compleja articulación de *El triunfo de la libertad contra el despotismo* se construye como hoja de ruta hacia la utopía de la América emancipada. Combina dos líneas maestras de desarrollo: por un lado el racionalismo riguroso de un discurso legal, y, por otro, una estructura retórica de persuasión. El punto de articulación del discurso legal se sitúa en la convergencia de dos códigos: el del derecho natural y el del derecho canónico. La estructura retórica de persuasión, por otra parte, se apoya en tres estrategias narrativas fundamentales: la construcción del *Yo,* la del lector y la adopción del modo confesional.

La función del discurso legal es la demostración irrefutable de la legitimidad de la emancipación desde el doble punto de vista de la religión y de la ley natural, y pasa, necesariamente, por la demostración de que los principios irrenunciables del derecho natural no sólo no están en contradicción con los de las Escrituras sino que están ya contenidos en ellas. Se trata de llegar a esa demostración "no con razones puramente filosóficas sino con la autoridad de los mismos libros de donde la facción contraria[2] deducía sofismas con que defender y propa-

2. Es decir, los defensores de la monarquía y de la sumisión de las colonias a la metrópoli.

gar la ilusión" (Roscio, *El triunfo* 4). Roscio es consciente del peso de siglos de interpretación de la doctrina cristiana al servicio del poder y de la forma en que se ha "profanado la Escritura en obsequio del poder arbitrario". Por eso su discurso legal recorrerá el camino inverso, remontándose hasta los orígenes: "Me dediqué al estudio de la Vulgata, no en los indigestos y dolosos comentarios...sino como debieron estudiarla los autores de ellos, y como la estudia quien no esté consagrado en cuerpo y alma al servicio de la tiranía". Es esta una lectura política —Roscio reafirma inequívocamente su fe y clarifica que no toca cuestiones de dogma— que, con los textos en la mano y utilizando como evidencia legal los principios de la ley Mosaica y las enseñanzas del cristianismo, concluye una y otra vez que el absolutismo y el despotismo no son compatibles con el cristianismo: "Me bastaba la excelencia moral del Evangelio para conocer que unos usos y costumbres tales como los de la monarquía absoluta, no podían conciliarse con el cristianismo" (Roscio, *El triunfo* 4).

La argumentación teológico-política de *El triunfo*, arremete contra "la maldita raza de intérpretes que habrían de convertirlas [las Escrituras] en usura del despotismo y prejuicio de la libertad" (Roscio, *El triunfo* 95). Al filo de esa contra-lectura de la Biblia, Roscio irá mostrando cómo Moisés "desempeñó los deberes del pacto social" al rebelarse contra el despotismo del Faraón y negarle una "ciega obediencia" que no merecía (126); se apoya en la segunda carta de San Pedro y en textos de San Pablo para mostrar como la sumisión al tirano y la renuncia a la soberanía es traición a "los deberes de la conciencia" (121); utiliza el ejemplo de los Macabeos como modelo en la lucha contra la esclavitud y la tiranía; los ejemplos de Jesús y de San Pedro para argumentar en contra de la obediencia ciega; evoca héroes bíblicos para legitimar la insurrección contra el despotismo en defensa de los derechos naturales; y cita el texto de Timoteo para justificar la insurrección y para cimentar la idea de que la desobediencia contra un déspota no es sólo un derecho: es un deber: "¿Mentiría el Apóstol cuando dijo que quien no cuidaba de los suyos había renunciado a la fe y era peor que el infiel? Si es pues, peor que el infiel el magistrado político que no cuida de los suyos ¿...por qué no arrancamos de sus manos las víctimas de su despotismo? ¿Por qué tolerarle por más tiempo el sacrificio de una gran familia que no es propiedad suya ni puede serlo?" (Roscio, *El triunfo* 128).

La lectura de Roscio recodifica toda la tradición cristiana y opone a la usurpación de la verdad que ha llevado a cabo la Iglesia durante siglos de dominio de las conciencias y alianza con el poder el "contraveneno" (Roscio, *El triunfo* 4) de una lectura que sienta las bases legítimas de un nuevo orden. El pensamiento religioso y la tradición cristiana se iluminan con una luz nueva que neutraliza la oposición entre escolástica y enciclopedia. La Biblia revela y avala estrategias y modelos para la lucha por la libertad general y los derechos individuales. Una lucha que, Roscio lo comprende, debe empezar por la liberación de las conciencias, entumecidas y atemorizadas por la opresión de siglos de alianza entre Iglesia y absolutismo.

Roscio comparte la fe en la razón de los filósofos de la Ilustración. Pero es consciente de que las "razones puramente filosóficas" no bastan para ganar la batalla de la liberación de las conciencias en la América hispana. Y de que esa liberación es un paso indispensable para el acceso a la visión utópica que se despliega en su *Manifiesto al mundo*, y para su realización. De ahí la importancia de la segunda línea maestra que organiza el texto: la estructura de persuasión.

Una misma imaginación utópica organiza estos dos textos de Roscio, que revelan estrategias diferentes y objetivos complementarios. El alegato apasionado del *Manifiesto* despliega ante los ojos de su público una visión utópica de la América emancipada —en todo fiel a las coordenadas del pensamiento liberador de la Ilustración— iluminando el espacio alternativo que se abre a partir de la ruptura radical con la serie histórica del pasado colonial. Ahí reside su contenido utópico. El objetivo final de *El triunfo de la libertad sobre el despotismo* es precisamente la realización de la visión utópica que despliega el *Manifiesto*, pero aquí la imaginación utópica elige estrategias diferentes, adoptando la forma del discurso teológico-legal para neutralizar la contradicción fundamental entre religión y libertad que bloquea el progreso de la humanidad hacia una sociedad justa, libre y fraternal. Ahí reside su función utópica.

Roscio escribe *El triunfo de la libertad sobre el despotismo* desde su celda del penal de Ceuta. Desde allí se entera del fracaso de todo el ciclo revolucionario del pensamiento liberal español que culminó en las Cortes de Cádiz y la Constitución de 1812. "Abajo la libertad, viva las cadenas" es el grito del pueblo de Madrid que clausura una vía de apertura y renovación política y social en la que habían participado con grandes esperanzas muchos de los líderes de la emancipación como representantes en las Cortes de sus respectivas provincias. Vuelve Fernando VII convertido en déspota, y vuelve con él el reino de la Inquisición. Una vez más, el poder absolutista y la religión se dan la mano, cerrando doblemente el camino hacia la libertad. La piedra angular de ese despótico poder es la convergencia de la violencia opresora y represiva que puede ejercer el Rey contra su pueblo, con el feroz control de las conciencias que ha mantenido la Iglesia desde los tiempos de la Contrarreforma. Contra ese telón de fondo Roscio ve con claridad las caras múltiples de la serie de contradicciones fundamentales que debe neutralizar: la contradicción entre religión y emancipación, entre obediencia a los preceptos de la Iglesia y libertad, entre tradición religiosa y pensamiento secular ilustrado. Maneras diversas de articular una misma realidad: todo el peso de la autoridad moral del cristianismo —que la Iglesia ha usurpado para justificar el absolutismo monárquico y su alianza con él—está en contradicción radical con el progreso de la humanidad hacia la utopía de la libertad, igualdad y fraternidad que articula el pensamiento revolucionario ilustrado. Éstas son las coordenadas que enmarcan *El triunfo de la libertad sobre el despotismo.* El texto combina las formas del discurso legal con los razonamientos de un pensamiento teológico-político para neutralizar esa contradicción fundamental. Complementa el *Manifiesto* pero cumple una función diferente. El primero es un texto utópico porque, adoptando las formas de una proclama política y un llamado a las armas, despliega la visión de la utopía. El segundo adopta las estrategias discursivas de un alegato legal que combina los argumentos del derecho canónico con los principios del derecho natural para cumplir una función utópica: neutralizar la contradicción fundamental que bloquea el acceso a la utopía. La utopía del futuro se apoya aquí, paradójicamente, en una mirada hacia atrás que recorre los pasos perdidos del cristianismo hacia sus fuentes originarias: "me dediqué al estudio de la Vulgata", no al de "los indigestos y dolosos comentarios" puntualiza Roscio. El retorno a las fuentes es aquí el gesto fundacional de la visión utópica. A través de ese recorrido, se trata de construir una nueva tradición religiosa que desplace la tradición usurpadora de la Iglesia, legitimando los principios de un nuevo orden. Esa tradición no hay que inventarla, está en los textos originales del cristianismo: "Yo estaba muy lejos de pensar que faltasen defensores de la libertad, fundados en la autoridad de libros religiosos" (Roscio, *Manifiesto* 4). Y el retorno a las fuentes no cuestiona la fe ni el cristianismo. Al contrario: reafirma la fe y reivindica la excelencia de la religión cristiana, que en virtud de sus argumentos está ahora en completa armonía con el pensamiento ilustrado de la emancipación: "Por fruto de mis tareas saqué argumentos contra la tiranía, y por la libertad nuevas pruebas del carácter sublime y divino de una religión que hace las delicias del hombre libre, y el tormento de sus opresores" (Roscio, *Manifiesto* 5).

No hay duda de que la lectura política de la Biblia que hace Roscio anticipa el razonamiento de la Teología de la liberación; ni de que tiene el poder transgresor de algunas de las famosas herejías de la Edad Media que la Iglesia persiguió encarnizadamente. Como ellas, propone vías alternativas para el cristianismo, y como ellas, cuestiona la autoridad interpretativa absoluta de la Iglesia, amenazando su estricto control sobre las conciencias. Plenamente consciente de la alarma que podía crear entre sus lectores un cuestionamiento tan radical, Roscio recurre a una estructura retórica de persuasión que se apoya en la articulación afectiva de la relación entre el *yo* que defiende el argumento y sus lectores.

El *yo* de *El triunfo* es un yo penitente: "Pequé Señor contra ti y contra el género humano", se lamenta en el primer párrafo. Escribe desde la posición doblemente vulnerable del error y del pecado. Es la oveja descarriada que apela a la clemencia de Dios y se humilla ante sus lectores reconociendo sus errores pasados. Adopta la forma de la confesión y, al hacerlo, se sienta en el banquillo del acusado y erige como juez a su Dios, y a sus lectores como jurado. Esta construcción del *yo* se opone implícitamente a la autoridad de la voz del filósofo y a la legitimidad de la del legislador. El *yo* es aquí el que ha "seguido las falsas ideas". "Yo desconocía la voz de la razón", admite; "Yo no conocía otro derecho natural que el despotismo", reitera. Es un *yo* esclavizado, envilecido e ignorante: "Cuanto más esclavizado me hallaba, tanto más ilustrado me creía; cuanto más preocupado, cuanto más adicto a mis errores, tanto más ufano y contento de ellos cuanto más envilecido, cuanto más negado a la virtud con que debía salir de mi cautiverio, tanto más me vanagloriaba del fiel vasallo y buen servidor del déspota que me oprimía" (Roscio, *El triunfo* 7).

Pero, de *mea culpa* en *mea culpa*, se producen una serie de desplazamientos semánticos que van articulando una redefinición del pecado que invierte los códigos morales. La obediencia ciega que prescribe la Iglesia se convierte en ignorancia que lleva a la esclavitud y el envilecimiento; la sumisión a la tiranía en error, y su rechazo en virtud. En ese contexto, el pecado ya no es el faltar a los preceptos de la Iglesia sino el obedecerlos siguiendo "las banderas del despotismo". En esa redefinición se ancla el proyecto de recuperación de una tradición alternativa. Es el momento de la revelación, cuando cae la máscara y el *yo* "alucinado por las falsas ideas", el *yo* que confundía el despotismo con el derecho natural y divino comprende por fin: "En la monarquía despótica que yo adoraba, por el abuso de la Escritura se había viciado de tal suerte el espíritu público, que el sistema de la tiranía se respetaba como artículo de fe, las prácticas opresivas del tirano se veneraban como divinas y eran tildados de irreligiosos cuantos usaban de su derecho contra este mal envejecido" (Roscio, *El triunfo* 9).

La experiencia de la propia redención autoriza al *yo* como guía de una jornada de recuperación de la verdad de las Escrituras. Es una jornada de penitencia por los errores pasados. Y es una jornada de liberación para el *yo*, y para sus lectores, porque el deslizamiento intermitente del monólogo hacia el diálogo, las apelaciones e interpelaciones, los avisos y consejos al lector que salpican el texto, involucran a éste en la búsqueda, convirtiéndolo en compañero de camino. La jornada del lector que recorre las páginas de *El triunfo de la libertad contra el despotismo* viene a duplicar el recorrido espiritual del *yo*. Un recorrido que avalan las Escrituras en la argumentación teológico-legal del texto, sentando las bases de una nueva ley. Y una jornada que prefigura otra jornada, la que constituye el verdadero objetivo de *El triunfo de la libertad contra el despotismo*: la jornada hacia la utopía de la América emancipada.

La construcción del *yo* que recorre muchos de los textos fundamentales de Fray Servando Teresa de Mier (1765-1827) enlaza con la de Roscio. Aquí la experiencia personal y directa de las múltiples realidades de toda una época funda la autoridad de análisis, alegatos y propuestas. Y el hilo autobiográfico que va enlazando textos diversos configura un marco comunicativo para el lector que enlaza con el modo confesional de *El triunfo de la libertad sobre el despotismo*. Pero el punto de articulación de la subjetividad de este *yo* es diferente. Ni es un *yo* penitente ni la narración se articula como superación redentora de errores pasados. Procede por acumulación y es más bien una suma, que despliega, a través de la experiencia en carne propia, los horrores del despotismo en todas sus manifestaciones.

El *yo* narrativo de los textos de Mier cumple una doble función documental: a la vez testigo de toda una época y depositario de la memoria de los avatares de toda una vida. Emir Rodríguez Monegal lo relaciona, con acierto, con otros dos grandes personajes autobiográficos del período, Rousseau y Casanova: "En los diversos textos autobiográficos que dejó, el objetivo era presentar con exactitud la historia de su vida. Pero —igual que Rousseau y Casanova— también escribió para satisfacer un impulso profundamente narcisista: legarnos la visión de su emocionante, brillante y hermoso personaje" (16). Pero tal vez el narcisismo explica la presencia avasalladora y a veces excesiva del *yo* sólo en parte. Porque, en la construcción del *yo* de Mier, el narcisismo enlaza con una necesidad complementaria que Mier comparte con todos los grandes exiliados políticos del período: la necesidad de fijar con la escritura la identidad de un *yo* itinerante, en constante movimiento dentro de un mundo de cambios acelerados, consciente de su papel en el gran escenario del torbellino de acontecimientos extraordinarios y transformaciones revolucionarias que iban socavando los cimientos del orden —religioso y secular— establecido.

Se ha acusado mil veces, y no sin razón, al padre Mier de prolijo y redundante por una acumulación que es, en realidad, deliberada estrategia de composición de un discurso múltiple que va articulando la crítica feroz del caos de Europa y la América colonial acentuando con mano implacable el contraste con la visión utópica del orden alternativo de una América emancipada. La vida de Mier misma es una acumulación inverosímil de aventuras, desgracias, encarcelamientos, huidas, persecuciones, liberaciones y actuaciones políticas decisivas. O'Gorman subraya el carácter novelesco y picaresco de su existencia, que seduce al lector de sus escritos hasta el punto de que muchos de sus críticos "han sucumbido a la tentación que para todo escritor representa la narración de una vida como la suya" (IX) enfocándose más en sus peripecias rocambolescas que en la compleja trayectoria del pensamiento crítico —y utópico— que van articulando sus escritos.

Nada en los primeros treinta años de la vida de Fray Servando anunciaba el torbellino que sería su existencia en los 34 años restantes. Hijo de una familia acomodada y de cierto linaje de Monterrey, estudió en el colegio de los dominicos de la Ciudad de México. Entró en la orden en 1780 y obtuvo su doctorado en Filosofía el mismo año. Reside entonces en el convento de los dominicos y empieza su carrera de elocuente predicador en 1792. Apenas un año más tarde pronuncia, en la ceremonia de honras fúnebres para Hernán Cortés que tiene lugar en la Colegiata de la Virgen de Guadalupe, el sermón que cambiaría para siempre el curso de su vida. A partir de ese momento las huidas y persecuciones de la Inquisición se irían entrelazando con sus itinerarios a través de Europa —España, Francia, Inglaterra— y de Estados Unidos, intersectando con los itinerarios de tantos otros exiliados, como Miranda, Simón Rodríguez y el círculo de Filadelfia, y configurando paso a paso las vueltas y revueltas de su trayectoria intelectual, y de su actividad política.

Al día siguiente de su sermón, Fray Servando es detenido y encarcelado en el Monasterio de Santo Domingo. Se le prohíbe volver a predicar. En 1795 la Inquisición lo condena a diez años de reclusión en el Monasterio de Las Caldas, en Santander, y revoca su permiso de predicar a perpetuidad. Pero Mier huye de Las Caldas. Lo capturan y encierran de nuevo, esta vez en al Monasterio de San Pablo, en Burgos. Pide traslado a Cádiz y, de camino, pasa un tiempo en el Monasterio de San Francisco, en Madrid. Allí compone su defensa contra el fallo inquisitorial para el Consejo de Indias. La Academia de la Historia falla a su favor pero lo encierran de nuevo, esta vez en el Monasterio de Santo Domingo en Salamanca. Huye, es capturado y encerrado de nuevo en el Monasterio de San Francisco de Madrid. Vuelve a huir y, disfrazado de cura francés, escapa a Francia. En 1801 funda en París con Simón Rodríguez una academia de español, y traduce, también con él, *Atala*, de Chateaubriand. Viaja entonces a Roma, Siena, Nápoles y Florencia, y obtiene la secularización. Pero, de regreso a Madrid, es capturado nuevamente y encarcelado en la cárcel de Los Toribios, de Sevilla, en 1803. Huye en 1804. Participa en la lucha contra la invasión napoleónica, es capturado por los franceses y encarcelado en Zaragoza en 1808. Se escapa en 1809 y huye a Londres. Allí se instala, entabla su polémica con José Blanco White y escribe la *Primera carta de un americano español* (1811) y la *Segunda carta de un americano español* (1812). Cristaliza su pensamiento político a favor de una independencia total para Hispanoamérica —frente a la independencia relativa que proponía Blanco White—. También en Londres publica en 1813, bajo el seudónimo José Guerra, su *Historia de la revolución de Nueva España*, gran fresco de la historia del despotismo en Hispanoamérica que combina la critica radical del colonialismo con la del absolutismo monárquico, argumentando la necesidad de una independencia sin cortapisas. En 1814 viaja de nuevo a París, donde es nombrado miembro de L'Institut National de France. De regreso a Londres en 1815 conoce a Francisco Javier Mina y se une a su proyecto de invasión emancipadora para México. Viaja a Virginia y en 1817 parte de la Isla de San Luis, en Galveston Bay, hacia Soto de la Marina, punto elegido para la invasión. Fracasa el plan, son apresados por las fuerzas del general Arredondo y a Mier le confiscan nuevamente todos sus papeles y lo encierran en la Cárcel de la Inquisición. Allí escribe *Apología y relación de lo sucedido en Europa hasta octubre de 1805.* En 1820 es juzgado por el Tribunal de la Inquisición. Prepara y presenta su propia defensa y la Inquisición cierra el caso contra él. Pero el gobierno lo retiene como preso político y lo encarcela en el penal de San Juan de Ulúa. Allí escribe varios textos: *Carta de despedida a los mexicanos; Cuestión política: ¿Puede ser libre la Nueva España?; Manifiesto apologético: Algunas representaciones en su defensa;* y la *Idea de la Constitución.*

En 1821 las autoridades lo embarcan rumbo a España, pero Mier huye del hospital durante una escala en La Habana y logra embarcarse en la fragata *Robert Fulton* rumbo a los Estados Unidos. Se instala en Filadelfia y allí publica su *Memoria político instructiva* (1821) que combina la defensa apasionada del modelo republicano para la América emancipada, con la crítica del Plan de Iguala. Elegido diputado por Nuevo León, regresa a México para participar en el Congreso Constituyente, pero es detenido al llegar a Veracruz y encarcelado de nuevo en San Juan de Ulúa. Allí escribe la *Exposición de las persecuciones que he padecido desde 1817 hasta el presente de 1822.* A petición del Congreso Constituyente, es liberado el 21 de mayo de 1822. Iturbide, recién coronado, lo recibe personalmente. Desde su cargo como miembro del Congreso Constituyente, Mier se vuelca con su celo habitual en sus actividades anti-Iturbide. Es encarcelado en el Monasterio de Santo Domingo por antimonárquico y republicano militante. Triunfa poco después el levantamiento contra Iturbide y Mier es liberado. Participa brillantemente en las sesiones del Congreso Constituyente, donde expone su visión republicana centralista, avisando del peligro de imitar muy de cerca el modelo federal de los Estados Unidos. Pronuncia en ese contexto su famoso *Discurso de la Profecía* (1823). Pierde la batalla contra el federalismo y acaba votando a favor de la república representativa federal y firmando el Acta Constitutiva de la Federación.

Mier murió en sus aposentos del Palacio Nacional en 1827 y fue enterrado en el Monasterio de Santo Domingo. Pero sus restos prolongan más allá de su muerte la trayectoria rocambolesca de su vida. Exhumados en 1842, acabaron siendo vendidos en 1861 al propietario de un circo ambulante que quería exhibirlos en sus recorridos itinerantes. Según Susana Rotker, su momia se exhibió, como ejemplo de víctima de la Inquisición, en Bruselas antes de desaparecer (XIX). Sigue hasta hoy en paradero desconocido.

Aunque O'Gorman critica "la inútil reiteración, el desorden, la inexactitud y el Yo constante" de los escritos de Mier, no puede dejar de reconocer que su obra es "admirable". Y sin duda lo es, tanto por la forma en que despliega el panorama de toda una época como por la coherencia y lucidez con que va articulando las transformaciones de su propia visión y conciencia a través de todo un juego de intersecciones e intervenciones en las realidades políticas de su tiempo. La razón analítica que organiza la crítica radical de la historia de Europa, el absolutismo monárquico, el colonialismo y el despotismo, se conjuga en sus textos con la imaginación utópica que intuye y visualiza espacios y formas de resolución simbólica al legado político y social de siglos de opresión y de violencia. Esa coherencia —sorprendente dada la heterogeneidad de los textos, los lapsus de exactitud, el desorden y las redundancias que critica O'Gorman— resulta de un elemento fundamental: la presencia de un pensamiento binario que organiza la articulación narrativa de los textos, vistos en su totalidad. Una estructura binaria, análoga a la que configura la poética de la novela de More, enmarca el discurso político que se desarrolla a lo largo de toda la producción de Mier. Contra el telón de fondo de la contradicción fundamental e irreconciliable entre absolutismo monárquico colonial y libertad, toda la crítica del orden establecido se configura de forma equivalente a la primera parte de la novela *Utopía* donde More denunciaba con lujo de detalles los horrores de la sociedad inglesa de su época y de su gobierno, haciendo la crítica puntual del poder y sus abusos. En Mier, la sátira del carácter sagrado de la monarquía, la crítica feroz del absolutismo y del colonialismo, el desengaño con la promesa traicionada de las Cortes de Cádiz, la inversión radical de los términos de la relación entre Europa y las Américas, la denuncia de la perfidia de Inglaterra, los ataques demoledores a Iturbide y su Plan de Iguala; son todos elementos de composición del panorama de un orden infernal y degradado que se opone al espacio alternativo de resolución simbólica de todos los males: la América emancipada.

No es un panorama estático. Se transforma según la reflexión que Mier va elaborando y reelaborando incesantemente al filo de sus experiencias, con las Cortes de Cádiz, por ejemplo, o con sus contactos y negociaciones en Inglaterra o Filadelfia. Es así como su pensamiento pasa por una primera fase de entusiasmo con la monarquía constitucional que delimita, temporalmente, el foco de su anticolonialismo, restringiendo su crítica al colonialismo español. Sin embargo, a partir de 1821, su crítica del colonialismo pasa a incluir a Inglaterra, y su predilección por el modelo de gobierno inglés es completamente desplazada por su adhesión a un nuevo modelo: el gobierno republicano de los Estados Unidos, inspirado por su experiencia en Filadelfia. No obstante, una idea vertebra, sin fisuras, todos los escritos de Mier y cimenta la coherencia interna de su visión y de su proyecto: la convicción absoluta de la necesidad y del derecho de Hispanoamérica a una independencia total. En esta idea, irrenunciable para Mier, se centra su polémica con Blanco White durante su estancia en Londres, y la argumentación de sus *Cartas*[3]. Éstas revelan las dos caras de un mismo proyecto: la legitimación de la independencia total y la crítica definitiva de las bases históricas y legales del dominio colonial. Es el mismo proyecto que enmarca implícita o explícitamente otros escritos fundamentales, como la *Historia de la Revolución de Nueva España*, o la *Memoria política- instructiva* (1821), y constituye, junto a la estructura binaria, otro factor de coherencia entre los innumerables escritos de Mier.

En la *Historia*, Mier anuncia su propósito con una fórmula que retoma la de la *carta de relación* de los tiempos de la Conquista. Se propone salir al paso de tergiversaciones, mentiras y calumnias, y hacer verdadera relación de las causas y orígenes de la revolución de Nueva España: "El verdadero origen y causas de la revolución de Nueva España" (Mier, *Historia* XVI). En realidad narra, contra la historia oficial, una historia paralela que se va desplegando como crónica negra del despotismo colonial. Su propia posición ante los hechos que narra de-

3. Son la *Carta de un Americano al Español*, y la *Segunda Carta de un Americano al Español*, publicadas en Londres en 1811 y 1812 respectivamente.

termina las formas de composición. Al contrario de los narradores de las relaciones verdaderas del siglo XVI, Mier carece de la autoridad del testigo presencial, pero la suple con la verdad de los documentos originales que posee y que promete integrar sin procesar en la narración de su verdadera historia.

Sin embargo, junto al propósito declarado de salir al paso de las calumnias de la Historia oficial, Mier revela, al añadir el libro XIV a su *Historia*, un propósito inmediato: conseguir el apoyo del gobierno inglés para la lucha por la emancipación en una coyuntura que le parece favorable: "Tratábase por algunos Americanos e Ingleses filantrópicos de entablar una nueva mediación a que se mostró propicio, pero sin llevarlo a efecto el gabinete Inglés" (Mier, *Historia* XI). Mier compone su *Historia* como arma política que mueva al gobierno inglés a apoyarlo y a "llevar a efecto" ese apoyo, interviniendo de manera decisiva de parte de los revolucionarios en Hispanoamérica.

Ya en Filadelfia, en 1821, Mier retomará los puntos fundamentales de la *Historia* en un texto fundamental, la *Memoria política-instructiva*, publicada en Filadelfia por Hurtel en 1821. Aquí convergen las ideas centrales de las dos líneas maestras de su pensamiento político: la crítica demoledora del orden colonial y la visión utópica de la América emancipada. Las líneas están claras: de un lado la visión ilustrada republicana de una Hispanoamérica liberada; de otro sus enemigos pasados —el dominio colonial y el absolutismo español— y presentes: las ilusiones defraudadas del proyecto liberal español y de las Cortes de Cádiz, las propuestas de compromiso de Pradt[4], y todo el proyecto del Plan de Iguala.

Con un lenguaje apasionado que alcanza momentos de gran violencia, Mier ataca frontalmente la monarquía en todas sus formas, desde el absolutismo español hasta las propuestas de compromiso de Pradt: "los reyes son verdaderamente ídolos manufacturados", declara; "peleles" cuya sangre esta "amalgamada con el despotismo"; amos que se rodean de "un cortejo de vampiros"; herencia detestable de una Europa que no es más que "una prostituta, vieja y podrida, intrigante y

4. Dominique Pradt, *Des colonies et de la révolution actuelle de l'Amérique*, Paris, 1817. Pradt, inspirador de la fórmula que aceptaba e incorporaba el Plan de Iguala, proponía una independencia "moderada": las colonias se emanciparían bajo un régimen de monarquía parlamentaria que les cedía derechos administrativos y representativos pero manteniendo la autoridad real y el control estricto del comercio.

menesterosa". Los reyes habitan los ámbitos degradados de una corte poblada por "prostitutas reales", "bribones", "locos o imbéciles; y gobiernan "con otros idolillos llamados covachuelos, hombres en general viciosos y perdidos". Protegidos en "sus palacios adornados como templos, sólo se dejan ver entre genuflexiones: *tienen ojos y no ven* su reino, ni las necesidades de los pueblos; *tienen oídos y no oyen* sino lisonjas y mentiras" (Mier, "Memoria política" 207. Resaltado en el original).

La ferocidad de la crítica es perfectamente deliberada: se propone arrancar de raíz cualquier vacilación, cualquier ilusión de compromiso. No hay conciliación posible entre los dos términos de la contradicción fundamental: el orden de la tiranía no puede conciliarse con el orden de la libertad. El primero se condensa en toda la historia del absolutismo monárquico y su dominio colonial sobre América. El segundo, en la lucha por la emancipación. No hay síntesis posible entre ambos, como no la había entre la isla de Utopía y la Tierra Firme. Ni entre la primera parte de la novela de More y la segunda. El lenguaje violento de la crítica de Mier duplica el gesto fundacional de Utopus: destruir el istmo, cortando toda conexión posible entre el legado de la historia y la realización del futuro utópico. Para la imaginación utópica que impulsa el pensamiento político de Mier en la *Memoria política-instructiva,* la destrucción de ese legado es la condición necesaria para la fundación del orden de la libertad.

En esa "primera parte" que va construyendo el pensamiento político de Mier, la crítica de la monarquía se complementa con la del colonialismo. Ya no es sólo cuestión de figuras reales sino de los sistemas de jerarquías que sustentan. Mier introduce su crítica del colonialismo con un monólogo ficticio de Fernando VII, con el que satiriza la realidad colonial y se burla de la Santa Alianza, "nueva cruzada" de los reyes de Europa para derrotar la independencia de Hispanoamérica. Fernando VII, dice Mier, podría añadir las palabras que siguen al discurso imperialista que publicó un periodista en la *Gaceta Oficial de Madrid* el 7 de octubre de 1817:

> Mi sistema colonial está admirablemente calculado para perpetuar la humillante esclavitud de la América. ...Restableceré mis antiguas ordenanzas de monopolio y contrabando, y la pena de muerte contra el trato y la comunicación con los extranjeros; de manera que ninguno de ellos se atre-

> va a introducir un rayo de luz a mis colonos. Haré que los obispos y la inquisición declaren herético todo comercio con los extranjeros, así como ya han declarado herejes y excomulgados a los insurgentes. Estos son mis planes dictados por un celo verdaderamente católico y que no pueden dejar de ser eficaces para impedir que mis Américas jamás lleguen a aquel punto de importancia que en otro tiempo gozaron la Asia y África, y que actualmente goza la Europa. Vosotros [la Santa Alianza] me daréis solamente vuestra ayuda para llevarlo a ejecución. (Mier, "Memoria política" 195-6)

La sátira no se circunscribe a la figura del rey. Involucra a las instituciones económicas y legales del gobierno colonial y, de manera particularmente sarcástica, a la Iglesia. No es sorprendente: el cuadro de relaciones que introduce este monólogo satírico está cimentado en la alianza entre absolutismo e Iglesia. Ilumina grotescamente un sistema que sustenta las caras múltiples de la opresión. Obispos y ordenanzas reales aseguran la esclavitud del pueblo por la autoridad de la ley —respaldada por el uso de la fuerza— y por el control de las conciencias. Las leyes sirven sólo para esclavizar al pueblo y perpetuar los privilegios de los opresores. Una tupida red de prohibiciones reprime la libertad individual y colectiva. El monopolio y el contrabando ahogan el comercio. La Iglesia bloquea la educación y la Inquisición impide la libertad excomulgando y condenando por hereje a cualquiera que se desvíe de sus abusivos preceptos y opresivos dogmas.

A lo largo de su *Historia* y de toda la "Memoria", Mier adoptará un discurso analítico para ir desarrollando su crítica puntual de todos los problemas que asolan la Hispanoamérica colonial impidiendo su progreso y su liberación. Pero esta primera representación esperpéntica contiene ya todos los elementos que, a lo largo de todos sus textos, irán vertebrando su denuncia del absolutismo y del colonialismo, los mismos que el monólogo captura en una grotesca instantánea de pesadilla, que es, a la vez, crítica demoledora de la realidad colonial e inversión sistemática del nuevo orden político que promete la utopía ilustrada republicana.

Este cuadro esperpéntico de la "Memoria" se explora desde distintas perspectivas en múltiples escritos de Mier —la *Historia*, sus *Memorias*, su correspondencia— y todas estas perspectivas se entretejen en la totalidad de su obra configurando el panorama devastador de un orden irremisiblemente corrupto y degradado. Análogo en su función a la crítica de Inglaterra que presenta More, delinea el marco para una "segunda parte" que completa el díptico del pensamiento político de Mier: la visión utópica de una Hispanoamérica emancipada del yugo colonial.

Sin embargo, en Mier, la crítica esperpéntica del absolutismo colonial como proceso de sistemática usurpación de bienes y derechos se conjuga con la denuncia de otro proceso de usurpación: la de la identidad misma de los pueblos americanos. Al filo de su crítica del sistema colonial, Mier reivindica para los pueblos americanos una identidad propia y ataca con lucidez impecable todo el sistema implícito de jerarquías en el cual se apoya la "mirada imperial"[5]. Es la mirada que recorre América como un objeto de posesión y a sus habitantes como seres inferiores, carentes de inteligencia, civilización y cultura. Es la mirada que, desde los primeros textos de Colón, caracteriza a América como botín y a sus habitantes como "bestias", o "cabezas" de ganado, despojándolos de humanidad y justificando su dominación. Es la mirada que recorre los argumentos de Ginés de Sepúlveda, cuando los llama "monos" y "hombrecillos" en sus grandes debates con Las Casas. Y es la mirada que, a pesar de las intervenciones de Las Casas, se codifica en los textos y las leyes de la América colonial.

Susana Rotker se admira, con razón, de la capacidad de Mier de darles la vuelta a las perspectivas y axiomas de la ideología dominante mostrando la otra cara del orden establecido. Pero, en realidad, su crítica de la mirada imperial se inscribe en una tradición heterodoxa que se remonta hasta el sermón de Adviento que pronunció en Cuba Fray Antonio de Montesinos en 1511; y que incluye figuras como Bartolomé de las Casas, Montaigne y Jean de Léry[6]. Como ellos, Mier subvierte el sistema de jerarquías políticas y culturales que codifican la superioridad de Europa y la inferioridad de América[7], invirtiendo sus

5. Parto, para el uso del término, de Marie Louise Pratt: *Imperial Eyes: Travel, Writing and Transculturation* (1992).

6. Para el sermón de Montesinos, véase Bartolomé de las Casas, *Historia de las Indias* (1961). Vol. II, Cap. IV. En relación con Bartolomé de las Casas y la tradición heterodoxa, la *Brevísima historia de la destrucción de las Indias,* Tecnos, Madrid, 1992. De Jean de Léry: *Histoire d'un Voyage fait en la terre du Brésil.* University of California Press, Berkeley, 1992. Montaigne, *Essais*, La Pléiade, NRF, Paris, 1953.

7. Polaridad que recoge la tradición eurocéntrica que da forma a los encuentros de cruzados, frailes y mercaderes con otras razas y culturas desde la Edad Media; y que enlaza, ya en el contexto de las nuevas naciones, con otra construcción ideologica: la oposición entre civilización y barbarie.

términos. Y utiliza, como lo hizo Lery, el canibalismo como punto de apoyo de esa inversión[8].

"No nos vengáis otra vez con los decantados sacrificios" —clama Mier en el libro XIV de su *Historia*— "Vosotros que, como está dicho, os comíais a vuestros mismos padres en llegando a viejos, todavía después de cristianos habéis aplaudido como dignas de Dios las fritangas de la Inquisición, y Bonaparte las ha alegado para venir a civilizaros también" (Mier, *Historia* 146). Doble crítica, porque aquí son los europeos los que practican un canibalismo salvaje —es decir sin cultura— por oposición al sacrificio humano de América que se integra, tal como demostró ampliamente Lery, en un complejo sistema de ritos y creencias. Y porque, a la vez, denuncia el carácter ideológico de una categoría simbólica —el canibalismo— que, tal como demuestra Montaigne en su ensayo *Des cannibales,* cambia de significado según las circunstancias pero cumpliendo siempre una misma función: deshumanizar al "otro" justificando su dominación. Mier la utiliza de nuevo como piedra de toque para invalidar las pretensiones de superioridad de España y Europa sobre América. En sus *Memorias,* cuenta como en sus viajes por Italia vio como los "lazzaroni" recogían los cuerpos decapitados de los ajusticiados, los llevaban hasta su casa y, desde la calle, pedían a gritos que les tiraran pan para acompañar el festín de carne humana. Y cómo se vendía carne humana en los mercados "a cuatro granos por tira de cuatro dedos", concluyendo lacónicamente que "el único al que no se comieron fue el obispo" (Rotker XXXIV).

Como en el caso del monólogo apócrifo de Fernando VII, Mier adopta la sátira mordaz para asestar el golpe verbal con la mayor violencia. La presentación esperpéntica del canibalismo europeo invalida de forma definitiva la construcción ideológica de la superioridad europea, completando con su inversión radical el cuadro irredimible del orden de la tiranía.

Frente al horror de una realidad cuya historia no es más que una acumulación de "crueldades y perfidias", la imaginación utópica de Mier va delineando un panorama alternativo: el de la utopía de una América emancipada y republicana, inspirada en la de los Estados

8. La elección no es casual. Desde los primeros textos de la Conquista —pensemos, por ejemplo en Bernal Díaz—, el canibalismo es la categoría simbólica que condensa la percepción europea de la *diferencia* radical de los americanos, cimentando la construcción del "otro" y marcando el deslizamiento del ser humano hacia la bestia.

Unidos: "¡Paisanos míos! —exclama en la "Memoria política-instructiva"— El fanal de los Estados Unidos está delante de vosotros para conduciros al puerto de la felicidad" (209 y 226). Guiado por ese fanal, Mier cartografía una geografía utópica de las Américas:

> La situación geográfica de las Américas está indicando el establecimiento de tres repúblicas poderosas (o, como algunos quisieran, una con tres grandes federaciones). La primera compondría México desde el istmo de Panamá hasta California, Tejas y Nuevo México. La segunda Venezuela y la Nueva Granada en toda la extensión de su antiguo virreinato. Y la tercera, Buenos Aires, Chile y el Perú. Todas tres enlazadas y unidas con la mayor intimidad posible, y con la rápida comunicación que hoy proporcionan los estimbores o buques de vapor, presentarán una masa tan libre como enorme, muy capaz de oprimir el orgullo de la Europa, que tendremos a nuestras órdenes, lejos de recibir las suyas, con sólo encerrar nuestras producciones y tesoros. (Mier, "Memoria política" 200)

Pero la figura de la isla no sirve para capturar ese mapa alternativo, porque esa cartografía utópica no es ya, como era la isla, un espacio clausurado, sino un mapa simbólico del juego de opciones políticas que configuran la dinámica de la emancipación. Enmarcada por esa geografía alternativa. La visión utópica de la América emancipada se articula con claridad, revelando las huellas de la contradicción fundamental que está en su origen:

> Cuando uno deja nuestros climas abundantes, templados y deliciosos para ir a la Europa, siente la misma desventaja que sentiría Adán saliendo del paraíso a la tierra llena de abrojos y espinas, que debía regar con el sudor de su rostro para tener un pan. Naturalmente siente uno del otro lado del océano la idea del pecado original. Por eso en cuanto se abran las puertas de nuestro Edén, y le añadamos el encanto de la libertad, los desterrados hijos de Eva acudirán de tropel abandonando la Europa esclavizada, sus artesanos hambrientos traerán consigo su industria, hija de la necesidad, y acabarán de hacer la América independiente aun de aquellos artículos que Europa nos suministraba. (Mier, "Memoria política" 220)

Las dos líneas de articulación del pensamiento utópico de Mier se revelan aquí con toda claridad. Por un lado Europa, —tierra de abrojos y espinas— lugar "natural" del pecado original, de la caída de la humanidad. Por otro, América —paraíso— lugar utópico de la gracia recuperada. Nuevo Edén, lugar simbólico de un nuevo Génesis para una nueva humanidad libre, fraternal y feliz. Pero Mier no se hace ilusiones sobre las dificultades del acceso a esa utopía. Y, como los demás revolucionarios republicanos, busca la manera de legitimar la rebelión contra la doble autoridad de la Iglesia y la monarquía, y de justificar la violencia ineludible. A lo largo de sus escritos desarrolla una rigurosa argumentación en defensa de su utopía republicana, que se apoya, en primer lugar, en el derecho natural. América es por naturaleza republicana: "Este —afirma Mier— es por naturaleza el país de las repúblicas", "obstinarse en contra de la emancipación es querer forzar la naturaleza", añade (Mier, "Memoria política" 218). Para Mier, la independencia es tan natural para las colonias como la separación de los hijos de sus padres —"primer principio de toda independencia para la especie humana"— lo es en las familias. Por eso concluye que "La cuestión sobre la independencia de las colonias no es una cuestión de orden político sino de orden natural".

En segundo lugar, Mier invoca la autoridad del mismo Papa para legitimar su visión dentro del marco del poder de la Iglesia, refiriéndose a la pastoral de Pío VII "exhortando a su pueblo de Imola a abrazar de corazón el sistema republicano recién establecido en su diócesis" ("Memoria política" 215). Y, al igual que Roscio, vuelve a las fuentes de la doctrina y legitima la lucha por la libertad con las Escrituras en la mano: "En la sagrada Escritura —anuncia refiriéndose a los Macabeos— se tributan los mayores elogios a la república". Los reyes, afirma citando a Oseas, son un castigo divino: "yo daré los reyes en mi furor", dijo el profeta.

Finalmente, Mier se apoya en el derecho de gentes para demostrar que la independencia de Hispanoamérica y la libertad de sus pueblos tiene ya su origen en un pacto originario suscrito por la corona con sus habitantes. Es su "Carta Magna": '*la constitución que tenía la América dada por los reyes de España antes de la invasión del despotismo*', y existe en las leyes fundamentales de Indias" (Mier, "Memoria política" 204. Resaltado en el original). En virtud de esa constitución originaria, la emancipación es un derecho de los pueblos de América, incluso dentro de la tradición legal española:

> En ellas consta que nuestras américas no son colonias sino reinos independientes, aunque confederados con España por medio de su rey, con un

> parlamento o consejo supremo, legislativo e independiente, un código de leyes propias, sin que nos obligue alguna de la península, virreyes lugartenientes, y no sólo esos congresos o cortes provinciales que piensan ahora concedernos como una gracia, sino hasta señalado por las leyes el orden de votar en ellas las ciudades en una y otra América. (Mier, "Memoria política" 204)

En su introducción a la "Memoria política-instructiva", Edmundo O'Gorman critica "el desaforado optimismo que animaba al padre Mier...para quien el injerto del republicanismo era por sí solo remedio suficiente a todos los males y garantía eficaz en el logro de una prosperidad futura sin límite" (193). La crítica no es acertada porque no hay en Mier "desaforado optimismo". Es, muy al contrario, plenamente consciente de las dificultades y peligros que acechan el recorrido hacia la utopía y anticipa traiciones presentes y futuras con una vehemencia que haría las delicias de cualquier teórico de las conspiraciones. De hecho, anticipa ya con exactitud, desde la "Memoria" hasta el discurso de *La Profecía,* muchos de los errores que harán fracasar buena parte de su proyectada utopía. Es plenamente consciente del peso del pasado y de los peligros del presente. El poder extraordinario de su visión utópica de la América emancipada y la lucidez con la que intuye las fuerzas que la amenazan lo llevan a exclamar iracundo: "Y yo desearía tener el poder de Elías para hacer llover fuego sobre los insensatos que han osado insultarnos" (Mier, "Memoria política" 224) Y es la violencia de su voz iracunda la que inscribe en los textos la voluntad inquebrantable de cortar el istmo, de romper con la serie histórica que enlazó, a partir de la Conquista, América con Europa, como paso ineludible para inaugurar una nueva historia y una nueva era donde —con el tiempo[9]— la utopía pueda convertirse en realidad.

## II

No hay propiamente una novela utópica durante este período que encaje plenamente en el canon clásico del género. Pero, igual que sucedía con los ensayos políticos y los textos legales, los destellos de la luz de

9. Esta puntualización temporal es importante y central en las intervenciones de Mier en el Segundo Congreso Constituyente donde defenderá el modelo centralizado como paso previo a la realización plena del modelo federal de los Estados Unidos.

la utopía aparecen en los textos más diversos, iluminando la presencia de la imaginación utópica en articulaciones estéticas de textos literarios muy diversos, desde el diálogo filosófico hasta la poesía y la novela. Por ejemplo en el "Diálogo entre Atahualpa y Fernando VII en los Campos Elíseos" (1809), de Bernardo Monteagudo, una de las obras de mayor difusión en el continente durante esos años. El "Diálogo" recorre los argumentos a favor y en contra de la conquista española y del orden colonial de la monarquía absolutista. La oposición entre los dos términos es radical, con Fernando VII monárquico absolutista colonial que enumera las razones que lo legitiman a él y a cuanto él representa, y Atahualpa que opone a sus razones la reivindicación de una América utópica prehispánica cuyos pueblos, "hombres tímidos y sencillos", viven en perfecta armonía, obedecen a sus reyes "con amor" y disfrutan "de una paz inalterable". El diálogo se desarrolla como un crítica de Atahualpa a "las atrocidades inauditas" cometidas por los españoles, a lo cual contesta Fernando VII justificando la acción española con ejemplos de conquistas similares hechas por "asirios, persas, romanos griegos y todas las naciones del mundo cuando subyugar han querido o conquistar reinos" (Monteagudo 64-67). Atahualpa reivindica el derecho a la libertad de los americanos, Fernando VII justifica la dominación con la supuesta misión civilizadora de los españoles frente a "crímenes de idolatría y sacrificio humano". Pero la oposición estructural que escinde el texto en dos visiones antagónicas se neutraliza al final, inclinando el fiel de la balanza del lado de la utopía, cuando Fernando, persuadido por los argumentos de Atahualpa rechaza el despotismo y abraza la causa de la emancipación: "Convencido de tus razones, cuanto habéis dicho confieso, y en su virtud, si aún viviera, yo mismo los moviera a la libertad e independencia más bien que vivir sujetos a una nación extranjera". Y el diálogo se cierra con la visión utópica de Atahualpa: "Revestíos de entusiasmo y publicando vuestra libertad, seréis todos dichosos y el espectáculo de una felicidad será envidiable en el universo entero" (Monteagudo 71).

No se escribe una novela utópica que se ajuste al paradigma de la *Utopía* de More durante el período de la emancipación. Las primeras novelas propiamente hispanoamericanas eligen una forma diametralmente opuesta a la utopía: la picaresca. Carrió de la Vandera —Concolorcorvo— se sirve de esta forma para iluminar críticamente en su recorrido imaginario por los caminos de la América colonial todo el panorama natural, económico, político y social. Observa con lucidez y exactitud cada elemento con un interés en lo local y específico, revelando la realidad para sus lectores, fiel a su autodefinición, que resume con una comparación: "los viajeros son respecto a los historiadores lo mismo que los lazarillos en comparación con los ciegos". El recorrido de los personajes va hilvanando la crítica de las colonias. Pero es una crítica constructiva que en ningún modo cuestiona la monarquía, el colonialismo o el imperio. Sólo intenta mejorarlos.

También la gran novela de José Joaquín Fernández Lizardi, *El Periquillo Sarniento* (1816), elige el género de la picaresca. Pero aquí, el alcance y el foco de la crítica son muy diferentes. Muy al contrario de Carrió de la Vandera, Fernández Lizardi es ya un intelectual del nuevo siglo. No sólo porque se ha formado en la lectura de los textos de los enciclopedistas, de Rousseau y de Voltaire; ni porque acepta y defiende las ideas del pensamiento de la Ilustración: ética del trabajo, responsabilidad ciudadana, participación, educación y libertad. Fernández Lizardi es un personaje que comprende el poder de la palabra y de la comunicación para educar a un pueblo y transformar la sociedad. Su vocación didáctica se complementa con su instinto periodístico. Algo hay en él de un Benjamin Franklin, y de su pasión por el periodismo como género idóneo para circular las grandes ideas del momento. No es casualidad que fundara varios periódicos —*El Pensador Mexicano* (1812-14); *La Alacena de Frioleras* (1815-16); y, más tarde, el *Correo Semanario de México* (1826-27). Todos ellos tropezaron con la censura. Y fue precisamente el poder de la censura lo que lo llevó a la novela. Como Carrió de la Vandera antes que él, se dio cuenta de que la novela era el espacio ideal para contar lo que no podía ser dicho. El periodismo era un arma poderosa y directa. La novela era una máscara, un arte que permitía camuflar las ideas más radicales entretejiéndolas con una narrativa que mantuviera el interés de su público. Y así es como *El Periquillo Sarniento* le permitió ir formulando y defendiendo de forma indirecta las mismas ideas emancipadoras que le habían valido la censura de sus textos y el cierre de sus periódicos[10].

10. Aunque *El Periquillo* no se salvó completamente de la quema, porque la censura prohibió la publicación del Libro IV, que no apareció —y en version abreviada— hasta el final de su vida.

El héroe de la novela es —como corresponde en la picaresca— un antihéroe, pero con un giro particular. El pícaro tradicional era una víctima de la sociedad que aprendía a utilizar su ingenio para sobrevivir y, a ser posible, medrar. El robo, el engaño, el fraude, la falsificación, la impostura y la manipulación eran estrategias de supervivencia dictadas por la necesidad. Muy distinto es el caso del Periquillo. No es, en modo alguno, una víctima de la sociedad. Juega con ventaja desde el principio y, en un esquema de la picaresca clásica, no se situaría del lado de los que engañan para sobrevivir sino de aquellos que deben ser engañados o robados por el pícaro. El Periquillo no es, en realidad, un verdadero pícaro. Es un vago, un aprovechado y un sinvergüenza. Su trayectoria no ilumina las tretas del huérfano o del marginado para mantenerse a flote. Muy por el contrario, es un privilegiado, y su personaje se construye como suma de todos los rasgos deleznables que, para Fernández Lizardi definen la aristocracia colonial y la nutrida y detestable población parasitaria de las clases acomodadas de la colonia. En él se condensan todos los vicios de una sociedad lamentablemente dividida entre detestables parásitos —como el propio Periquillo— y gente de talento sin posibilidad de alcanzar ni el reconocimiento ni la libertad —como Fernández Lizardi—. Periquillo encarna todo lo que se opone al progreso de la sociedad del México colonial y a la ilustración de su pueblo. Es el negativo de los ideales de la Ilustración: ignorante, conformista, deshonesto, parasitario, irresponsable y perezoso. Es lo opuesto del sujeto utópico de una América ilustrada y liberada.

Su función de contra-ejemplo se vuelve muy clara en el capítulo VI del libro IV con la narración de su llegada a la isla de Saucheofú. En ruta hacia Acapulco, el barco de Periquillo naufraga, y Periquillo se despierta en una isla, solo, y completamente desnudo. Los capítulos siguientes narran su recorrido por una utopía. Porque Saucheofú es, efectivamente, una sociedad utópica que se configura como inversión sistemática de los valores, principios y realidades de la América colonial. Es una isla sin mendigos, ociosos ni parásitos —como el propio Periquillo—. No hay ejército real porque las milicias cívicas hacen de cada ciudadano un soldado capaz de defender la utopía. El valor de la industria se considera superior al de las armas y las letras —entendidas aquí como la caricatura de las letras oficiales del gobierno colonial— (Lizardi 753-54). El código de la nobleza colonial —con su rechazo del trabajo por razones de honor— provoca las carcajadas del Tután. La ironía y las burlas son la lente crítica con que el Tután descalifica totalmente todo el sistema de valores que representa Periquillo; y la voz narrativa utiliza el contraste sistemático como estrategia para iluminar la diferencia abismal "entre los usos de una nación y los de otra". A través de las reacciones del Tután a las verdades y mentiras que le va contando Periquillo, la lente crítica recorre las figuras centrales de la sociedad colonial —gobernantes, teólogos, filósofos, soldados, médicos, abogados— y no deja títere con cabeza.

A todo ello se opone en la narración la sociedad utópica de Saucheofú. La isla utópica es "una tierra que no consentía inútiles ni vagos Periquillos" (759-60). La educación es obligatoria y los padres son responsables de alfabetizar a sus hijos desde la primera infancia, para que puedan entender y cumplir sus responsabilidades de ciudadanos. Las leyes se hacen entre todos y para todos, y cada ciudadano las conoce. El castigo es ejemplar y productivo: es un doloroso sacrificio social que hace fructificar la semilla de la reflexión y la toma de conciencia del bien común. No hay clases sociales hereditarias ni fundadas en las posesiones. Hay, en cambio, un sistema de divisas —con que se adornan todos los ciudadanos— que codifican en su color y forma el lugar social exacto que le corresponde a cada uno según sus conocimientos, oficio y méritos (773-76).

Al final, Periquillo se rinde ante la evidencia y concluye: "no puedo menos, le dije, que alabar la economía de tu país. Cierto que si todas las provincias que aquí rigen son tan buenas y recomendables como las que me has hecho conocer, tu tierra será la más feliz, y aquí se habrán realizado las ideas de Aristóteles, Platón, y otros políticos imaginarios, en el gobierno de sus arregladísimas repúblicas" (777). Al contrario del pensamiento de la Ilustración que contempla la posibilidad de un orden social en armonía con tales ideas y principios, Periquillo no concibe que sean viables esas "arregladísimas repúblicas", ensueño de "políticos imaginarios". Esa incapacidad de cortar los lazos de la costumbre y la tradición que lo atan al pasado colonial es lo que descalifica a Periquillo como posible sujeto para una sociedad como la que promete la utopía de la isla. La desnudez en que se encuentra al llegar a la isla abre la posibilidad de un nuevo principio, pero Periquillo es incapaz de esa ruptura. Lleva a la isla las mismas mañas y trucos que han definido toda su vida y que se expresan, en contraste con la realidad de la isla, al principio del capítulo XVI. Aquí, como en una versión alternativa del cuento de la lechera quien, perdida en los sueños de lo que haría con el producto de la venta de la leche que llevaba sobre su cabeza para vender en el mercado, tropezó y se cayó, derramando la leche de sus sueños, Periquillo se abandona a sus proyectos y sueños de triunfo. Son los de un ser egoísta, codicioso, tramposo y aprovechado: exactamente los que corresponden a un miembro de su clase que quiera triunfar en la sociedad que desprecia Lizardi, y llegar a gobernarla —de hecho el punto más alto de la fantasía de Periquillo es su propio nombramiento como virrey—. Pero son también los que lo marcan como miembro de una especie a extinguir dentro del proyecto emancipador e ilustrado cuya visión utópica se condensa en el episodio de la isla de Saucheofú. La alternativa está clara: por un lado la continuidad de una sociedad fundada sobre el absolutismo, controlada ideológicamente por la Iglesia, capaz de las peores desigualdades y de instituciones tan inhumanas como la esclavitud. Por otro, el orden de la libertad y de la justicia. Periquillo claramente no esta a la altura de la segunda opción, y ni siquiera la visión de la utopía en la isla es suficiente para hacerle romper los lazos con el orden establecido.

Lizardi, por otra parte, se afirmó como escritor y como intelectual sobre esa ruptura. Apostó por la educación como instrumento de elección para despertar las conciencias de todos los Periquillos, fundando la Sociedad Pública de Lecturas (1820) —a imagen y semejanza de las "Free Subscription Libraries" fundadas por Benjamin Franklin en 1773— dedicadas a "la utilidad del bien común". Defendió las ideas ilustradas e hizo la crítica sistemática de la colonia en sus artículos de periódico; y mostró en su novela la alternativa del momento y la disyuntiva histórica entre la aceptación de un orden despótico y el ingreso en el orden posible de la libertad.

El episodio de la isla de Saucheofú reinscribe el paradigma utópico de la isla de More en el contexto de la emancipación. Pero es un caso aislado. La imaginación utópica se manifiesta dentro de los textos literarios del momento en articulaciones que no tienen la clausura del paradigma de More, ni delinean, necesariamente, los contornos de una figura completa y perfecta como la de la isla de Fernández Lizardi. La novela Jicoténcal, de Félix Varela es un buen ejemplo de ese tipo de intersección entre imaginación utópica y creación literaria. La publicó en Filadelfia Stanley and Co. en 1826.[11]

---

11. Se publicó anónimamente, pero todo apunta a la autoría de Félix Varela. Para un estudio detallado de la autoría y de la atribución definitiva de la novela a Varela,

Para Varela, como para Fernández Lizardi, la elección de la forma novelística no fue tanto una vocación literaria como un ensayo de una forma más eficaz para comunicar y defender sus ideas. Varela era filósofo, y había publicado ya dos importantes obras retomando ideas de Locke, Kant y Condillac[12]: *Lecciones de filosofía* (1818) y *Miscelánea filosófica* (1819). Era también periodista y, entre 1830 y 1841 fundó una serie de periódicos, incluido *El Habanero*, donde colaboraron muchos de los exiliados hispanoamericanos, debatiendo las ideas del momento y haciéndolas circular por Hispanoamérica. Sus actividades a favor de la emancipación se remontan a su participación como diputado en las Cortes de Cádiz entre 1821 y 1823. Allí preparó en 1823 el *Proyecto de Gobierno Autónomo.* En las Cortes se distinguió elaborando y presentando proyectos para la abolición de la esclavitud y la emancipación de las colonias de Hispanoamérica. Poco más tarde fue uno de los firmantes del documento que pedía la abdicación de Fernando VII. Condenado a muerte, logró huir a New York en diciembre de 1823 y se instaló en Filadelfia poco después.

*Jicoténcal* es una novela histórica. Su acción se sitúa en el período de la llegada de Hernán Cortés a México y narra la conquista de Tlaxcala. Utiliza e incorpora en el texto fuentes documentales del período, especialmente la *Historia de la Conquista de México* (1684) de Antonio de Solís, aunque en el episodio de la matanza del templo sigue la versión de Bartolomé de las Casas. Incluye toda una galería de personajes históricos: Xicoténcatl padre y Xicoténcatl hijo; Hernán Cortés, el villano de la novela; Marina; Diego de Ordaz y Fray Bartolomé de Olmedo. Pero la heroína de la novela —Teutila— es un personaje ficcional. La historia concluye con la ejecución de Jicoténcal (Xicoténcatl hijo) por orden de Hernán Cortés poco antes de la toma de Tenochtitlan. El drama amoroso que se entreteje con la narrativa histórica se centra en las relaciones amorosas entre varios personajes: el amor entre Jicoténcal y Teutila por una parte, y, por otra, los amores no correspondidos de Diego de Ordaz por Teutila y de Marina por Diego de Ordaz. A todo ello se añade en los momentos más dramáticos el acoso sexual de Teutila por Hernán Cortés. La línea narrativa del drama amoroso

---

véase la introducción de Luis Leal y Rodolfo C. Cortina a la edición de Arte Público, Houston, 1995. XV-XXX. Todas las citas de la obra son de esta edición.

12. Especialmente de Locke: *Essay on Human Understanding* (1666); y Condillac *Traité des Sensations* (1754).

termina con el suicidio por envenenamiento de Teutila —que, al final, fracasa en su intento de asesinar a Hernán Cortés— y con el arrepentimiento de Marina.

Dejando aparte la cuestión, problemática, del mérito literario de la obra, lo que es indudable es que merece un lugar destacado en la cartografía utópica de la emancipación. Jicoténcal no es una novela utópica en el sentido estricto del paradigma de More. Desde el punto de vista ideológico, es una defensa apasionada de la visión republicana, y un ataque igualmente apasionado de la monarquía absolutista. Y, dentro de ese marco amplio, es utópica en dos sentidos. En primer lugar porque configura estrategias narrativas de neutralización simbólica de la amenaza del legado colonial, y de una actitud fatalista que temía que el peso de siglos de alianza entre Iglesia y absolutismo monárquico imposibilitara el acceso de América a un futuro liberado. Neutraliza igualmente la contradicción legal entre gobierno colonial y emancipación, al legitimar la rebelión, fundando el nuevo orden de la libertad de la Hispanoamérica emancipada en la América prehispánica, y naturalizando los principios y valores de la utopía republicana como la forma propia y natural de organización política y social en el continente antes de la Conquista.

En segundo lugar, es utópica porque, en la convergencia de ambos procesos de neutralización, la novela articula una visión de la utopía en el pasado. Es una visión de la sociedad de Tlaxcala que coincide exactamente con las ideas y principios de la visión republicana de la América emancipada, que a la vez anticipa y naturaliza, convirtiendo la figura utópica de Tlaxcala en signo anunciador y destino histórico de Hispanoamérica.

En la novela, el absolutismo no es una barrera infranqueable. Es la interrupción transitoria de un orden anterior, armonioso y natural: el que representa la república de Tlaxcala, donde, ya a primera vista, "se dejaba ver la igualdad que formaba el espíritu público del país". Y la lucha por la emancipación no es una transgresión del orden sagrado de la monarquía, sino una recuperación del orden natural de una América republicana. Varela va describiendo con todo detalle las instituciones, usos y costumbres de la república de Tlaxcala, trazando un paralelo implícito con la visión republicana de la América emancipada: "Su gobierno era una república confederada; el poder soberano residía en un congreso o senado, compuesto de miembros elegidos uno por cada partido de los que contenía la república. El poder ejecutivo, y al parecer también el judicial, residían en los jefes o caciques de los partidos o distritos, los cuales, no obstante, estaban subordinados al congreso, y este, en los casos judiciales, admitía también las apelaciones de sus sentencias" (Varela 4). La democracia es ley en esta figuración utópica de Tlaxcala. El senado es el lugar simbólico de la sabiduría, "el santuario de las leyes y el templo augusto de la libertad" (Varela 21). El poder se ejerce por elección y voto popular. Cada ciudadano es consciente de sus derechos y obligaciones. Y cada uno está dispuesto a sacrificarse por el bien más alto: la protección de la república. La sociedad de la república de Tlaxcala es una sociedad justa e igualitaria, consciente de los peligros y de la degradación que acompaña inevitablemente el triunfo del absolutismo. De hecho, el origen de la república misma prefigura en la novela la lucha por la libertad de los republicanos hispanoamericanos.

Varela apunta así a un concepto cíclico de la historia según el cual los ciclos del absolutismo se ven inevitablemente desplazados por el advenimiento de repúblicas libres: "Se quiere que una antigua tradición conservase la memoria de los tiempos remotos en que Tlascala fuera gobernada por un solo y poderoso cacique o rey, pero que el pueblo se sublevó contra los excesos de su autoridad y, después de haber recobrado su soberanía, se constituyó en república" (Varela 4). De ese modo, el advenimiento de la república de Tlaxcala cierra un ciclo de tiranía y prefigura desde la novela el triunfo de la visión utópica republicana de la emancipación.

La imaginación utópica organiza en la novela la reescritura de la historia. La América prehispánica es, como en Mier, el lugar natural de la república. La Conquista, un proceso que utilizó justificaciones religiosas bendecidas por una Iglesia corrompida por su alianza con el poder, para degradar y contaminar ese espacio natural de la armonía, regido antes por la libertad, la igualdad y la justicia. Doña Marina representa esa contaminación, pero también, con su propio arrepentimiento, la posibilidad de neutralizar la contaminación misma. Cortés es el agente del despotismo. Fray Bartolomé de Olmedo, es el defensor de una Iglesia que predica su doctrina "con la guerra, el libertinaje y los vicios más escandalosos" (Varela 86). La rebelión es un deber sagrado, y la aceptación del absolutismo sume al ser humano en la esclavitud. "El gobierno de uno solo no me parece soportable —dice Jicoténcal— sino en pueblos cuya ignorancia los hace incapaces de mirar por sí mismos o cuyos vicios y envilecimientos los hacen insensibles a la opresión" (Varela 50).

Toda la caracterización de la república y de sus habitantes se apoya en la trasposición de valores y principios republicanos, utilizando unas estrategias narrativas que "traducen" la América precolombina a los términos exactos del ideario republicano, convirtiéndolo en la ley natural de la tierra americana. La república de Tlaxcala es la figuración utópica del México precortesino en clave republicana. En última instancia, cada uno de los rasgos de la representación convierte a Tlaxcala, en la novela, en precedente e imagen especular de la visión utópica republicana de una América liberada.

# Capítulo VI

# El vuelo de Ícaro

*History... is a nightmare from which I am trying to awake*

James Joyce

## I

"El velo se ha rasgado, ya hemos visto la luz" le dice Bolívar a Henry Cullen en su "Carta de Jamaica" (1815). Es la luz que desprende la constelación que forman las innumerables formulaciones utópicas que parpadean, como puntos luminosos, en la gran cartografía utópica de la emancipación.

Ilumina proclamas, planes de gobierno, declaraciones, discursos y manifiestos que, de un extremo al otro del continente, van puntuando la lucha por la independencia. Ya en 1789 podemos encontrar su rastro en el discurso que pronunció Eugenio de Santa Cruz y Espejo (1747-1795) con motivo del establecimiento de la Sociedad Patriótica de Quito: "Ved aquí los pensamientos más benéficos a la humanidad; los proyectos más útiles, más sencillos,...Pero (¡oh Dios inmortal, si oyes propicio mis votos!) la sociedad es la que en la *Escuela de la Concordia*, hará estos milagros: renovará efectivamente la faz de toda la tierra, y hará florecer los matrimonios y la población, la economía y la abundancia, los conocimientos y la libertad, las ciencias y la religión, el honor y la paz..." (Santa Cruz y Espejo 45). Y en la "Proclama de Coro" (1806) de Francisco de Miranda donde, apenas desembarcado del *Leander* anuncia —visionaria y equivocadamente— que "llegó el día, por fin, en que, recobrando nuestra América su soberana independencia, podrán sus hijos libremente manifestar al universo sus ánimos generosos" (20). Y en el gesto de ruptura radical de un plan de devastación sistemática —que propone "inutilizar", quemar", "destruir", "arrasar"— de todas las estructuras e instituciones de la colonia que duplica, en el "Plan político" (1813) de José María Morelos, la destrucción del istmo de Utopus como condición necesaria de acceso a la utopía (Morelos 56-57). O en el "Discurso de apertura del Colegio Electoral de Cundinamarca", pronunciado por Antonio Nariño en 1813:

> ¡Que el fuego sagrado de la libertad penetre vuestros corazones, que inflame vuestras almas, que ilumine vuestros entendimientos! Si, ¡que este fuego puro, este fuego santo que no es otra cosa que caridad y amor a nuestros semejantes, os haga dignos del alto rango a que hoy os llaman los destinos del Nuevo Mundo!... El Cielo bendecirá la obra de vuestras manos, y nosotros con toda nuestra posteridad cantaremos himnos de gozo y de reconocimiento a los restauradores de la paz, a los libertadores de la patria. (179)

O en el "Manifiesto de Diciembre de 1810", de Miguel Hidalgo cuando concluye:

> Rompamos, americanos, esos lazos de ignominia con que nos han tenido ligados tanto tiempo: para conseguirlo no necesitamos sino unirnos... Establezcamos un Congreso que se componga de representantes de todas la ciudades, villas y lugares de este reino, que, teniendo por objeto principal mantener nuestra santa religión, dicte leyes suaves, benéficas y acomodadas a las circunstancias de cada pueblo: ellos entonces gobernarán con la dulzura de padres, nos tratarán como a sus hermanos, desterrarán la pobreza, moderando la devastación del reino y la extracción de su dinero, fomentarán las artes, se avivará la industria, y haremos uso libre de las riquísimas producciones de nuestros feraces países, y a la vuelta de pocos años, disfrutarán sus habitantes de todas las delicias que el Soberano Autor de la naturaleza ha derramado sobre este vasto continente. (43)

Es también la luz que parpadea, con destello muy diferente, en los vastos espacios que se extienden más allá de los límites de la imaginación utópica republicana: en las sublevaciones indígenas y en las rebeliones de los negros esclavos.

Ya en 1797, en sus "Ordenanzas", Picornell describe minuciosamente la escarapela de la nueva república, que simboliza con sus cuatro colores la armonía perfecta de las cuatro razas —blancos, pardos, indios y negros— armonía perfecta de las razas en su nueva república; y decreta la abolición y de la esclavitud y la del tributo de los indios (Grases, *Preindependencia* 172-77). En su "Proclama de Coro" (1806), Miranda extiende el derecho de ciudadanía en la América emancipada a indios y negros: "Que los buenos e inocentes indios, así como los bizarros pardos y morenos libres, crean firmemente que somos todos conciudadanos, y que los premios pertenecen exclusivamente al mérito y a la virtud, en cuya suposición obtendrán en adelante infaliblemente las recompensas militares y civiles, por su mérito solamente" (21). Hidalgo, por otra parte, toma medidas en defensa de los indios y negros esclavos. En 1810 promulga unos bandos que devuelven las tierras arrendadas a las comunidades indígenas, declaran la abolición de la esclavitud y la supresión del tributo indígena:

> Por el presente mando a los jueces y justicias del distrito de esta capital que...se entreguen a los referidos naturales las tierras para su cultivo, sin que para lo sucesivo puedan arrendarse, pues es mi voluntad que su goce sea únicamente de los naturales en sus respectivos pueblos....se atiende por ahora a poner remedio en lo más urgente por las declaraciones siguientes. Primera: Que todos los dueños de esclavos deberán darles la libertad dentro del término de diez días, so pena de muerte, que se les aplicará por trasgresión de este artículo. Segunda: Que cese para lo sucesivo la contribución de tributos, respecto de las castas que lo pagaban, y toda exacción que a los indios se les exigía. ("Bandos" 44)

En 1818, Bernardo O'Higgins apremia a los araucanos para que se unan a las fuerzas liberadoras, equiparando la heroica lucha de Arauco contra los conquistadores con la lucha por la emancipación: "Las valientes tribus de Arauco y demás indígenas de la parte meridional, prodigaron su sangre por más de tres centurias defendiendo su libertad contra el mismo enemigo que hoy lo es nuestro". En su alegato, un mismo linaje simbólico, una misma voluntad de independencia, una misma lucha y una "idéntica causa" hermana a araucanos y libertadores, aliados naturales en una lucha por la emancipación que abre las puertas a la armonía racial de la utopía republicana: "No hay ni puede haber una razón que nos haga enemigos cuando sobre estos principios incontestables de mutua conveniencia política, descendemos todos de unos mismos padres, habitamos bajo de un clima, y las producciones de nuestro territorio, nuestros hábitos y nuestras necesidades respectivas nos invitan a vivir en la mas inalterable buena armonía y fraternidad" (Romero 200-202)[1]. También Bolívar publicó en 1820 el *Decreto sobre los derechos del indio*; y en 1825 el *Decreto sobre la distribución de tierras a los indígenas*; y en junio de 1816, cumpliendo su promesa a Pétion que lo había acogido hospitalariamente en Haití, el *Decreto de libertad a los esclavos*.

Sin embargo, incluso en Bolívar, las cartas[2] revelan que su visión del indio y del esclavo negro incorpora, como la de tantos otros republicanos, elementos de la tradición racista del eurocentrismo, y los prejuicios raciales del discurso ilustrado. La verdad es que, en la mayoría de los textos, manifiestos, cartas y proclamas, la complejas realidades de los indios y de los esclavos negros no aparecen, anuladas bajo términos —como "americanos", o "el pueblo"— que prometen integración y ciudadanía, cuando en realidad ignoran diferencias y marginan tradiciones y proyectos. Es como un punto ciego en la mirada utópica republicana que se tiende sobre el futuro de una América emancipada. No está nada claro cuál es el lugar que les corresponde en la comunidad imaginada republicana a los indios, primeras víctimas de los abusos y explotación de la tiranía que se combate con guerra a muerte; ni a los esclavos cuya identidad se define primordialmente por la privación extrema de la libertad, objetivo sagrado de la lucha misma en la que todos se hallan comprometidos. Y, sin embargo, esos vastos espacios identitarios, culturales y políticos merecen un lugar considerable dentro de cualquier cartografía utópica de la emancipación.

En 1781 las noticias de la rebelión de Túpac Amaru II alcanzaron a Viscardo en Italia. Tuvieron un impacto decisivo, que alteraría el curso de su vida. A partir de ese momento, Viscardo se entregó sin reservas a la búsqueda de apoyos para la emancipación de las colonias. La sublevación de Túpac Amaru fue para él la prueba indiscutible de que el descontento contra el régimen colonial era generalizado y había llegado el momento de intervenir. Multiplicó contactos con las autoridades con-

1. La alianza con las tribus indígenas era de suma importancia para desalojar del sur de Chile los restos del ejército imperial que todavía controlaba allí algunas posiciones con apoyo de las tribus.
2. Ver Rojas (332-333).

sulares inglesas, viajó a Francia y presentó en Londres un plan completo para la invasión del continente, ofreciendo para la expedición liberadora su conocimiento del territorio y de las lenguas nativas. Pero nada en sus escritos revela que tuviera una visión clara del contenido de la sublevación. Nada indica que hiciera otra cosa con la rebelión de Túpac Amaru que traducirla —mal— a los términos del ideario ilustrado, instrumentalizándola como factor confirmante de su propia visión y de su propio proyecto de liberación del Perú del yugo colonial.

Esa mala traducción no debería sorprendernos demasiado. Las fechas son propicias para una homologación de la sublevación de Túpac Amaru con la visión de la independencia que Miranda proponía desde Inglaterra y que el propio Viscardo defendería en su *Carta a los españoles americanos.* Las críticas al régimen colonial y las quejas contra sus abusos eran prueba incontrovertible del descontento popular, y duplicaban, en los bandos de Túpac Amaru, algunas de las ideas centrales de los planes y propuestas de Miranda y Viscardo. Y, finalmente, también en esos bandos y en el programa de la rebelión se contemplaba la posibilidad de una utopía fraternal al final de la lucha. Y, sin embargo, esa visión de la utopía se alimentaba de otras fuentes, y se integraba en un horizonte utópico radicalmente diferente. Hace falta otra rosa de los vientos para descifrar las coordenadas que organizan ese horizonte utópico —tan diferente del de la ilustración— y para recorrer sus líneas maestras desentrañando linajes y revelando opciones.

El punto de origen de la utopía andina es el aterrador colapso simbólico que sigue a la catástrofe que fue la conquista para los pueblos indígenas de la región. Frente a la destrucción irrevocable del mundo incaico, se levanta la construcción utópica de la historia y del pasado. Frente a la fragmentación extrema y la desintegración de las comunidades indígenas prehispánicas, "la idea de un hombre andino inalterable en el tiempo y con una totalidad armónica de rasgos comunes" que "expresa entonces, la historia imaginada o deseada, pero no la realidad de un mundo demasiado fragmentado" (Flores Galindo 13).

Dos conceptos centrales a la cosmovisión andina delimitan el horizonte de esa utopía: el Tahuantinsuyo y el Pachacuti. El primero es la utopía del pasado. Utopía en el tiempo: la construcción utópica del período histórico de los Incas como origen de una identidad diferente, reino de la armonía, espacio alternativo al caos y la destrucción de conquista y colonia. El segundo, es la promesa de la utopía en el futuro.

Pacha significa universo y, etimológicamente, Pachacuti significa "transformarse la tierra" (Imbelloni 84). Introduce dos ideas centrales: la de inversión radical de la realidad, y la de ciclos históricos. La experiencia traumática de la conquista como destrucción del mundo andino fue un Pachacuti. Pero el mundo al revés de la conquista y colonia podía, a su vez, ser desplazado en el futuro con una inversión equivalente: un Pachacuti que restaurara la armonía de la utopía andina. El mito de Inkarri codifica esa esperanza. Cuenta que durante la conquista el Inca fue degollado y que su cabeza estaba, desde entonces separada de su cuerpo. Pero que llegaría el día en que cuerpo y cabeza se unirían de nuevo, y esa unión marcaría el fin del caos inaugurado por la conquista, la recuperación de la propia historia y el reingreso en la armonía de la utopía prehispánica[3].

En sus *Comentarios Reales*, el Inca Garcilaso articula un complejo paradigma de esa visión utópica andina[4]. Toda la representación del Incario se construye aquí desde la mirada de la nostalgia como articulación simbólica de la pérdida. Pero también como espacio de la armonía, cuyos términos invierten sistemáticamente los del orden colonial. Los *Comentarios* comparten con las otras grandes crónicas indígenas[5] una misma vocación utópica. Se trata de crear un nuevo marco simbólico de referencia histórica y configuración de identidades frente al colapso simbólico y el vacío creado por el trauma de la destrucción del propio mundo; de delinear un mapa donde sea posible recuperar las señas de una identidad perdida, devolviendo su legitimidad al vencido, y restituyéndole un pasado, una historia y una cultura. Un mapa donde pueda inscribirse la promesa de un futuro feliz, y de una nueva historia.

Tahuantinsuyo y Pachacuti enmarcan en el Perú el horizonte utópico que Viscardo traduce equivocadamente a los términos del horizonte utópico ilustrado republicano. Flores Galindo resume así la visión andina de la utopía: "La utopía andina son los proyectos (en plural)

3. Flores Galindo señala la extraordinaria proliferación de relatos sobre Inkarri —quince diferentes en diversos pueblos de los Andes—. Para él, son un ejemplo de cómo en la memoria oral "el recuerdo adquiere las dimensiones del mito" (18).

4. Para un desarrollo de este tema, véase todo el capítulo XI sobre la utopía en el Inca Garcilaso en Beatriz Pastor: *El jardín y el peregrino: El pensamiento utópico en América Latina 1492-1695* (1999).

5. Las de Alvarado Tezozomoc y Alva Ixtlilxochitl en México, o la de Guamán Poma en Perú. Amplío este tema en *El jardín y el peregrino: El pensamiento utópico en América Latina 1492-1695* (1999), capítulos X y XII.

que pretendían enfrentar esa realidad. Intentos de navegar contra la corriente para doblegar tanto la dependencia como la fragmentación. Buscar una alternativa en el encuentro entre la memoria y lo imaginario: la vuelta de la sociedad incaica y el regreso del Inca" (14).

Las rebeliones indígenas que se suceden desde el período de Vilcabamba en la segunda mitad del siglo XVI hasta la sublevación de Túpac Amaru II enlazan con el horizonte utópico andino, y configuran una cartografía que nada tiene que ver con la de las utopías de la ilustración. Se remontan al período de la resistencia de la familia real incaica contra los españoles en el reducto independiente de Vilcabamba. Allí se originan dos ideas centrales. La primera, la de la conquista y el gobierno colonial como usurpación. Tito Cusi Yupanqui le dicta a un fraile hacia 1570 una crónica donde demuestra sus derechos exclusivos al gobierno del Perú y deslegitimiza la conquista. La segunda, se origina a partir de la ejecución pública del primer Túpac Amaru.

La rebelión de este primer Túpac Amaru se desarrolló a partir de un incidente concreto. Muerto ya Tito Cusi Yupanqui lo sucedió en el trono su hijo Túpac Amaru I. La muerte de dos embajadores españoles a manos de un capitán inca en la frontera de Vilcabamba provocó la declaración de guerra del Virrey Francisco de Toledo en abril de 1572. Después del sitio y de la campaña que duró más de dos meses, el fuerte de Huayna Pucará se rindió. Túpac Amaru y sus seguidores huyeron buscando refugio en la selva. Vilcabamba fue arrasada, y en los meses que siguieron a la rendición, los soldados españoles fueron capturando, con la ayuda de guías indígenas, a los múltiples grupos en que se había dividido el contingente inicial de más de 100 personas que acompañaba a Túpac Amaru. En septiembre capturaron a Túpac Amaru, lo llevaron de regreso a Vilcabamba y de allí al Cuzco. Siguiendo a un juicio sumario que lo condenó a muerte, fue ejecutado pocos días más tarde, públicamente, en la plaza mayor del Cuzco. Su cabeza cercenada fue mostrada a los miles de personas, según el relato de varios testigos se congregaron allí. Cabeza y cuerpo separados en la ejecución, cabeza hincada en la picota y cuerpo decapitado, descuartizado y dispersado por los cuatro confines del reino. Ahí puede situarse el origen de la segunda idea central: el mito de Inkarri[6].

---

6. Es la tesis que defiende José Antonio del Busto en su *Historia general del Perú* (1978), 379. Flores Galindo, por otra parte, señala la convergencia, en el mito, de la

Entre noviembre de 1780 y mayo de 1781, José Gabriel Condorcanqui —era descendiente directo del primer Túpac Amaru, y adoptó su nombre— encabezó la gran sublevación cuyas noticias conmovieron a Juan Pablo Viscardo en su exilio europeo. La sublevación no fue un hecho aislado. Fue la culminación de la serie de motines y rebeliones de pueblos indígenas contra españoles, que se sucedieron a lo largo de todo el siglo XVIII. Flores Galindo contabiliza un total de ciento veinte y ocho alzamientos en la región andina durante ese siglo: diez en Ecuador, once en Bolivia y ciento siete en Perú. Sesenta y uno de los ciento siete suceden en el territorio que hoy corresponde a las provincias de Cuzco, Arequipa, Apurímac y Ayacucho[7]. El programa de esas rebeliones se repite: se limita al rechazo de tributos y mita, y a la reclamación de devolución de tierras usurpadas. Pero a las viejas causas del descontento entre los pueblos andinos se añade una nueva en el siglo XVIII: el llamado "reparto" que autorizaba a los corregidores a obligar a los indios a comprar determinadas mercancías. La medida favorecía a los grandes comerciantes de Lima impulsando mayor actividad en el mercado interno. Pero forzaba a los indios a endeudarse hasta tal punto que se veían, en muchos casos, obligados a vender su fuerza de trabajo en obrajes y minas, o emigrar. Las cifras apuntan a una clara correlación entre la cadena de rebeliones y la lucha con el reparto: el setenta y siete por ciento de ellas tuvieron ese objetivo. Muchas incluyeron la expulsión o la ejecución de los corregidores. La del propio Túpac Amaru II se inició con la ejecución del corregidor Antonio de Arriaga.

Ese modelo de red mercantil, con el reparto como mecanismo central, activador de mercados internos y generador de fuerza laboral fue el telón de fondo de la sublevación de Túpac Amaru II en 1780. Pero hay diferencias cualitativas entre ésta y todas las rebeliones anteriores. Fue la mejor organizada y la única que tuvo un programa político que iba mucho más allá de las simples reivindicaciones económicas. El programa recogía esas reivindicaciones: proponía una reforma radical de la estructura económica de la colonia que incluía la supresión del tributo de los indios, la eliminación de aduanas, la liquidación de las grandes

---

tradición andina con la doctrina cristiana del cuerpo místico de la Iglesia, y con el dogma de la resurrección de los cuerpos (52).

7. Flores Galindo se apoya en los estudios de Scarlett O'Phelan y Jürgen Golte para refrendar estos datos (96-97).

haciendas y la supresión de la mita. Y también proponía una verdadera revolución social que incluía la eliminación de todas las instituciones del gobierno colonial —Audiencia, corregidores, virrey...— la liberación de los esclavos y la expulsión de todos los españoles —los chapetones— del territorio del Perú. Pero estos eran sólo los dos aspectos más inmediatos de la visión utópica que impulsaba la sublevación: la utopía del retorno del Incario, un nuevo ciclo de armonía, presidido por los descendientes de los últimos Incas, que seguiría a la erradicación del orden colonial. Un espacio utópico sin castas, habitado por un cuerpo político que incluiría a indios, mestizos, criollos, negros y "demás personas distinguidas que hayan contraído amistad con la gente peruana" (Flores Galindo 123).

Todo parecía indicar que el momento era propicio. Flores Galindo señala que en 1777 se intensificaron extraordinariamente las profecías escatológicas que veían llegado el momento que anunciaba el mito de Inkarri:

> En 1780 se cumplía el tiempo: terminaba la edad de los españoles y los incas volverían. La resurrección de los cuerpos y el regreso de los vencidos parece cercano...1777, el año de los tres sietes, en siete días se creó el mundo, siete letras tiene el nombre de dios, siete es la duración de un ciclo (las espigas de la Biblia, los días de la semana) y tres corresponde a los personajes de la Trinidad. Número perfecto: el fin de un ciclo, inicio de otro. (130-131).

En la red numérica de correspondencias simbólicas se verificaba el retorno del Inca, el fin del ciclo de la Conquista. Un nuevo pachacuti que invertiría de nuevo el orden del mundo, desplazando los horrores de la colonia con el retorno a la armonía que conjuraba la utopía andina del pasado. Pachacuti doloroso, como cualquier alumbramiento. Lleno de violencia, la de los españoles contra los rebeldes, la de los seguidores de Túpac Amaru contra los españoles y sus cómplices. Masacres, ejecuciones, torturas. La construcción del español como Otro, invirtiendo el modelo de la Conquista. La sangre de las víctimas como ofrenda en un ritual de purificación y sacrificio propiciatorio. Todo ello en aras de la visión de una utopía recobrada: el Tahuantinsuyo que la imaginación utópica de la tradición oral de los pueblos andinos había "recreado con los rasgos de una utopía igualitaria, un mundo homogéneo compuesto sólo por runas (campesinos andinos) donde no existirían ni grandes comerciantes, ni autoridades coloniales, ni haciendas, ni minas, y quienes eran hasta entonces parias y miserables, volverían a decidir su destino" (Flores Galindo 104).

Es la inversión clásica de la utopía de las grandes revoluciones sociales, y comparte rasgos centrales con la visión de la imaginación utópica republicana: la igualdad, la solidaridad de los pueblos viviendo en armonía, la justicia, la libertad, el rechazo de la autoridad del Rey y de todo el orden colonial. Pero se integra en un horizonte utópico muy diferente y se nutre de otras fuentes: la cosmovisión andina, el mito de Inkarri, la visión utópica del pasado incaico[8]. Configura una cartografía, paralela a la de las utopías republicanas ilustradas, donde se inscriben otras figuraciones utópicas de la libertad. Como la de la sublevación de Juan Santos Atahualpa en 1742 en la selva peruana, que nunca fue derrotada por las fuerzas coloniales. O la conspiración de Gabriel Aguilar y Manuel Ubalde de 1805, "una conspiración cuzqueña para coronar a un Inca" (Flores Galindo 160), aunque se apoyaba en los textos de Santo Tomás para afirmar la doctrina del "justo título" y de la legitimidad de la rebelión frente al abuso despótico del poder —"dice el Santo Doctor...que es lícito oponerse al Gobierno cuando éste o declina en tirano o tuvo principios de usurpación" (Flores Galindo 161)—; y en Las Casas para criticar el orden colonial y cuestionar la legitimidad de toda la Conquista.

También la revolución de Túpac Amaru se enmarca en una construcción utópica del presente en la que convergen el Pachacuti de la utopía andina con el Apocalipsis de San Juan; la visión utópica del Inca Garcilaso con las profecías de Santa Rosa de Lima. Números y profecías son los signos inequívocos de que ha llegado el tiempo de los indios y de la expulsión de sus conquistadores; del fin del dominio español y el ingreso en el reino de una armonía recobrada, presidido por un Inca rey.

Es una utopía de la justicia y de la libertad, pero no se origina en el pensamiento político de la ilustración sino en la mitología andina. Aquí el impulso utópico cristaliza en visiones de la utopía que reins-

8. De hecho, Flores Galindo nos recuerda cómo "a medida que se fue desarrollando la revolución los indígenas desplazaron a los otros grupos sociales consiguiendo la hegemonía y logrando imponer las reivindicaciones campesinas en claro enfrentamiento con todo lo occidental" (104).

criben y adoptan los mitos, tradiciones y figuras de la imaginación utópica de los pueblos de los Andes.

Algo análogo ocurre con las sublevaciones de esclavos que se suceden en el Caribe durante todo este período. El 1 de enero de 1804, Jean-Jacques Dessalines, ex esclavo y jefe del ejército revolucionario proclamó la independencia de Haití. Dos textos capturan el momento: el "Acta de Independencia de Haití", y la proclamación "Libertad o muerte". El primero se cierra con el juramento "de renunciar para siempre a Francia, de morir antes que vivir bajo su dominación" (Dessalines 84). El segundo recoje los términos fundamentales de la visión del proyecto emancipador que van articulando las demás colonias: "Es necesario arrancar al gobierno inhumano que mantiene desde hace tanto tiempo nuestros espíritus en el letargo más humillante, toda esperanza de dominarnos; es necesario, en fin, vivir independientes o morir". Pero añade una distinción fundamental: la raza. El sueño de fraternidad que propone no es universal. Traza una línea clara entre blancos y negros. El contraste en el texto entre "su color" y "el nuestro" cierra la posibilidad de la utopía fraternal y certifica que "no son nuestros hermanos, que no lo serán jamás" (Dessalines 85).

La distinción racial es fundamental y previsible en una revolución que enfrentó durante más de diez años la población negra de la isla con los colonos blancos. Pero apunta a una diferencia radical que va más allá del programa político de los dos bandos de la contienda. Ilumina una línea divisoria entre dos campos de la historia y de lo imaginario. El primero —el de los colonos— entronca con la tradición europea. El segundo —el de los esclavos rebeldes— tiene sus raíces en otro universo histórico y cultural: el africano.

No se puede hablar aquí de una "utopía africana" que condense los elementos articuladores de todo un campo utópico diferente, como era el caso de la utopía andina. Ni hay un equivalente del Inca Garcilaso que codifique en la escritura los rasgos de esa utopía. Pero sí se pueden seguir las huellas, a lo largo de la larga cadena de sublevaciones de esclavos negros, que culminaron en la proclamación de independencia de Dessalines, de la intersección, a lo largo de todo el proceso, de dos horizontes utópicos radicalmente diferentes. Por un lado el del pensamiento revolucionario de la Ilustración, que ya había triunfado en la Revolución Francesa; por otro, el que enlazaba con el pasado africano y la experiencia de la esclavitud. El primero fue llegando al Caribe a través de lecturas ilustradas, noticias europeas y decretos oficiales que implementaban el programa revolucionario de la Asamblea; y se transmitió a los esclavos oralmente, con los rumores que circulaban entre los colonos y las conversaciones que escuchaban entre sus amos que "comentaban aquellos sucesos sin cuidarse de que los oyeran criados o esclavos" (Arcaya 33). Refiriéndose a la gran insurrección de los negros de la Serranía de Coro en 1795, dice Pedro M. Arcaya: "Así un mozo Urbina decía que las ideas de los franceses daban una gran luz; el joven Don Bonifacio Manzanos dijo a una esclava, y esta lo repitió a los suyos, que ya había llegado el tiempo en que todos debían ser iguales sin que el color significara nada" (33)[9]. Muy al contrario de lo que sucedía en el caso de los revolucionarios ilustrados, estas noticias y rumores se condensaban para la población negra en un punto fundamental: la abolición de la esclavitud:

> Ya desde 1790 circulaba entre los esclavos la especie de que eran libres por la voluntad del monarca, pero que los amos, de acuerdo con las autoridades de la ciudad, habían logrado evadir el cumplimiento de la Real Orden. Un mohán o hechicero que recorría las haciendas especulando con la candidez de los esclavos, los hizo afirmarse en esa creencia, que al cabo fue en ellos convicción profundísima, cuando corrió el rumor de que José Caridad González decía haber visto en España la Cédula de emancipación de los esclavos. (Arcaya 28)

El segundo horizonte utópico se ancla, de forma análoga al de la utopía andina, en la experiencia del trauma. Para los pueblos andinos fue el trauma de la conquista, Pachacuti horroroso que volvió su mundo al revés, desplazando la armonía del Incario con los horrores del mundo colonial. Para los esclavos negros fue el trauma de la esclavitud. A partir de ese trauma, que implica simultáneamente la pérdida irrevocable del mundo propio y la destrucción sistemática de la propia identidad, se irá configurando el universo imaginario del que se alimentaría una visión utópica particular.

El trauma de los africanos que llegaron al Nuevo Mundo como esclavos tiene dos caras complementarias. La primera es el desarraigo, literalmente: ser arrancado de raíz de la tierra que los generó y sustentó.

---

9. Pedro M. Arcaya extracta toda esta información de las declaraciones de testigos que se recogieron en el juicio que siguió a la insurrección fallida.

Es una experiencia de pérdida radical que se corresponde, a grandes rasgos, con la experiencia del arrasamiento del mundo prehispánico durante la conquista. Las coordenadas de historia colectiva, perdidas para siempre; los puntos de referencia de la propia identidad, borrados; los caminos de la memoria, destruidos. La segunda cara es la destrucción de la propia identidad en un proceso deliberado y sistemático que deshumaniza al sujeto africano convirtiéndolo en mercancía. Es un proceso que ya se anunciaba en los desplazamientos semánticos que organizaban la caracterización de los taínos en la *Carta del Descubrimiento* de Colón[10]. Entre 1517 —la fecha en que Carlos V, aconsejado por Bartolomé de las Casas que intentaba a toda costa impedir el exterminio total de los indios, autorizó la exportación de quince mil esclavos africanos a Santo Domingo— y 1808, fecha de la abolición del tráfico trasatlántico de esclavos, la filosofía que se expresaba en los desplazamientos semánticos de la carta de Colón, se alió con una vasta red de intereses económicos y comerciales para crear una maquinaria infernal —el tráfico transatlántico de esclavos— que perfeccionó hasta el extremo de la crueldad la tecnología de la deshumanización. Markus Rediker denuncia la "violencia de abstracción" que ha coloreado el estudio del tráfico de esclavos desde el principio:

> Es como si el uso de listas de pasajeros, libros de contabilidad, informes de saldo, almanaques, documentos de compra y venta —las herramientas reconfortantes del tratante de esclavos— hubieran convertido en abstracción, deshumanizándola, toda una realidad que debe —por razones morales y políticas— ser comprendida como realidad concreta... Los números pueden ocultar el horror de la tortura generalizada, y el terror. (12-13)

La realidad concreta que se propone iluminar Rediker es la tecnología de la deshumanización que permitió que, en los casi cuatrocientos años que duró el tráfico trasatlántico de esclavos, más de doce millones de africanos fueran capturados en África y enviados a América para ser vendidos como esclavos. Aproximadamente dos tercios de ellos fueron capturados y transportados entre 1700 y 1808, durante el mismo período en que florecía en Europa la filosofía ilustrada que se expresaría en los ideales revolucionarios de libertad, igualdad y fraternidad que

10. Véase Beatriz Pastor, *El segundo descubrimiento* (2008). Capítulo I.

impulsaron la Revolución Francesa, la Revolución Americana, y todo el proceso de emancipación de las colonias de Hispanoamérica.

El barco esclavista es el perfecto microcosmos de esa tecnología de la deshumanización que organizaba todo el sistema de la esclavitud. En la época de oro del tráfico trasatlántico que se desarrollaba desde dos centros principales —Liverpool y Rhode Island— configurando el triángulo comercial trasatlántico de intercambio de mercancías (esclavos, armas, azúcar y ron) que enlazaba Gran Bretaña con la costa occidental de África, el Caribe y América del Norte, el barco esclavista era la fábrica donde se manufacturaba la mercancía más valiosa, el esclavo:

> Cada barco esclavista era una extraña y poderosa combinación de máquina de guerra, cárcel ambulante, y fábrica. Utilizando como armas el terror, la violencia, la tortura, la crueldad, y la violación, la tripulación del barco esclavista "producía" esclavos dentro de la fábrica que era el barco, doblando su valor económico en el trayecto que recorrían desde la orilla Este del Atlántico hasta su orilla Oeste, creando la fuerza de trabajo que alimentaba el desarrollo económico del siglo XVIII, y más adelante. (Rediker 9)

Era también en el barco donde se creaban e imponían las dos grandes categorías raciales. "Blancos" eran todos los que, en oposición a los pueblos de Africa y fuera cual fuera su raza o procedencia, componían la tripulación del barco esclavista. "Negros" por oposición al "blanco", todos los cautivos que embarcaban, fuera cual fuera su etnia, su lugar de origen, su lengua o el color de su piel. Eran simplemente la anónima materia prima que debía ser procesada en la travesía para alcanzar un buen precio del otro lado. Al final de la travesía —el "Middle Passage"— el cautivo africano había sido transformado, procesado por la tecnología de la deshumanización que gobernaba todas sus relaciones e intercambios con sus captores. Había sido convertido en una mercancía: el esclavo negro.

Pero hay sobrada evidencia de que ni la maquinaria, ni el trauma, ni la esclavitud en ingenios y plantaciones consiguieron borrar totalmente una memoria del origen y una identidad que se expresaron en una multitud de manifestaciones: bailes, cantos, tambores y creencias religiosas[11].

11. Alejo Carpentier reivindica y explora las manifestaciones de esa tradición paralela en sus ensayos y novelas. De modo especial, en relación con las sublevaciones de negros esclavos, en *El reino de este mundo*.

Toda una mitología africana de la tradición y del origen se transmitió, enriqueció y perpetuó oralmente, ya en el Nuevo Mundo, entre una población esclava cuya diversidad se ocultaba tras el término que funcionaba como marca de fábrica del producto: negro esclavo, negra esclava. Fernando Ortiz subraya en su discusión de la transculturación, la presencia de esa diversidad africana ya en el Nuevo Mundo: "Con ellos trajeron sus diversas culturas, unas selváticas como la de los siboneyes, otras de avanzada barbarie como la de los taínos, algunos de más complejidad económica y social, como los mandingas, yolofes, hausas, dahomeyanos y yorubas, ya con agricultura, esclavos, moneda, mercados, comercio forastero y gobiernos centralizados efectivos sobre territorios y poblaciones tan grandes como Cuba" (95). C. L. R. James señala la presencia de ese universo cultural paralelo en su discusión de los orígenes de la "negritud". Un contexto importante: dos terceras partes de la población de la época de Toussaint l'Ouverture en Santo Domingo habían nacido en África y cruzado el Atlántico en el tráfico de esclavos. El recuerdo de su origen estaba todavía fresco en sus maltratadas memorias, y, una vez en el Nuevo Mundo: "resucitaron hasta un grado increíble los modos de vida que habían practicado en África. Sus métodos de cultivo, sus relaciones familiares y sus prácticas sociales, sus tambores, sus canciones y su música: todas las artes que habían practicado allí y, por encima de todo, su religión, que se haría famosa con el nombre de Vodun —todo esto era Africa en el Caribe" (James 394).

A primera vista, las reivindicaciones específicas de las insurrecciones de esclavos negros parecen integrarse sin problema —igual que sucedía con las rebeliones indígenas— en la crítica del absolutismo colonial y en la lucha por la libertad que enmarcan el horizonte de las utopías republicanas ilustradas. Por eso no es sorprendente que buena parte de la historiografía de la época redujera la visión que impulsaba esas rebeliones a los ideales de la emancipación, o a los factores inmediatos que provocaron la explosión. Es el caso, por ejemplo de Pedro Arcaya, cuando presenta una lista cuidadosa de factores económicos y sociales, y explica la insurrección de la Serranía de Coro como resultado de la combinación de estos factores —abusos, disputas de tierras, alcábalas, impuestos— con los rumores de cambios revolucionarios en Francia y de abolición de la esclavitud.

Sin embargo, la sucesión de sublevaciones que sacudieron Haití entre 1791 y 1804 muestra claramente los límites de ese acercamiento excesivamente simplificador. No hay duda de que la visión utópica de un nuevo orden que impulsó la revolución de los esclavos negros en 1791 se situó en la convergencia de la imaginación utópica africana con el pensamiento utópico republicano. La gran insurrección precursora de la revolución de Haití se produjo mucho antes de que las ideas de la revolución francesa se difundieran por la isla. Fue la que encabezó un personaje cuya verdadera identidad alcanza, en parte por la falta de documentación sobre su persona, dimensiones míticas en la historia de Haití. Se llamaba Makandal y era un negro cimarrón. Durante todo el siglo XVIII había fugas de esclavos que huían de las plantaciones, escapando de los malos tratos y la vida intolerable de la esclavitud. Se refugiaban en los bosques de las montañas que rodeaban las tierras cultivables y allí se fortificaban formando una suerte de sociedad paralela de negros para negros. Se organizaban en bandas para hostigar a los colonos de los llanos y saquear sus haciendas. Makandal había sido capturado en algún punto de África occidental. Despues de la travesía fue vendido en la ciudad de Le Cap Français cuando tenía alrededor de 12 años, para trabajar en una plantación de Limbé, cerca de Le Cap. No está claro el momento exacto ni las razones que hicieron que Makandal huyera de la plantación a las montañas uniéndose a las bandas de cimarrones entre 1751 y 1753. Pero sabemos que pronto se convirtió en el jefe más respetado y carismático de todos los negros, tanto cimarrones como esclavos.

Makandal era, además, un gran orador. Según algunas fuentes habla árabe además de criollo. Afirmaba ser inmortal, tener visiones en las que los espíritus y loas de África le revelaban conocimientos secretos y aseguraba poder adivinar el futuro. Y era, por encima de todo, un organizador insuperable que utilizaba sus discursos seductores para reclutar para su proyecto esclavos de tribus diferentes y lugares distantes. Durante seis años fue organizando minuciosamente su ejército clandestino, entrenándolo en el uso del arma todopoderosa que había elegido para su revolución: el veneno. Aunque no hay evidencia de que su visión revolucionaria tuviera otra fuente que los relatos tradicionales de la mitología africana ni otro contenido que la liberación de los esclavos y la exterminación de los colonos, lo que sí esta claro es que Makandal fue el primero que concibió lo impensable: la idea de unir a todos los negros en un plan magistral que eliminaría a los blancos de toda la colonia. La utopía de Makandal era simple: un mundo sin blancos bendecido por los dioses ancestrales africanos.

Utilizando su conocimiento de las plantas de la isla, Makandal seleccionó sus venenos, organizó a sus seguidores y compartió con ellos su plan: en un día señalado de 1758 debían envenenar el agua y los alimentos de todas las casas de sus amos. El ejército rebelde pasaría al ataque aprovechando la agonía de los colonos y se apoderarían de la isla. Pero Makandal fue delatado, capturado y quemado vivo en la plaza mayor de Le Cap (James 20-22) Habría que esperar hasta 1790 para que se produjera la segunda gran insurrección precursora de la revolución de los esclavos: la de Vincent Ogé. Ésta representa la otra cara de la convergencia de horizontes utópicos.

Vincent Ogé era un "affranchi", es decir un negro libre, hijo de un colono blanco —Joseph Ogé— y de Jacqueline Ossé una mulata. Educado en Burdeos, regresó a la isla para trabajar con su tío, un próspero comerciante de Le Cap Français. La Revolución Francesa estalló durante uno de sus viajes de negocios a París. Entabló relación con otros colonos franceses y con la asociación "Les amis du Négre". En París conoció y trabó amistad con algunos de los pensadores ilustrados más brillantes: Condorcet, L'Abbé Grégoire, Brissot (James 68). Después de que el decreto de la Asamblea del 8 de marzo concediera el voto "a todas las personas mayores de 25 años que cumplieran los requisitos de propiedad y residencia", Ogé partió hacia Santo Domingo dispuesto a liderar la lucha de los mulatos por los derechos concedidos por la Asamblea. La emancipación de los esclavos no figuraba en su visión en absoluto. La visión utópica que inspiraba a Ogé era la de una sociedad totalmente libre, justa y fraternal, pero sólo para blancos y mulatos. En sus declaraciones ante la Asamblea provincial de le Cap, Ogé clarificó meridianamente el alcance de su proyecto:

> Exijo la ejecución en toda la colonia de las instrucciones de la Asamblea Nacional del decreto del 8 de Marzo, que concede a todos los ciudadanos libres, sin distinción, el derecho a ocupar cualquier cargo y función en el gobierno. Mis pretensiones son justas y espero que sean escuchadas. No pienso incitar a las plantaciones a la rebelión...Cuando solicité de la Asamblea nacional el decreto que obtuve a favor de los colonos americanos —conocidos antes por el insultante nombre de *mulatos*— no incluí en mi petición la condición de los negros que viven en servidumbre. ¡No, no, caballeros! Nuestra petición era sólo para la clase de hombres libres que se encuentran bajo el yugo de la opresión...Exigimos la aplicación del decreto del 8 de Marzo. (Beard 46-47)

La Asamblea Provincial desestimó su petición. Ogé consiguió reunir un ejército de trescientos hombres para atacar la ciudad de Le Cap, pero fue derrotado por la fuerza muy superior de los colonos blancos y huyó al lado español de la isla. Allí se rindió y fue entregado, en violación de lo acordado con las autoridades españoles, al gobierno de Le Cap. Fue brutalmente ejecutado públicamente en la plaza mayor de Le Cap el 6 de febrero de 1791.

Pero la mecha de la revolución ya había prendido. Las noticias que seguían llegando de Europa eran escuchadas con gran excitación por los esclavos: "habían oído las noticias de la revolución y las interpretaban a su manera: los esclavos blancos de Francia se habían rebelado, asesinado a sus amos y ahora disfrutaban de los frutos de la tierra. No era muy exacto pero capturaba lo esencial del momento: Libertad, Igualdad Fraternidad" (James 81).

Entre finales de 1789 y principios de 1791 hubo levantamientos de esclavos en Guadalupe y la Martinica. Y en marzo de 1791 los soldados franceses que desembarcaron en Port-au-Prince abrazaron fraternalmente a todos los mulatos y negros, diciéndoles que la Asamblea había declarado a todos los hombre iguales y libres. Mientras, los esclavos negros se armaban silenciosamente para una tercera insurrección, que estallaría en agosto de 1791, marcando el principio, ya irreversible, de la revolución que culminaría en la independencia de Haití.

En la noche del 22 de agosto, Boukman convocó a sus seguidores en el Bois Caïman, un lugar recóndito en los bosques de Morne Rouge, el monte que dominaba la ciudad de Le Cap. Boukman era jamaicano y cimarrón. Había huido de las plantaciones de Jamaica y desde su puesto de cabecilla en una plantación cercana a Le Cap llevaba meses organizando secretamente a los esclavos. Esa noche en medio de una tormenta tropical, el Papaloi Boukman oficio como *hougan*[12] en la ceremonia de vudú que marcó el principio de la revolución.

No fue un hecho improvisado ni aislado. El vudú era la religión de los esclavos haitianos. Originaria de África Occidental evolucionó como el vehículo de transferencia y preservación de una cosmovisión africana entre los esclavos. Fue también un gran elemento unificador de los distintos orígenes tribales que dividían a los esclavos. En el contexto de la emancipación, el vudú cumplió dos funciones fundamentales. Por

12. En el vudú, un *hougan* es un sacerdote. El Papaloi es el sacerdote supremo.

una parte fue el gran medio de difusión de la conciencia revolucionaria y de organización de la sublevación. En los meses que siguieron a la ejecución de Ogé, los esclavos, que habían comprendido que las revueltas aisladas estaban condenadas al fracaso, fueron organizándose para la revolución general. "El vudú fue el medio de la conspiración. A pesar de todas las prohibiciones, los esclavos recorrían millas, yendo de un lugar a otro para reunirse, conversar y participar en sus cantos, bailes y rituales" (James 86). Por otra parte, fue un elemento central en la construcción de una identidad colectiva que reinscribía en el Caribe elementos fundamentales de una cosmovisión africana, y fijó las coordenadas de la imaginación utópica de los esclavos en el proceso revolucionario.

En la ceremonia del Bois Caïman de esa noche de agosto, Boukman, ayudado por la sacerdotisa Cecile Fatiman, sacrificó un cerdo negro y selló el pacto compartiendo su sangre con sus seguidores. Después de darles las instrucciones precisas para la sublevación los exhortó con estas palabras:

> El dios que creó el sol y que nos da la luz, que levanta las olas y gobierna las tormentas, nos contempla, escondido entre las nubes. Ve todo lo que hace el hombre blanco. El dios del hombre blanco lo impulsa al crimen, pero nuestro dios nos inspira las buenas acciones. Nuestro dios, que es bondadoso con nosotros, nos ordena que venguemos las afrentas. Él nos ayudará y guiará nuestro brazo. Desechad de una vez el símbolo del dios de los blancos que tanto nos ha hecho llorar, y escuchad la voz de la libertad que habla en todos nuestros corazones. (James 87)

La doble figura del dios ilumina una dualidad de sistemas de creencias, de historias, de prácticas sociales, de espacios históricos y simbólicos para la acción y para la esperanza. La revolución era la clave de la neutralización definitiva del espacio simbólico de los blancos y el advenimiento de la utopía de los negros.

El plan de la sublevación era sencillo: una noche acordada, los esclavos de las plantaciones aledañas a Le Cap prenderían fuego a sus plantaciones. A esta señal, todos los esclavos de la ciudad y del llano matarían a sus amos y destruirían sus plantaciones. La señal se dio esa misma noche. Una semana más tarde mil ochocientas plantaciones habían sido destruidas y alrededor de mil colonos habían sido asesinados. Durante los meses que siguieron, los esclavos continuaron su lucha por la libertad —extendiendo su labor inexorable de destrucción por toda la isla, y adoptando los métodos crueles que habían aprendido de los blancos— guiados por la visión utópica de un mundo sin blancos donde las creencias de una cosmovisión africana volverían a regir el universo, tendiendo un puente entre el África mítica de un pasado perdido para siempre y el futuro utópico de una sociedad de negros para negros.

La dualidad que evocaba el parlamento de Bukman se reinscribiría en la proclamación "Libertad o muerte" de Dessalines. Tanto la proclamación como el *Acta de Independencia* se redactan en un lenguaje que recoge los giros, términos y retórica de tantos documentos semejantes del período. Pero hay un elemento que llama la atención. Eludido en la mayoría de aquellos, salta aquí a primer plano: es la venganza[13]. "¡Venganza!, ¡Venganza!, era el grito de guerra de los esclavos sublevados" dice C. L. R. James en su narrativa de los hechos que siguieron a la ceremonia del Bois Caïman. Y venganza es lo que reclama Dessalines en su proclama. La acción revolucionaria debe ser "el ejemplo terrible, pero justo, de la venganza que debe ejercer un pueblo orgulloso de haber recobrado su libertad y celoso de mantenerla". La venganza no como retribución sino como ritual de recuperación de la propia humanidad; no como derecho sino como deber sagrado. La extraordinaria violencia del lenguaje de la proclama ahonda en estas diferencias:

> Nuestros ojos consternados no perciben más que a sus asesinos, más que a los tigres todavía ahítos de sangre cuya horrible presencia os reprocha vuestra lenidad y vuestra lentitud para vengarlos. ¿Qué esperáis para apaciguar sus manes? Pensad que habéis querido que vuestros restos reposaran junto a los de vuestros padres, en el momento en que abatisteis la tiranía. ¿Bajareis a la tumba sin haberlos vengado? No, sus osamentas rechazarían las vuestras. (Dessalines 86)

La venganza aquí cumple además una función claramente utópica: es el elemento indispensable que neutraliza el horror de la esclavitud. Pero la idea de la venganza como deber sagrado, como ineludible ritual de purificación, como sacrificio propiciatorio que alimenta con su

13. Y aún cuando aparece, se presenta como explicación más que grito de guerra. Por ejemplo, en la "Carta de Jamaica", donde Bolívar cita a Raynal como inspiración de la "resolución de vengar a sus antepasados o seguirlos al sepulcro" (58).

sangre un orden nuevo apunta a otras creencias y otros códigos, convocando el mismo universo cultural que se expresaba en la constelación de dioses y espíritus, y en los rituales religiosos del vudú y de la ceremonia del Bois Caïman.

Nadie implementaría esa filosofía de la venganza con mayor pasión que el propio Dessalines. Fue él quien en 1804, poco antes de ser coronado emperador ordenó la "masacre de Haití", donde murieron miles de colonos blancos. Pero Dessalines fue asesinado en octubre de 1806 en un complot orquestado por su rival Pétion. A su muerte, le sucedió su general de más prestigio: Henri Christophe[14]. Henri Christophe transformó el territorio Norte de Haití en reino, se coronó rey e instituyó una nobleza hereditaria. Su programa de gobierno se proponía una etapa de gran desarrollo para Haití: restauración de la agricultura, grandes obras públicas —carreteras, puentes— y construcción de todo un sistema defensivo de fortalezas destinadas a proteger el nuevo reino de ataques franceses. Pero adoptó y consagró la religión católica, y promovió activamente unas normas sociales y una cultura calcadas, en muchos aspectos, de las de la Francia napoleónica. Y Tulio Halperin Donghi nos recuerda la hostilidad que manifestó de manera consistente hacia los cultos africanos de los esclavos. ¿Dónde quedaba, pues, el legado africano en todo ello?, ¿cuáles eran las líneas maestras de su visión utópica del mundo de negros para negros?

No hay que buscar las claves de su visión utópica en los textos que se conservan de su reinado. Henri Christophe fue, ante todo, el "constructor" de un mundo, y es en la arquitectura donde su visión utópica se expresa con mayor claridad. No es un caso único. La arquitectura fue arte de elección en la Revolución Francesa. Dos de los grandes arquitectos del período —E. Boullée y C. N. Ledoux[15]— exploraron en sus proyectos urbanos, y en los ensayos explicativos que los acompañaban, las conexiones entre estilo arquitectónico y visión social, y se esforzaron por crear "monumentos dignos del espíritu de la Ilustración", conscientes de que el juego de cuerpos y masas podía crear un

14. No está claro que Christophe participara directamente en la conspiración, pero parece más que probable que supo, a través de sus espías, que se preparaba y no avisó a Dessalines, ni hizo nada para impedir su asesinato.

15. E. Boullée: *Architecture. Essai sur l'art*. Ed. J. M. Pérouse de Montclos, Paris: Hermann, 1968. C. N. Ledoux: *L'architecture considirée sous le rapport de l'art, des moeurs, et de la législation.* Princeton: Princeton Architectural Press, 1847.

lenguaje propio. Un lenguaje que “hablaba directamente a los ojos y no requería traducción”. Ese concepto de la arquitectura enlaza con el “lenguaje de los signos” que teoriza Rousseau en relación con los festivales públicos y respondía a una misma preocupación: “la búsqueda de un lenguaje poderoso y transparente, con una fuerte carga afectiva, capaz de comunicar, a través del juego de representaciones simbólicas, un mensaje moral sin distorsión alguna, y, de ese modo capturar los espíritus” (Baczco 258). Un lenguaje capaz, igualmente, de comunicar a través del juego de sus masas y formas las coordenadas de un horizonte utópico[16]. En sus *Lettres de l'architecture des anciens et celles des modernes...* (1774-78), Jean-Luis Viel de Saint-Maux propone la idea de la obra arquitectónica como “poema que habla” y, a la vez, “archivo sagrado” de la teogonía primitiva de los pueblos y de los elementos que organizaban su cosmogonía (Baczco 261).

No hay duda de que Henri Christophe era plenamente consciente del poder de la arquitectura y del papel que podía jugar ésta en la construcción de una identidad colectiva nueva para un orden nuevo. Lo atestiguan sus palabras a Sir Home Riggs Popham comandante en jefe de la flota inglesa:

> Tal vez si tuviéramos algo que pudiéramos mostrarles, si tuviéramos algo que pudiéramos mostrarnos a nosotros mismos, nos respetarían, y nos respetaríamos.
>
> ¡Si, por lo menos, pudiéramos invocar los nombres de nuestros grandes hombres! Si pudiéramos alzar en nuestras manos todo lo que hemos creado, monumentos, y torres, y palacios, encontraríamos nuestra fuerza. ¡Mientras me quede aliento, voy a dedicarme a construir esa dignidad y ese orgullo, y lo construiré de tal modo que tanto los blancos como los negros puedan comprenderlo! (Vandercook 17)

En el contexto de estas palabras, toda la arquitectura del palacio real de Sans-Souci, poema sin palabras que podría leerse como simple imitación del estilo arquitectónico francés, cobra un sentido particular. Es un desafío, una construcción que se levanta como demostración palpable de la capacidad de los negros, ejemplo visible de que no sólo eran capaces de imitar el estilo arquitectónico de los mejores arquitec-

16. Baczco señala que el título mismo del texto de Ledoux apunta en la dirección de una serie de elementos que se propone estudiar para revelar el horizonte utópico.

tos franceses sino de superarlo. Pero Sans-Souci no se construye como ritual de ingreso en la tradición de los blancos. Al contrario: reinscribe y reivindica la superior tradición de África con un palacio que "ha sido construido por descendientes de africanos, mostrando que no hemos perdido ni el gusto ni el genio arquitectónico de nuestros antepasados, que cubrieron Etiopía, Egipto, Cartago y la vieja España de soberbios monumentos" (Vastey 137)[17].

Pero, sin duda, la gran obra arquitectónica de Henri Christophe es la Citadelle Laferrière. Es una inmensa fortaleza que formaba parte del sistema de fortificaciones que ideó para defender su territorio contra una posible invasión. Se construyó, utilizando los trabajos forzados de más de veinte mil hatianos, entre 1805 y 1817. Se levanta a tres mil pies de altura, sobre el monte del Bonnet de l'Évêque, desde donde se divisa la ciudad de Cap-Haïtien todo el territorio que se extiende hasta la costa del Atlántico y, en los días claros, hasta la costa de Cuba. Tiene una extensión de diez mil metros cuadrados. Puede albergar hasta cinco mil personas entre los espacios para el ejército y los apartamentos para el rey y su corte. Contiene grandes cisternas y despensas para albergar comida suficiente para resistir un asedio de un año, además de baños y mazmorras. Sus baluartes estaban defendidos por trescientos sesenta y cinco cañones y todavía hasta hoy se acumulan en ordenados montones las innumerables balas de cañón que se almacenaron para su defensa.

Dice la leyenda que, cuando se construyó, Henri Christophe ordenó que se amasara la argamasa con sangre de animales sacrificados, añadiéndole la cola que extrajeron de las pezuñas para darle mayor fuerza. Pero no es en esa leyenda donde podemos encontrar la clave de la imaginación utópica que concibió la arquitectura de la Citadelle Lafèrriere. Hay que buscarla en su arquitectura misma, no en las anécdotas que rodearon una construcción cuya tecnología es, todavía hoy, un misterio. La Citadelle Lafèrriere es, sin duda, un "poema sin palabras", que habla a los ojos del que lo contempla de la fuerza y de la gloria, del poder y del impulso incontenible y ascendente de la nueva civilización que se alza sobre las ruinas de la de los blancos. Hay que descifrar la visión utópica que articula este poema entre el espacio que la enmarca— promontorio, cielo, visión a la redonda, con el ho-

17. El barón Vastey fue secretario personal de Henri Christophe.

rizonte interminable del mar como trasfondo— y el juego de sus formas: proa de barco, paredes de verticalidad vertiginosa, ángulos que desafían previsiones rectilíneas, en un esfuerzo por hurtar el cuerpo de su superficie a las imaginarias balas de cañon del siempre anticipado y siempre temido ataque, que anunciaría la vuelta de las cadenas, y el nuevo descenso a los infiernos.

Como una gigantesca nave varada en el alto promontorio del Bonnet l'Évêque, la Citadelle Laferrière es la figura utópica exacta que captura la visión de Henri Christophe, y el punto simbólico del ingreso en la utopía. Su mole suspendida en el acantilado más alto de la montaña, exorciza y neutraliza la maldición de otra nave: la del barco esclavista, emblema maldito del cruce del Atlántico y del descenso a los infiernos del desarraigo, del cautiverio y de la esclavitud. Ésas son sus coordenadas simbólicas. Éste es su campo, el mapa utópico donde se integra. Pero todo lo que era prisión y tiniebla, abismo tenebroso de la destrucción del propio mundo en el barco de esclavos, se vuelve libertad y luz en el marco de esta Ciudadela, nueva nave de una nueva travesía que promete neutralizar, de una vez por todas, la maldición de la esclavitud sufrida, y alcanzar el puerto utópico de una definitiva liberación.

## II

Ajena a estas realidades paralelas es, tal vez, en los textos de los tres grandes poetas del período —Joaquín Olmedo (1780-1847), Andrés Bello (1781-1865) y José María Heredia (1803-1839), donde la luz de Bolívar brilla con mayor intensidad.

El poema "Al genio de la libertad" (1831) de José María Heredia, es un buen ejemplo. El "genio de la libertad" que invoca Heredia es aquí una figura utópica que, con total autonomía, ejerce su poder al margen de leyes históricas y circunstancias concretas. Desde los primeros versos sopla como un viento huracanado capaz de derribar cualquier obstáculo real y neutralizar el peso de cualquier pasado: "¡Genio de Libertad, mi voz te implora!/En todo clima tu fogoso aliento/esparció vida y luz, salud y gloria" (94). La libertad se personifica como la fuerza sublime capaz de impulsar a la humanidad y —contra toda fatalidad o determinismo— revolucionar el curso de la historia desplazando la tiranía con la liberación. La reescritura de la historia que resume el poema en sus tres primeras estrofas, reinscribe las coordinadas del horizonte utópico de la Ilustración, iluminando la visión utópica republicana que organiza el poema: toda la historia de Occidente se recodifica como progreso hacia el triunfo de la libertad sobre la tiranía. La periodización recoge momentos estelares de la Grecia clásica y de la Roma imperial, evoca la lucha por la libertad de Guillermo Tell, el triunfo de Washington "el divino", la sublevación liberal de Riego, y el "ejemplo memorable" de la Revolución Francesa, que levantó "monumento perenne" a la libertad pese a los excesos del bando jacobino que "erigió cadalsos por altares" (Heredia 94).

En la imaginación utópica que alienta en el poema de Heredia, la libertad no se evoca como objetivo de la lucha, ni como promesa en el progreso de la historia. Es "genio", sujeto independiente, el agente todopoderoso de la transformación de América en la utopía de la libertad, que "Por fin al sur de América volando/De los sublimes Andes en la cumbre/Que dora el sol con su perpetua lumbre,/Tu bandera divina tremolando,/Llamaste a libertad a un hemisferio". El mismo genio que, desde la cuna, inspiró la rebelión contra la tiranía del propio poeta, inspirándolo a "Clavar la vista al sol, y ansiosamente/ Beber su inmensa luz" para contemplar la "visión gloriosa" de una utopía:

> ...Bella, impalpable,
> Como el arco de Dios entre las nubes. (Heredia 95)

Por otra parte, en el poema "Libertad", publicado el mismo año, el "ingenio humano" desplaza al "genio de la libertad" como agente del proceso que clausura el orden de la tiranía —escindido entre "el que oprime feroz y el que se humilla"— despejando el camino hacia la utopía. La serie histórica del despotismo se cierra simbólicamente con el "no" categórico que, desde la primera estrofa, marca el ingreso en un destino modificable[18]. El sujeto es, como en la metáfora de Bolívar, "El hombre que vio la luz altivo y bello/De libertad con el augusto sello"; el que armado —como en Condorcet— de "El gran resorte de la humana mente" recorrerá "fuerte como el mar y el viento y cielo" el camino hacia la utopía de la América emancipada cuya visión clausura el poema:

18. En el sentido preciso que le da Ernst Bloch al término.

> Profética esperanza me asegura
> que han de salir mil genios de la nada
> a inundar la tierra despertada
> en luz intelectual, celeste y pura.
> ¡Un nuevo sol dominará la esfera,
> y el incendio que vibre
> destruirá la opresión y los errores
> prodigando sus rayos bienhechores
> al siervo libertad, virtud al libre! (Heredia 96)

Todo el movimiento de la historia y toda la esperanza de la revolución se condensan, en esta última estrofa, en la lucha de la luz contra las tinieblas que anuncia el advenimiento del orden utópico republicano de la virtud, la razón y la libertad.

También en "La batalla de Junín: Canto a Bolívar" (1825), el gran poema épico de José Joaquín de Olmedo, brillan con claridad las líneas de articulación de la imaginación utópica.

Dos grandes batallas: la de Junín y la de Ayacucho marcaron en Perú el triunfo militar decisivo del ejército de Bolívar contra las fuerzas de la monarquía. En ellas se inspiró José Joaquín Olmedo para escribir su poema[19]. Es un poema heroico, canto a la victoria y canto de guerra que, dentro de la mejor tradición de la epopeya, recuerda los mejores momentos de "La Araucana" por su intensidad rítmica y por la extraordinaria fuerza plástica de sus imágenes. Se apoya en la narrativa de dos episodios históricos para iluminar la figura de un héroe de dimensiones míticas: el libertador. Cuatro líneas maestras de articulación utópica organizan el poema: el retrato del personaje, la caracterización de la lucha por la independencia, la rescritura de la historia y la visión de la utopía.

Bolívar es aquí, como corresponde, héroe inigualable. Su entrada en escena —introducida con el juego de cuatro instantáneas a las que se añade el suspense de la interrogación— es espectacularmente dramática: "¿Quién es aquel que el paso lento mueve/sobre el collado que Junín domina?/ (91-2)...¿Quién el que ya desciende/pronto y apercibido a la pelea?/(102-3)...¿Quién aquel que al trabarse la batalla/ufano

---

19. Existen dos versiones del poema. La primera se publicó en Guayaquil en 1825 y consta de 824 versos. La segunda en 1826 en Londres, y consta de 909 versos. En 1845 Olmedo eliminó tres versos en una edición de Valparaíso. Es la versión de la Biblioteca Ayacucho, incluida en el volumen *Poesía de la Independencia* (1979), la que utilizo aquí. Indico entre paréntesis el número de verso para cada cita.

como nuncio de victoria/un corcel impetuoso fatigando/discurre sin cesar por toda parte?/(108-12)...¿Quién sino el hijo de Colombia y Marte?"(112).

Es el "ínclito Bolívar" (652), el guerrero invencible que "a todos los guerreros/como el sol a los astros oscurece" (260-1). Y es, a la vez, figura utópica de un nuevo orden de libertad y de justicia que aparece naturalizado, recodificando la historia y el destino de todo el continente, cuando

> el hondo valle y enriscada cumbre
> proclaman a Bolívar en la tierra
> árbitro de la paz y de la guerra. (11-13)

El telón de fondo contra el cual se recorta esta figura es una representación simbólica de la historia, donde los Andes, "las enormes, estupendas moles" que "jamás se moverán" (27-31 y 34) desplazan definitivamente a la cultura artificial y caduca que se levantó, como "las soberbias pirámides" (14), sobre el sufrimiento y la opresión de "esclavas manos" (17); cultura ésta, condenada a desaparecer "entre la sombra y el eterno olvido" (24).

Bolívar es el "sacerdote" de la libertad (660). La construcción utópica de su figura se refuerza con el paralelo con un dios tutelar del pasado prehispánico: el sol. La caracterización de Bolívar adopta los atributos del sol —"como el sol a los astros oscurece" (261) y la del sol incorpora las metáforas de los ideales de libertad, conocimiento y justicia de la utopía republicana:

> ¡Oh Sol! ¡Oh Padre!
> tu luz rompa y disipe
> las sombras del antiguo cautiverio,
> tu luz nos dé el imperio
> tu luz la libertad nos restituya. (869-74)

Figuras paternales paralelas en dos patrias utópicas de la libertad —el Perú de los Incas y la América emancipada—, el enlace de Bolívar con el sol define y legitima doblemente a la América emancipada como el espacio natural de la libertad, creando una continuidad natural que borra del mapa de la historia todo el período de dominación colonial, neutralizando simbólicamente el legado colonial y el peso del pasado. La metáfora ilustrada de la lucha de la luz contra la sombra se reinscribe en el poema, asociando el pasado Inca, y la campaña de Bolívar con la luz, y las fuerzas realistas[20] con las tinieblas. Después de la batalla, los hombres de Bolívar se congregan "En torno de la lumbre, el nombre de Bolívar repitiendo" rememorando los hechos de la batalla, que el poema codifica simbólicamente apoyándose en la misma metáfora:

> Arden cien pinos, y a su luz, las sombras
> huyeron, cual poco antes desbandadas
> huyeron de la espada de Colombia
> las vandálicas huestes debeladas. (330-333)

En este contexto, la lucha por la independencia se convierte en la recuperación de una luz que es metáfora de una utopía originaria, de la libertad, de la justicia y de la paz, usurpadas todas ellas por la conquista y destruidas por tres siglos de tiranía colonial. Es la recuperación de la propia identidad e historia frente a la imposición de un orden despótico, ajeno e intolerable. La crítica feroz del legado colonial no se hace esperar. Los versos 416 a 428 contradicen uno a uno todos los argumentos que España utilizó para justificar conquista y colonia: "luces, costumbres, religión o leyes" (417) alegando que la colonia no se fundó de acuerdo con esas promesas sino sobre la violación blasfema de la religión y la corrupción sistemática de los valores que pretendían representar; y que los conquistadores no fueron más que un enjambre de usurpadores "estúpidos, viciosos, feroces y por fin supersticiosos" (418-9) que trajeron al Nuevo Mundo la violencia y la opresión —"Sangre y plomo veloz, cadenas fueron/los sacramentos santos que trajeron" (421-2)— y que "por los oficios/de la hospitalidad más generosa/hierros nos dan, por gratitud, suplicios" (426-7). Sólo Bartolomé de las Casas se salva de la quema: amó a los pueblos de América hasta morir, y por ello mora "en el empíreo de los Incas"(434).

Éste es el pasado que se neutraliza en el poema con una reescritura utópica de la historia que identifica la figura de Bolívar con el Sol de los Incas, tendiendo una continuidad entre la armonía de la América utópica de los Incas y la utopía republicana de la América eman-

20. Las que apoyaban la continuidad de la autoridad real, el absolutismo y la dependencia de las colonias de Hispanoamérica.

cipada. El eslabón simbólico que enlaza estas dos series utópicas es la batalla de Ayacucho. Ayacucho no es un lugar cualquiera, ni en la historia del Perú ni en el poema. En Ayacucho se enfrentaron Pizarros y Almagros en el siglo XVI en la batalla de Chupas, la última de su lucha encarnizada por el control del Perú. Se selló con la derrota de los almagristas y marcó la estabilización definitiva del poder colonial. Es, pues, "el mismo campo donde ciegos/en sangrienta porfía/los primeros tiranos disputaron/cual de ellos solo dominar debía/.../en ese campo, que a discordia ajena/debió su infausto nombre y la cadena/que después arrastró todo el imperio" (485-93).

Pero en el poema, Ayacucho es más que el lugar de la venganza o de la retribución. Para la imaginación utópica que va configurando aquí la reescritura de la historia, Ayacucho es el lugar simbólico que marca la salida de la serie histórica del despotismo y el punto cero del acceso al espacio de la libertad. El poema contrapone dos imágenes simétricas enfrentadas en un mismo lugar, que es a la vez geográfico y simbólico. Por un lado la batalla de Chupas, que clausuró la utopía del reino de los Incas consagrando el ciclo de la tiranía colonial. Por otro, la batalla de Ayacucho, que reafirma el triunfo de Junín, clausurando el ciclo de la tiranía y marcando el ingreso a la utopía republicana de la América emancipada:

> Esta es la hora feliz. Desde aquí empieza
> la nueva edad al Inca prometida. (629-30)

Las dos batallas simétricas tienden un puente entre dos visiones de la utopía, y el pasado colonial se convierte en interludio, neutralizado en el curso de la historia como momentánea interrupción del orden natural americano que las dos utopías encarnan. Y ese juego de neutralizaciones y transformaciones viene avalado por una autoridad más alta que la del poeta: es la "Sombra", el espectro del Inca Huayna-Cápac, quien convoca la doble imagen de las batallas simétricas. Y es también su voz la que —corroborada en la última parte del poema por la del coro de las vírgenes del Sol— despliega lado por lado las dos visiones de la utopía americana, unificadas en un destino común: el de América como el lugar natural de la armonía y de la libertad.

Es Huayna-Cápac quien evoca, en contraste con las tinieblas de la tiranía colonial, la paz y armonía del pasado prehispánico: "De esta mansión de paz y luz he visto/correr las tres centurias/de maldición, de sangre y servidumbre/y el imperio regido por las Furias" (381-84). Y es él quien despliega la visión de la nueva utopía de la América liberada por Bolívar:

> Ya las hondas entrañas de la tierra
> en larga vena ofrecen el tesoro
> que en ellas guarda el Sol
> y nuestros montes
> los valles regarán con lava de oro.
> Y el Pueblo primogénito dichoso
> de Libertad[21] que sobre todo tanto
> por su poder y gloria se enaltece
> como entre sus estrellas
> la estrella de Virginia resplandece
> nos da el ósculo santo
> de amistad fraternal. Y las naciones
> del remoto hemisferio celebrado
> al contemplar el vuelo arrebatado
> de nuestras musas y artes,
> como iguales amigos nos saludan. (694-704)

Utopía de libertad, trato igual y fraternidad para todos los pueblos de todas las naciones: "¡Oh pueblos, que formáis un pueblo sólo/y una familia, y todos sois mis hijos!/vivid y triunfad..." (446-48).

Y utopía perpetua, ya nunca más sujeta a las mudanzas del tiempo y de la historia, cimentada en la unión de unos pueblos "libres y jamás vencidos". Unión indestructible, como la cordillera misma de los Andes: "Esta unión, este lazo poderoso/la gran cadena de los Andes sea/ que, en fortísimo enlace, se dilatan/del uno al otro mar" (715-18). La visión se cierra con el coro de las vírgenes del Sol que cantan la gloria futura de América como el nuevo templo de la diosa libertad:

> Aquí la Libertad buscó un asilo
> amable y peregrina
> y ya lo encuentra, plácido y tranquilo,
> y aquí poner la diosa
> quiere su templo y ara milagrosa. (776-79)

---

21. Se refiere a los Estados Unidos, como aclara la anotación del propio poeta en la página 27.

También el díptico que componen la "Alocución a la poesía" (1823) y "La agricultura en la zona tórrida" (1826) de Andrés Bello muestra las huellas de la imaginación utópica, que converge aquí con una poética de la historia. Bello no duplica en su poesía el gesto radical de Utopus. La destrucción del istmo —historia y tradición europeas— no es la condición necesaria para el advenimiento de la utopía. Rafael Rojas señala que la historiografía del período se debate entre dos epistemologías: la epistemología de la memoria y la epistemología de la historia. En el marco del gran debate sobre el legado hispánico, Olmedo y Heredia se decantaron por la primera, la más acorde con la experiencia de los miembros de su generación, y construyeron su visión de la utopía republicana sobre el acoso y derribo de la herencia colonial. La epistemología de la historia de Bello era muy diferente: "Narrar el pasado era, para Bello, pensarlo", nos recuerda Rafael Rojas:

> Poner en claro los hechos —puntualiza Bello— es algo más que apuntarlos a la ligera en sumarios descarnados, que no penetran más allá de su parte exterior, tangible. Poner en claro los hechos es escribir la historia; y no merece ese nombre sino la que se escribe a la luz de la filosofía, esto es, con un conocimiento adecuado de los hombres y de los pueblos, y esta filosofía ha existido, ha centelleado en las composiciones históricas mucho antes del siglo XIX. (196)

Bello comprende la importancia de la narración de la historia en la formación de la comunidad imaginada republicana. Y, rechazando la maniquea construcción ideológica de la epistemología de la memoria que seguirían tantos historiadores liberales románticos de la generación de 1848, recupera el legado de Roma a través de la tradición española: "El despotismo de los emperadores de Roma fue el tipo de gobierno del español en América. La misma benignidad ineficaz de la autoridad suprema, la misma arbitrariedad pretorial, la misma divinización de los derechos del trono, la misma indiferencia a la industria, la misma ignorancia de los grandes principios que vivifican y fecundan asociaciones humanas, la misma organización judicial, los mismos privilegios fiscales" (XXV 165). Puesto en perspectiva, el absolutismo no es en Bello la construcción ideológica del mal irredimible sino parte de un proceso histórico que puede y debe ser superado. La poética de

Bello, tanto en su escritura de la historia como en su poesía, no es una poética de la ruptura sino de la regeneración.

Una de sus obras poéticas tempranas, "Venezuela consolada" (1804), contiene ya algunas de las claves de su compleja y contradictoria visión de la relación entre la historia del pasado y la posibilidad de un orden libre y justo para la América hispana. Tres son los personajes de este pequeño drama en verso: Venezuela, el Tiempo y Neptuno. La caracterización de Venezuela aparece escindida en dos caras complementarias. La primera es la visión de un ámbito paradisíaco anterior, de "Afortunados días/de gozo y regocijo/estación de abundancia/alegre imagen del dorado siglo" (12-16)[22]. La segunda es la visión del "más profundo abismo/de horrores y miserias" (112-13) que se inicia cuando se desata una epidemia de viruelas que asola la región. El Tiempo tiene aquí —como en la poética de la historia de Bello— la función primordial de preservar la memoria del "buen monarca" el "gran guerrero" y el "ministro sabio" (283-84). Y es factor potencial de crecimiento y desarrollo. Neptuno, por otra parte, es la figura contradictoria que retoma la ambigüedad fundamental de la visión que tiene el propio Bello de la relación de Hispanoamérica con el legado hispánico y europeo. Neptuno, dice acusadoramente Venezuela horrorizada, es el agente del mal y el culpable de su desgracia, el que "en infaustas naves" llevó a su tierra "de las viruelas el atroz contagio" (169-70); pero es también el agente de la cura, porque trae consigo el regalo paternal de Carlos IV, monarca ilustrado:

> que libra de temores la belleza;
> y dando a la cultura nuevos brazos
> para que en tus confines amanezcan,
> días alegres, puros, sin nublados,
> el gozo te dará con abundancia
> y la felicidad con el descanso. (217-22)

La labor de traductor de Bello confirma su compleja relación con legado y tradición. Tradujo la *Eneida* de Virgilio y *Zulima*, de Voltaire. Y tradujo, más adelante, parte de la obra de Victor Hugo. Pero traducir era, para Bello, traducir los signos de una cultura convirtiéndolos en vehículos de expresión de una realidad y una visión interior

22. Todas las citas de "Venezuela consolada" provienen de *Obra literaria* (1985). 4-14.

propias. Refiriéndose a su traducción de *Les feuilles d'automne*, observa Emilio Carrillo que:

> el poeta americano 'traduce' o mejor, 'imita' a un romántico, pero impone a esa obra un equilibrio, una armonía que el poema francés no tiene. Bello parte, tiene a la vista, el poema de las Feuilles d'automne pero el poema se crece, se transforma a través de sus propias resonancias y los sentimientos generales...Tenemos así, pues, una obra de indudable valor poético. Y no menos, una obra reveladora de los ideales estéticos de Bello. (37)

Se comprende mejor en este contexto el hecho de que Bello escogiera para los dos grandes poemas del díptico que despliega su gran visión utópica de una América emancipada y republicana, unas formas poéticas y una estética que se remontan a la tradición poética de la antigüedad clásica, y que enlazan directamente con la estética de la poesía del Siglo de Oro.

Bello, dice Rojas, "eludía la articulación de falsas utopías" (192). Es cierto, su pensamiento político se inclinaba del lado del pragmatismo y recomendaba moderación en la búsqueda de la sociedad ideal. Y, sin embargo, es la imaginación utópica la que organiza la poética de estas dos grandes composiciones.

La "Alocución a la poesía" comienza con una exhortación:

> Divina Poesía
> ...
> tiempo es que dejes ya la culta Europa,
> que tu nativa rustiquez desama,
> y dirijas el vuelo adonde te abre
> el mundo de Colón su grande escena. (7-10)[23]

Es, de entrada, una propuesta que neutraliza simbólicamente tres siglos de dominación e invierte los términos de la jerarquía política y cultural que ha configurado la relación de poder entre Europa y las colonias de la América hispana. Se contraponen los dos lados del Atlántico, pero esa "culta Europa" ya no es, en el poema, el fanal que ilumina el camino de la libertad. Es el espacio simbólico de la decadencia

23. Todas las citas de "Alocución a la poesía" son de *Poesía de la Independencia* (1979). El número de verso va entre paréntesis.

y de la decrepitud. Habitada por una "turba cortesana", que reduce la poesía a "el torpe incienso de servil lisonja", Europa es un espacio donde la libertad es vano delirio y "la corrupción cultura se apellida" (42-44). Es el espacio histórico "donde la coronada hidra amenaza/ traer de nuevo al pensamiento esclavo/la antigua noche de barbarie y crimen" (39-41); un espacio hostil a la creación donde se dan la mano la luz y la miseria y donde la "ambiciosa rival Filosofía/que la virtud al cálculo somete" ha usurpado el culto a la poesía (35-38). La metáfora de la encina ilumina, en la segunda estrofa, la realidad de ese espacio. La encina, árbol sagrado del Mediterráneo desde los tiempos de los druidas y asociada a Zeus en la mitología griega, estaba en el centro del templo del oráculo de Dodona, donde se decía que el rumor de sus hojas en el viento revelaba los misterios del futuro al oráculo. La encina, símbolo de la vida misma por su longevidad, no es ahora en el poema más que una "encina carcomida", un signo más de la decrepitud de todo un orden histórico y cultural.

El poeta conmina a la poesía a alzar las alas y volar a América, "a otro cielo/a otro mundo, a otras gentes" a un espacio:

> do viste aún su primitivo traje
> la tierra al hombre sometida apenas;
> y las riquezas de los climas todos
> América, del Sol joven esposa,
> del antiguo Océano hija postrera,
> en su seno feraz cría y esmera. (53-61)

Es el espacio de la utopía que neutraliza todos los rasgos en que se expresa el agotamiento de Europa como paradigma de la civilización, desplazando implícitamente el centro de gravedad de la civilización de la humanidad de un lado al otro del Atlántico. Todo lo que es degradación y agotamiento en el espacio europeo se vuelve vigor y fuerza en el americano. La naturaleza, corrompida por el artificio y la decadencia en Europa recupera la vida y la inocencia en una América que es espacio alternativo de creación y de resolución simbólica a todas las contradicciones del antiguo orden. América es en el poema la gran utopía regenerativa.

A partir de esta inversión el poema va desplegando ante los ojos de la poesía la cartografía simbólica del espacio utópico, recorriendo los puntos luminosos de sus ciudades, y espacios naturales, puntualizando la función simbólica de cada uno: Buenos Aires, Caracas, los valles de Chile, la Ciudad de México, Quito, la confluencia del Bogotá con el Magdalena, Cundinamarca. Comienza con un mito de los orígenes que funda una historia alternativa a la occidental. Un génesis que narra la rivalidad originaria entre la bella Huatica, diosa de las aguas, y Nenqueteba, hijo del Sol[24]. Y narra el triunfo de Nenqueteba quien

> ...después que a la maligna
> ninfa mudó en lumbrera de la noche,
> y de la luna por la vez primera
> surcó el Olimpo el argentado coche. (135-38)

fue el fundador de una civilización donde las artes y el culto florecieron al amparo de piadosas leyes. Es la utopía de la América prehispánica.

"¿Qué morada te aguarda?, ¿qué alta cumbre,/qué prado ameno, qué repuesto bosque/harás tu domicilio?" (63-4), pregunta el poeta. Y el poema va recorriendo, paso a paso, el espacio simbólico de la utopía americana, visión extraordinaria de un ámbito natural que la riqueza de las imágenes ilumina como maravilloso abanico, en un ritual de seducción que el poeta escenifica ante la mirada de la poesía, mostrándole en ese espacio utópico donde "entero/el vigor guardan genital primero" (151-52) las fuentes inagotables de un caudal poético alternativo. Es un caudal poético capaz de engendrar y alimentar una nueva lírica y una nueva épica— que "himnos pide" (284) y sólo espera una voz que los cante: "Despierte (oh musa es tiempo ya) despierte/algún sublime ingenio, que levante/el vuelo a tan espléndido sujeto" (313-15). Un caudal poético que incluye las cartografías de la paz y de la guerra, la lucha por la libertad, el canto de los héroes, la expulsión de "la hispana gente advenediza" (276), y el futuro de realización de la utopía emancipadora: "huid, días de afán, días de luto,/y acelerad los tiempos que adivino" (282-83).

"Tu pintarás" es la exhortación que inscribe la presencia de la nueva voz poética que va enumerando los elementos de ese tremendo caudal poético de América y sus habitantes; que recorre los horrores de la guerra y la cara oscura de la lucha por la libertad: la violencia, las traiciones,

---

24. Según Humboldt, ambos personajes eran de la mitología de los muiscas. Ver *Vue des Cordilleres,* Vol. I. Nota al pie, p. 43.

la destrucción; que inmortaliza el valor de sus héroes, Miranda, Girardot, Roscio; que canta la gran confrontación simbólica entre "el fuego de la libertad" que habita en el alma americana y que tiene sus fuentes en "las entrañas de los Andes" (520 y 522) y la violencia atroz del despotismo. Y que contempla la visión de una América utópica:

> Renacerás, renacerás ahora;
> florecerán la paz y la abundancia
> en tus talados campos; las divinas
> Musas te harán favorecida estancia,
> y cubrirán de rosas tus ruinas. (444-48)

Es la voz poética de una mirada utópica que comprende y afirma que, pese a los horrores de esa "cara oscura" el balance final es positivo: "Tu libertad ¡cuán caro/compraste!,¡cuánta tierra devastada!/¡cuánta familia en triste desamparo!/Mas el bien adquirido el precio excede" (459-63).

Implícito en ese despliegue del espacio americano, un contraste fundamental: toda esa maravillosa cartografía del continente, su naturaleza y su promesa, se oponen a los términos de la caracterización de lo que queda del otro lado del Atlántico, como se opone la vida a la decrepitud, la cuna de un nuevo génesis a las ruinas de una civilización caduca. La imaginación utópica demuestra con cada uno de los elementos que la configuran la visión que tiene el poeta del principio de la nueva historia, y el desplazamiento definitivo del centro de gravedad del progreso de la humanidad desde Europa —fragua del despotismo y la tiranía— hasta América, lugar simbólico de un nuevo génesis, espacio utópico de la libertad.

El punto de enunciación de "La agricultura en la zona tórrida" se sitúa ya, sin retornos ni contrastes, de este lado del Atlántico. La contradicción fundamental entre Europa y América ha sido neutralizada, la utopía ha ingresado ya en el espacio de la historia. La imaginación utópica sigue organizando la visión del poeta, pero el problema central ya no es el acceso a la utopía sino su preservación.

La interlocutora del poeta, el "tú" que interpela repetidamente en las primeras estrofas, es aquí la zona tórrida, y la serie de interpelaciones que organizan las dos primeras estrofas configuran la realidad natural americana como el espacio de la armonía y de la abundancia.

Toda la potencialidad de la América emancipada se codifica aquí con una poética de la abundancia natural que actualiza la promesa generadora del alegato de la "Alocución a la poesía". América se convierte en el espacio utópico de la generación y el crecimiento ilimitados a través de una descripción que va desplegando su riqueza inagotable. En el espacio natural de la "fecunda zona" todo germina, todo crece, todo fructifica. Las greyes se multiplican "sin cuento", la espiga grana, la almendra cuaja, la caña regala su miel "por quien desdeña el mundo los panales" (20)[25]. La puntualización es importante porque la sucesión de imágenes que van revelando el carácter extraordinario de esa naturaleza feraz va desplazando la centralidad de plantas y cultivos del viejo mundo por los del nuevo. El azúcar desplaza la miel, el néctar del agave el vino, la patata la poma, la "espigada tribu" de la mazorca del maíz la espiga del trigo. Y desfilan los maravillosos frutos nuevos: las variedades innumerables de "la procera palma", el ananás, la yuca que entrega su blanco pan, la "fresca parcha" que "en enramadas de verdor lozano,/cuelga de sus sarmientos trepadores/nectáreos globos y franjadas flores" (45-48), en una progresión que culmina con el banano. El banano, árbol originario de la naturaleza americana —el "primero/de cuantos concedió bellos presentes/la Providencia" (51-3)—, es el emblema de un nuevo orden simbólico de cultivos donde la abundancia es natural, la regeneración espontánea, y la esclavitud innecesaria:

> No ya de humanas artes obligado
> el premio rinde ópimo;
> no es a la podadera, no al arado
> deudor de su racimo;
> escasa industria bástale, cual puede
> hurtar a sus fatigas mano esclava;
> crece veloz, y cuando exhausto acaba,
> adulta prole en torno le sucede. (56-63)

Contra el telón de fondo de la construcción utópica de la naturaleza se recorta la contradicción fundamental que concreta en el poema la amenaza a la realización de la utopía republicana. Se codifica con el topos clásico de la alabanza del campo configurando dos escenarios

---

25. Todas las citas de "La agricultura en la zona tórrida" son de *Poesía de la independencia* (1979), los versos van entre paréntesis.

contrapuestos. El primero es el de la naturaleza paradisíaca que ilumina la primera parte del poema. El segundo es el de las "míseras ciudades". El contraste es explícito:

> Mas ¡oh! ¡si cual no cede
> el tuyo, fértil zona, a suelo alguno
> y como de natura esmero ha sido,
> de tu indolente habitador lo fuera!
> ¡Oh!¡si al falaz rüido
> la dicha al fin supiese verdadera
> anteponer, que del umbral le llama
> del labrador sencillo, lejos del necio y vano
> fasto, el mentido brillo,
> el ocio pestilente ciudadano! (64-74)

Pero, siguiendo las huellas de las Églogas de Virgilio, el contraste entre la presentación idílica de la naturaleza y la crítica radical del espacio ciudadano es aquí también la codificación simbólica que explora alternativas filosóficas y políticas. Por una parte la América edénica, espacio simbólico del génesis del mundo nuevo que contempla la visión utópica republicana. Por otra la ciudad, el espacio del "ocio pestilente ciudadano" (73), lugar simbólico de la corrupción de los ideales, del triunfo del vicio y la molicie sobre el esfuerzo y la disciplina: "No allí con varoniles ejercicios/se endurece el mancebo a la fatiga" (89-90), y de la "desidia" sobre el "patriotismo", ámbito degradado de ambiciones y rivalidades, donde reinan "el infame juego", la "lisonja", la "disipación" y el "galanteo".

Dos espacios simbólicos opuestos. El de la ciudad nos remite a la cultura de una Europa decadente y a las cadenas de legado colonial. Se construye como espacio carcelario donde "aquellos que fortuna hizo señores/de tan dichosa tierra y pingüe y varia/…en el ciego tumulto se aprisionan de/ míseras ciudades" (76-82). El de la América rural, por otra parte, anuncia la armonía del futuro y se construye como espacio de la libertad: "¿Amáis la libertad?, pregunta el poeta. Y responde: "El campo habita" (148). Como habitan en él "la virtud", "el goce" y "la felicidad".

Ésa es la disyuntiva que le plantea el poema al lector: dejarse seducir por las falsas promesas "la ilusión funesta" de una cultura decadente y unas tradiciones heredadas, o echar raíces en el nuevo orden cultural, político y social que codifica la representación edénica de la América emancipada. "Romped el duro encanto/que os tiene entre murallas prisioneros", clama el poeta, "Id a gozar la suerte campesina;/la regalada paz que ni rencores/al labrador, ni envidias acibaran"(139-40 y 166-68). Pero el alcance de esa propuesta va mucho más allá de un simple retorno a una vida en armonía con la tierra, simple y sin artificio. Es un paso más en el largo proceso de romper las cadenas que ligan las nuevas repúblicas a su pasado, y de neutralizar sus efectos: "Allí también deberes/hay que llenar: cerrad, cerrad las hondas/heridas de la guerra" (203-04). Es en ese espacio simbólico, en el que las heridas de la guerra cicatrizan, donde se clausura definitivamente el ciclo de la violencia. Por él se ingresa en la visión utópica de una nueva civilización, donde:

> el fértil suelo, áspero ahora y bravo,
> al desacostumbrado yugo torne
> del arte humana. (204-207)

Esa "arte humana" que es la agricultura en el poema, es la metáfora central sobre la cual se articula toda su construcción utópica. Se asocia con la naturaleza pero no es la naturaleza. La agricultura es quien torna la naturaleza "al yugo" transformando la naturaleza silvestre —la zona tórrida— en campos cultivados, atenta a que en ella "arraigue y medre" (294) la sagrada planta de la libertad. En sus frutos se codifica simbólicamente el desplazamiento de una América colonial hecha a imagen de las necesidades y deseos del poder colonizador, por otra, que define su propia identidad en la convergencia de una reinscripción liberadora de la civilización heredada de Europa —"la manzana y la pera/en la fresca montaña/el cielo olviden de su madre España" (215-17), con la reivindicación de la diferencia que define lo propio americano:

> ...adorne la ladera
> el cafetal; ampare
> la tierna teobroma en la ribera
> la sombra maternal de su bucare. (218-221)

La naturaleza de esa zona tórrida es el crisol donde se humaniza la tierra, se neutraliza el pasado y se transmutan los horrores de la guerra en la armonía del futuro. Y la agricultura es, en el poema, la bisagra simbólica que a la vez une y separa el pasado histórico de la tiranía de la utopía republicana de la libertad.

## III

Paradójicamente, es precisamente el texto donde la cita de Bolívar anuncia la llegada de la luz uno de los primeros donde se cuestiona angustiadamente la posibilidad misma de esa utopía de la libertad. La "Carta de Jamaica" articula, con toda claridad, los dos polos entre los cuales se sitúa, en tensión permanente dentro del pensamiento de Bolívar, la visión ilustrada de la utopía republicana. Por un lado la libertad, por otro la desintegración. Dos imágenes complementarias capturan esa tensión y enmarcan en la "Carta de Jamaica" su discurso político y su reflexión histórica. La primera es la de la luz que rasga el velo de tinieblas. La segunda es la del vuelo de Ícaro. La primera encierra la promesa ilimitada de la utopía. La segunda la cautela, ante la posibilidad de su destrucción inevitable.

La luz de la visión utópica de Bolívar brilla con fuerza extraordinaria en su "Discurso de Angostura" (1819). Lo pronuncia en plena contienda, en la inauguración del Congreso de Angostura, cuando todavía faltan cinco años para la batalla definitiva que marca, en Ayacucho, el final de la guerra por la independencia. En su construcción utópica del pasado y de la guerra, Bolívar retoma la metáfora central de la Ilustración: la pugna entre la luz y las tinieblas.

El pasado son las tinieblas de la tiranía: "La atroz e impía esclavitud cubría con su negro manto la tierra de Venezuela, y nuestro cielo se hallaba recargado de tempestuosas nubes, que amenazaban diluvio de fuego".

El presente es el momento de la redención que funda una nueva humanidad libre: "Yo imploré la protección del Dios de la humanidad, y luego la redención disipó las tempestades. La esclavitud rompió sus grillos, y Venezuela se ha visto rodeada de nuevos hijos, de hijos agradecidos que han convertido los instrumentos de su cautiverio en armas de la libertad. Sí, los que antes eran esclavos ya son libres; los que antes eran enemigos de una madrastra, ya son defensores de una patria" (Bolívar, "Discurso" 124). Y es también el punto cero de una nueva historia que marca el fin de la esclavitud, continuando la gran lucha por la libertad "de los Helotas, de Espartaco y de Haití" (Bolívar, "Discurso" 124).

Contra este telón de fondo se despliega en el "Discurso de Angostura" el futuro, la visión deslumbrante de la utopía de la América emancipada:

> Volando por entre las próximas edades, mi imaginación se fija en los siglos futuros, y observando desde allá, con admiración y pasmo, la prosperidad, el esplendor, la vida que ha recibido esta vasta región, me siento arrebatado y me parece que ya la veo en el corazón del universo, extendiéndose sobre sus dilatadas costas, entre estos océanos que la naturaleza había separado y que nuestra Patria reúne con prolongados y anchurosos canales. Ya la veo servir de lazo, de centro, de emporio de la familia humana; ya la veo enviando a todos los recintos de la tierra los tesoros que abrigan sus montañas de plata y de oro; ya la veo distribuyendo por sus divinas plantas la salud y la vida a los hombres dolientes del antiguo universo; ya la veo comunicando sus preciosos secretos a los sabios que ignoran cuán superior es la suma de las luces a la suma de las riquezas que le ha prodigado la naturaleza. Ya la veo sentada sobre el trono de la libertad empuñando el cetro de la justicia; coronada por la gloria, mostrar al mundo antiguo la majestad del mundo moderno. (Bolívar, "Discurso" 126-27)

Neutralización del orden colonial con el desplazamiento del centro de la civilización y la cultura del "mundo antiguo" europeo al espacio alternativo de la utopía americana. Nuevo orden y nuevo universo, con América en el centro. Utopía del conocimiento frente a la riqueza y el poder. Utopía de "esplendor" y "prosperidad" con la libertad como piedra angular y la justicia como base. Utopía de la fraternidad unificadora, con América como lazo vivificador de la armoniosa unión entre todos los miembros de "la familia humana".

El proyecto de Constitución que introduce el discurso contiene las estrategias de realización de esa utopía, para una nueva sociedad que se apoyará en los dos pilares que aseguran "el progreso de las luces": la educación intelectual y moral de la población —"la educación popular debe ser el cuidado primogénito del amor paternal del Congreso"—; y la unidad: "Unidad, unidad, unidad, debe ser nuestra divisa" (Bolívar, "Discurso" 121). Propone un modelo de gobierno presidido por un Ejecutivo que concentra en el presidente un poder extraordinario;

un Poder Legislativo presidido por Senado hereditario, cuyos primeros miembros serían elegidos por el Congreso: "Si el Senado en lugar de ser electivo fuese hereditario, sería en mi concepto la base, el lazo, el alma de nuestra República" (114-15) y un poder judicial totalmente independiente, con jurados y jueces independientes, capaz de desmantelar el código de leyes heredado de España, el "monstruo de diez mil cabezas, que hasta ahora ha sido el azote de los pueblos españoles...el suplicio más refinado que la cólera del cielo ha permitido descargar sobre este desdichado Imperio" (123).

Bolívar recorre la historia de Occidente proponiendo la incorporación en las nuevas repúblicas de los elementos que hicieron posibles las mejores sociedades: "Tomemos de Atenas su Aerópago[26], y los guardianes de las costumbres y las leyes; tomemos de Roma sus censores y sus tribunales domésticos...Tomemos de Esparta sus austeros establecimientos...y haciendo una santa alianza de estas instituciones morales, renovemos en el mundo la idea de un pueblo que no se contenta con ser libre y fuerte, sino que quiere ser virtuoso" (121). El Aerópago condensa la función de un Cuarto Poder, inventado de cuño por Bolívar para la neutralización definitiva del legado colonial: "Meditando sobre el modo efectivo de regenerar el carácter y las costumbres que la tiranía y la guerra nos han dado, he sentido la audacia de inventar un Poder Moral, sacado del fondo de la oscura antigüedad, y de aquellas olvidadas leyes que mantuvieron algún tiempo la virtud entre los griegos y romanos" (123). El Aerópago es la clave de realización de la utopía de una República de la libertad, fundada sobre el conocimiento y la virtud: "Moral y luces son los polos de una República, moral y luces son nuestras primeras necesidades" (121), concluye.

La luz de la utopía también ilumina parte de la reflexión política de la "Carta de Jamaica". El contexto en el cual se inscribe el anuncio del fin de las tinieblas y la llegada de la luz nos remite al gesto fundacional de Utopus, y su ingreso simbólico en el espacio alternativo de lo utópico: a la ruptura del istmo en *Utopía*, corresponde la del cordón umbilical que unía a América con España, "cortado" en la "Carta". Las imágenes de esa separación radical se multiplican: "el destino de la América se ha fijado irrevocablemente; el lazo que la unía a la España

26. El Aerópago, literalmente Monte de Ares, era el lugar donde se reunía el consejo supremo de Atenas, parecido al Senado romano.

está cortado...lo que antes las enlazaba ya las divide; más grande es el odio que nos ha inspirado la Península que el mar que nos separa" (Bolívar, "Carta" 56). Sigue a la ruptura irrevocable el desplazamiento de madre por "madrastra" como rechazo de un linaje común y gesto fundacional de un linaje alternativo; la configuración simbólica de Hispanoamérica como espacio insular: "Nosotros somos un pequeño género humano; poseemos un mundo aparte, cercado por dilatados mares, nuevo en casi todas las artes y ciencias, aunque en cierto modo viejo en los usos de la sociedad civil" (Bolívar, "Carta" 52); la caracterización de la guerra como acceso a la utopía de la libertad: "esta contienda, que por su esencia es la más justa y, por sus resultados la más bella e importante de cuantas se han suscitado en los siglos antiguos y modernos, porque ¿hasta dónde se puede calcular la trascendencia de la libertad en el hemisferio de Colón?" (60); la visión de la nueva América liberada como proyección del deseo: "Yo deseo más que otro alguno ver formar en América la más grande nación del mundo, menos por su extensión y riquezas que por su libertad y gloria" (68). Todo ello se conjuga en el mapa imaginario del espacio político de su América republicana: "¡Qué bello sería que el Ismo de Panamá fuese para nosotros lo que el de Corinto para los griegos! Ojalá que algún día tengamos la fortuna de instalar allí un augusto congreso de los representantes de las repúblicas, reinos e imperios a tratar y discutir sobre los altos intereses de la paz y de la guerra, con las naciones de las otras partes del mundo" (72).

Pero en Bolívar, entreverado con los destellos de la utopía que brillan en muchos de sus textos fundamentales, se va tejiendo desde muy pronto otro discurso. Es un discurso analítico que oscila entre el realismo pragmático que le parecen dictar las circunstancias, y el más profundo escepticismo frente a la posibilidad de realización de cualquier utopía. Con él, Bolivar va a ir articulando simultáneamente la crítica de la utopía y las estrategias para su preservación. La reinscripción del mito de Ícaro ilumina sus coordenadas: entre el ascenso y la caída, el destino trágico de quien quiso acercarse demasiado al sol.

Hablando del "desencanto de los héroes", Rojas subraya el creciente pesimismo de la primera generación de republicanos. Es cierto que, sobre todo entre la segunda mitad de la década de los veinte y el medio siglo, un humor sombrío empaña los textos, apagando el optimismo de los primeros tiempos de la lucha. Ya en 1823 dos de los libertadores dejan sus cargos y la vida pública y abandonan sus países en exilio voluntario: Bernardo O'Higgins y José de San Martín. O'Higgins deja Chile a los pocos meses de ser depuesto en el cargo de director supremo de la Nación por su antiguo colaborador y amigo Ramón Freire, y se instala en Perú a instancias de Bolívar. San Martín, por otra parte, abandona su cargo de jefe supremo de los ejércitos, y marcha a Europa. Allí vivió primero en Bruselas, más tarde en París y finalmente en Boulogne-sur-Mer. Desde sus exilios respectivos, San Martín y O'Higgins intercambiaron numerosas cartas donde se felicitaban mutuamente de haber dejado atrás cargos y mando. En esas cartas compartían el desengaño, comparando sus amargas experiencias de la "ignorancia", la "ambición", la "ingratitud" y la ceguera de los pueblos; y compartían también la preocupación por el derrotero que estaban tomando las nuevas naciones (Rojas 345-47). Las quejas que intercambiaban en sus cartas anticipan en varios años la visión todavía más sombría de Vicente Rocafuerte en su *Memorias de un americano libre* (1844): "tocaba al ocaso de mi vida, se me había ya roto el prisma de las ilusiones, y cansado de la ingratitud y perfidias de los hombres, me era indiferente salir o quedarme en este miserable mundo" (Rocafuerte 61). Desde su exilio voluntario en Lima, Rocafuerte resume las razones que lo llevaron a abandonar "las risueñas márgenes del Guayas, donde abrí los ojos a la luz primera" dejando su país: "Me he impuesto este ostracismo voluntario por no ver la miseria que aflige a mi patria y que no puedo remediar; por no presenciar los actos de injusticia, las depredaciones y los crímenes que cometen los genízaros gubernativos y que no puedo impedir" (Rocafuerte 65).

También Mier se queja en 1823 de la "ambición", los "chismes" y las "envidias" y, distanciándose de su visión utópica más temprana, avisa del peligro de seguir los dictados del pueblo que "siempre ha sido víctima de la seducción de los demagogos turbulentos"; y subraya que "así su voluntad numérica es un fanal muy oscuro, una brújula muy incierta" (Mier, "Discurso" 296 y 292). Y en la carta a Cantú de diciembre de 1823 expresa su exasperación con la aprobación por el congreso del modelo de federación que daba soberanía a los Estados: "puede comenzar con aquellas palabras de Cicerón: *Actum est de republica,* que en buen castellano quiere decir 'llevóselo todo el diablo'" (Mier, *Ideario* XLVIII). "Toda la gran federación se reduce a pleito de empleos. Todo se lo va a llevar el demonio", reitera en otra carta a Cantú, de enero de 1824 (XLIX). Y, finalmente, concluye en otra carta a Cantú de julio de 1824: "llevóselo todo el diablo como espero que se llevará a la federación" (XLIX).

Muy lejana queda ya la visión de la armonía que prometía la utopía republicana de la América emancipada. Pero el desengaño de estos republicanos no expresa falta de determinación, ni es resultado de un error de cálculo. Es inseparable de la dinámica utópica. El problema con el cual se enfrentan es el mismo que confronta a todas las revoluciones: la compleja intersección de la utopía con la realidad. La imaginación utópica impulsa un pensamiento que neutraliza las contradicciones fundamentales del momento histórico, creando espacios imaginarios alternativos de resolución simbólica a esas contradicciones que, por definición, no pueden resolverse dentro del marco contemporáneo de la historia. En la novela de More, todas las contradicciones que reducen al ser humano a una existencia de explotación, opresión e infelicidad en la primera parte, desaparecen en la segunda, dentro de la armoniosa sociedad de la isla de Utopía. Pero el gesto fundacional de Utopus es inequívoco: la ruptura del istmo muestra que la condición necesaria de la existencia de Utopía es precisamente su separación total de la Tierra Firme, sus gentes, sus costumbres, su historia. Y esa separación simplemente no es posible dentro de la realidad histórica de la emancipación. La imaginación utópica de los libertadores y pensadores republicanos les permite articular un pensamiento político que neutraliza las contradicciones fundamentales de la realidad colonial y el absolutismo monárquico, desplegando una visión de Hispanoamérica como espacio de la libertad, sociedad armoniosa, igualitaria y feliz, que desborda los marcos de toda posibilidad en el momento en que aparece. La utopía genera la energía y la acción, impulsando transformaciones profundas y cambios radicales en los sujetos y sus sociedades. Pero los espacios alternativos de resolución simbólica que va articulando el pensamiento utópico no pueden integrarse nunca plenamente en el marco histórico. La relación de estos espacios alternativos con el contexto histórico no es nunca representacional sino indicativa. Volviendo al ejemplo de More, la sociedad de la isla no representa en modo alguno la sociedad inglesa de la primera parte. Pero la indica como término ausente de una inversión. La articulación utópica de la armonía en el espacio o en el tiempo alternativos es siempre "otra" y contiene los signos de la destrucción del espacio histórico. Pero no hay puente de regreso posible, el istmo no puede ser reconstruido, la tierra firme no puede convertirse en una extensión del modelo utópico. El problema es que, en la realidad de la lucha revolucionaria por la emancipación —o en cualquier proceso de revolución política— los dos espacios de More son un solo espacio: el de la historia. La utopía intersecta con la realidad forzando sus límites con un *exceso* que, por definición, la realidad histórica no puede absorber. Y la cuestión que se plantea en términos concretos —y la que aquilata el éxito de la lucha— no es la del acceso a la perfección a través de la acción revolucionaria, de las heroicas campañas militares de la guerra liberadora, o de la extraordinaria acción legisladora de los primeros gobiernos de las nuevas repúblicas. La cuestión que se plantea es la del balance. El desencanto es inevitable ante la pérdida inevitable del "exceso" de la visión utópica, que se articula siempre como armonía sin fisuras ni contradicciones internas. Contradicciones, insuficiencias y fisuras son el tejido mismo de la realidad. La cuestión es: ¿en qué medida ha logrado la visión de la utopía generar una transformación radical de la realidad que estaba en el origen de la articulación utópica?

Bolívar es consciente de esa dinámica. En el "Manifiesto de Carúpano" (1814) analiza las causas del fracaso de la Segunda República de Venezuela y previene contra el desánimo inevitable ante la intersección de la utopía con la realidad. Comienza resumiendo el objetivo utópico: la felicidad perpetua: "Los directores de vuestros destinos no han tenido otro designio que el de adquirir una perpetua felicidad para vosotros, que fuese para ellos una gloria inmortal". Continúa con la explicación del desajuste entre el *exceso* del proyecto utópico y los límites de la realidad:

> Mas si los sucesos no han correspondido a sus miras, y si desastres sin ejemplo han frustrado empresa tan laudable, no ha sido por efecto de ineptitud o cobardía. Ha sido, sí, *la inevitable consecuencia de un proyecto agigantado*, superior a todas las fuerzas humanas. La destrucción de un gobierno, cuyo origen se pierde en la oscuridad de los tiempos; la subversión de los principios establecidos; la mutación de costumbres; el trastorno de la opinión, y el establecimiento, en fin, de la libertad en un país de esclavos, es una obra tan imposible de ejecutar súbitamente, que está fuera del alcance de todo poder humano; por manera que nuestra excusa de *no haber obtenido lo que hemos deseado, es inherente a la causa que seguimos*, porque así como la justicia justifica la audacia de haberla emprendido, la imposibilidad de su adquisición califica la insuficiencia de los medios. (43. Resaltado en el original)

El deseo, principio generador de toda utopía no puede realizarse plenamente, y ese desajuste *—inherente a la causa que seguimos*, es decir a la utopía misma— está en la base del sentimiento de carencia que alimenta el desencanto y la melancolía de estos republicanos. Y es el punto de apoyo del discurso crítico, cada vez más sombrío, que va a ir reflexionando sobre el proceso de configuración de las nuevas sociedades y naciones.

En Mier, este discurso organiza toda la reflexión sobre dos modelos de organización política: el centralista y el federal, que Mier debate extensamente en el marco del Segundo Congreso Constituyente de 1823. Su alegato culmina en el "Discurso de la profecía", que pronunció en la sesión extraordinaria del 13 de diciembre. Lo que estaba en juego era la aprobación de un estatuto de soberanía para los estados de la federación. El objetivo de Mier no ha cambiado: alcanzar la perfección del modelo de utopía republicana que representan los Estados Unidos, "llegar hasta el colmo de la perfección social que tanto nos ha arrebatado la atención en los Estados Unidos". Lo que ha cambiado es la hoja de ruta. La experiencia de las luchas por el poder que se desatan en esos años, la coronación de Iturbide en México, los resultados desastrosos de la imitación "a la letra" del modelo federal de Estados Unidos en otras regiones del continente —Venezuela, Colombia y Buenos Aires— donde "arroyos de sangre han corrido en diez años", impulsan un giro radical en el pensamiento político de Mier. Aunque Mier no se refiere en su discurso al mito de Ícaro, su argumento duplica el movimiento de su vuelo con una codificación análoga del peligro que amenaza a la utopía republicana: "Querer desde el primer ensayo de la libertad remontar hasta la cima de la perfección social es la locura de un niño que intentase hacerse hombre perfecto en un día. Nos agotaremos en el esfuerzo y sucumbiremos bajo una carga desigual a nuestras fuerzas" ("Discurso" 289). El movimiento ascendente de las naciones que quieren aproximarse demasiado al sol de los Estados Unidos acaba en la caída inevitable al abismo de la anarquía y la violencia. Frente a ese trágico destino, Mier propone para la preservación de la utopía una serie de estrategias de aplazamiento. El símil del crecimiento —de niño a adulto— introduce dos ideas centrales. La primera es que el legado de siglos de tiranía sitúa a los pueblos de Hispanoamérica en la inmadurez de la infancia y los priva de plena competencia política: "Nosotros, encorvados trescientos años bajo el yugo de un monarca absoluto, apenas acertamos a dar un paso sin tropiezo en el estudio desconocido de la libertad. Somos como niños a quienes poco ha se han quitado las fajas, o como esclavos que acabamos de largar las cadenas" ("Discurso" 290). La segunda idea es que el acceso de Hispanoamérica a la utopía republicana no puede ser inmediato. Es resultado de un proceso —el que expresa metafóricamente el "crecimiento" del niño. El tiempo instantáneo de la utopía se desplaza con el tiempo progresivo de la historia. Es el desplazamiento opuesto al de la novela de Mercier, donde la estrategia narrativa del sueño permitía desplazar el proceso progresivo del tiempo histórico por el acceso instantáneo a la utopía del París de 2440.

La segunda estrategia de aplazamiento es el aprendizaje. Se introduce en el "Discurso" con la metáfora de las andaderas. Como el niño que deja de lado las andaderas en cuanto aprende a andar, nosotros, propone Mier, podremos "sin peligro, ir soltando las andaderas de nuestra infancia política hasta llegar al colmo de la perfección". El acceso a la utopía como proceso progresivo de desarrollo histórico. Con el aprendizaje evitaremos la locura del "niño que intentase hacerse hombre perfecto en un día" ("Discurso" 289-90). El acceso instantáneo a la utopía se aplaza hasta el final del recorrido del aprendizaje a la libertad: "En esos congresos irán aprendiendo las provincias la táctica de las asambleas y el paso de marcha en el camino de la libertad, hasta que, progresando en ella... [pueda]...llegar sin tropiezo al colmo de la perfección social" (295).

Nuevo desplazamiento del tiempo instantáneo de la utopía con el tiempo progresivo de la historia. El "aprendizaje de la libertad" se articula como alternativa histórica a la revolución —la utopía de la libertad instantánea—. La visión de la utopía como resultado de un proceso histórico, dirigido por hombres que "han aprendido el paso de marcha de la libertad" resuelve un problema fundamental: el del espacio. A la dicotomía espacial del modelo de utopía de More, donde el ingreso en un nuevo espacio separado de la historia es condición necesaria para la existencia de la utopía misma, Mier opone un modelo donde el factor determinante del advenimiento de la utopía no es una ruptura radical en el espacio —la destrucción del istmo que libera la isla de la tierra firme—, sino una transformación en el tiempo. En este nuevo paradigma, el advenimiento de la utopía se apoya en la construcción ilustrada del tiempo utópico del progreso de la humanidad[27].

---

27. Es el Tiempo de los filósofos de la Ilustración, especialmente Turgot, y de Condorcet en su *Esquisse*. Ver supra Capítulo II.

Crecimiento y aprendizaje iluminan las estrategias de preservación de la utopía republicana en el discurso crítico de Mier. En el marco del Segundo Congreso, esa preservación pende, para Mier, de un hilo: la elección de la mejor entre las opciones políticas de una alternativa: federalismo de estados soberanos, o federalismo moderado con un poder central. Para Mier, la primera es el fin de la utopía: "Protesto ante los cielos y la tierra que nos perdemos si no se suprime el artículo de soberanías parciales", clama Mier, invocando en su apoyo el ejemplo de los Estados Unidos, que suprimieron el artículo de los estados soberanos en su segunda Consitución ("Discurso" 295). Pero en el "Discurso de la profecía", el desplazamiento del tiempo utópico por el histórico apunta a una crítica más amplia de la utopía.

La utopía que echaba sus raíces en la filosofía de los derechos inalienables de Rousseau y en su modelo de contrato social se identifica aquí con los "principios, si se quiere, metafísicamente verdaderos, pero inaplicables en la práctica porque consideran al hombre en abstracto, y tal hombre no existe en la sociedad". Y se asocia con los excesos destructivos del jacobinismo convirtiéndose en "la caja de Pándora donde están encerrados los males del universo" ("Discurso 293). La visión de la utopía cumple para el último Mier una función fundamental: la de galvanizar al pueblo impulsándolo a la lucha por la libertad: "Si sólo se tratase de insurgir a los pueblos contra sus gobernantes, no hay medio más a propósito que dichos principios" (293), pero, en el punto de intersección de la utopía con la historia la aplicación inflexible de "la brillantez de los principios y la belleza de las teorías" (293) conduce a la anarquía y la desintegración social más absoluta. Al igual que "el sueño de la razón" del capricho de Goya, produce monstruos.

Tiene razón Rafael Rojas cuando declara: "*Utopía y desencanto* no son antinomias ni conceptos secuestrados por dialécticas imaginarias: son estaciones mentales de la construcción republicana, tanto en Estados Unidos como en Hispanoamérica" (319. Resaltado en el original). Pero se equivoca cuando propone explicar el "desencanto" y la "cultura de la frustración" como resultado de "los reflujos de tantas lecturas ilustradas, que reproducían el tópico de la 'inferioridad' americana"[28].

---

28. Comete Rojas un error parecido al de Susana Rotker en su ensayo sobre las *Memorias* de Mier, donde —a partir de la fuente común de *La disputa del Nuevo*

Sin duda, encontramos las huellas de esa tradición ilustrada en la construcción europea del sujeto americano, y, dentro de los mismos textos de la emancipación, su presencia es particularmente visible en la caracterización de indios y negros. Basta recordar a los "pardos buenos" de Miranda, o las descripciones de indios y esclavos negros que aparecen en las cartas de Bolívar (*cfr.* Rojas 328-29). Pero ese legado intelectual ilustrado no es más que uno de los factores, y no el más importante. Circunscribir la dinámica del desencanto, y el discurso de la frustración que genera, a la asimilación de las construcciones europeas de la inferioridad es una manera de reducir a los términos de un debate académico sobre influencias algo que fue una experiencia profundamente traumática para la primera generación de líderes republicanos. Ésta es la generación que vivió sus exilios en Londres, París y Filadelfia, que contempló con sus propios ojos el balance admirable de la revolución de los Estados Unidos y la desintegración vertiginosa de la promesa de la Revolución Francesa. Ésta es la generación que articuló una utopía leyendo y traduciendo a Montesquieu, Locke, Rousseau, Condorcet, Paine, y estudiando la realidad de los Estados Unidos; pero que también siguió con mirada atenta los excesos del Terror, y que vio encarcelados o ejecutados a algunos de los pensadores, guerreros y políticos más notables de su tiempo.

El desencanto de Mier y su sombrío "Discurso de la profecía" no viene de ninguna construcción imaginaria ilustrada del pueblo americano. Viene del temor que le produce el cotejo inevitable entre el espectro amenazador del Terror y la coyuntura presente en las sociedades de Hispanoamérica. Su construcción del pueblo se contrapone implícitamente a la de visión utópica de Rousseau, y se subordina a la crítica, más profunda, del jacobinismo. "Yo también fui jacobino" reconoce en su alegato, "porque en España no sabíamos más que lo que habíamos aprendido en los libros revolucionarios de la Francia". Pero la gran intersección de la utopía con la historia que fue la Revolución Francesa transformó su pensamiento político, cuestionando sus teorías con la práctica. Es esa transformación la que se anuncia en su relato apocalíptico del Terror:

---

*Mundo,* de Antonello Gerbi— critica la construcción europea de la inferioridad americana ignorando completamente textos tan fundamentales para la crítica del eurocentrismo y la cuestión del Otro como el ensayo de Montaigne *Des Cannibales*, o la *Histoire d'un voyage fait en la terre du Brésil*, de Jean de Léry.

> Pero la experiencia ha demostrado que una vez puestos los principios, las pasiones sacan las consecuencias; y los mismos conductores del pueblo que rehúsan acompañarlo en el exceso de sus extravíos, cargados de nombres oprobiosos, como desertores y apóstatas del liberalismo y de la buena causa, son los primeros que perecen ahogados entre las tumultuosas olas de un pueblo desbordado. ¡Cuántos grandes sabios y excelentes hombres expiraron en la guillotina levantada por el pueblo francés después de haber sido sus jefes y sus ídolos! (Mier, "Discurso" 293-94)

Y cuando Mier se va a Inglaterra, distanciándose del escenario de la revolución, y, desde aquel "navío encantado en medio de la borrasca general" intenta comprender las causas de "la convulsión perpetua" que agita Francia, dialogando con Bentham, con Paleis y Burjes, no carga las tintas sobre los excesos del pueblo sino sobre los peligros del jacobinismo: "quedé desengañado de que el daño provenía de los principios jacobinos...Y retrocedí espantado" ("Discurso" 293).

Ésta, y no la construcción europea de la inferioridad del pueblo americano, es la fuente del desencanto de Mier, y el origen del giro político que culmina en el "Discurso de la profecía". En ese sentido, el discurso de la infancia del pueblo no duplica la construcción europea de la inferioridad americana sino el discurso de la inmadurez de los pueblos de Kant, quien define la inmadurez como la incapacidad de usar el propio entendimiento sin la ayuda de un guía superior. La Ilustración es, para él, la emergencia de los pueblos de ese estado de inmadurez. Y la cautela de Kant anticipa el escepticismo del propio Mier: "De modo que el pueblo solo puede alcanzar la ilustración lentamente. Tal vez la revolución puede derrocar el despotismo autocrático, la explotación y la opresión de la pugna por el poder, pero no puede, instantáneamente, reformar un modo de pensar; por esa razón, nuevos prejuicios tan nefastos como los que la revolución ha desplazado sustituirán los anteriores, sujetando a nuevo yugo a los pueblos ignorantes" (Kant 1).

El alegato de Mier contra la aprobación del artículo de soberanía de los estados, su defensa apasionada de un modelo de federación que mantenga un poder central fuerte, sus estrategias de aplazamiento, no son gestos de rechazo de la gran utopía que iluminaba el "fanal" de los Estados Unidos. Son diques contra la anarquía y el peligro de desintegración de la utopía republicana que él siempre ha defendido y que

—desde la propia experiencia traumática del desenlace de la Revolución Francesa— le parecen inevitables si se sigue el "fanal oscuro" y la "brújula incierta" de una voluntad popular, que, ni por tradición ni por la práctica, ha podido todavía aprender los usos de la libertad.

En la trayectoria simbólica que media entre la primera imagen de la utopía —la del velo rasgado por la luz— y la reinscripción ejemplar del mito de Ícaro, Bolívar fue desarrollando su propia crítica de la utopía y su propia negociación de los peligros que acechaban en la intersección de la utopía con la historia. Ya desde el "Manifiesto de Cartagena" (1812) define algunos de los rasgos fundamentales que articulan la crítica de la utopía y de sus peligros que recorre todos sus textos. Analizando las causas del fracaso de la Segunda República de Venezuela y las razones por las que "el orden social se sintió extremadamente conmovido, y desde luego corrió el Estado a pasos agigantados a una disolución universal", concluye: "Los códigos que consultaban nuestros magistrados no eran los que podían enseñarles la *ciencia práctica* del Gobierno, sino los que han formado ciertos buenos visionarios que, imaginándose *repúblicas aéreas*, han procurado alcanzar la *perfección política*, presuponiendo la *perfectibilidad* del linaje humano" ("Manifiesto de Cartagena" 9. El resaltado es mío).

Tres líneas claras articulan el razonamiento. La primera es la oposición implícita entre la teoría (de los filósofos) y la ciencia práctica (de los gobernantes). La segunda, el peligro de buscar la perfección de la utopía política —las repúblicas aéreas—. La tercera, el error de creer a pies juntillas en la piedra angular de la utopía ilustrada de Turgot, Kant y Condorcet: la perfectibilidad del linaje humano.

La primera reivindica el análisis concreto de la realidad concreta como única base sólida para la construcción de las nuevas repúblicas. El resultado de guiarse por la teoría —por ejemplo la filosofía de Rousseau—, es que "siguiendo las máximas exageradas de los derechos del hombre...autorizándolo para que se rija por sí mismo, rompe los pactos sociales y constituye las sociedades en anarquía" (Bolívar, "Discurso" 12). Invoca a Montesquieu para reclamar la necesidad de adecuar leyes y formas de gobierno a las realidades de Hispanoamérica: "¿No dice el *Espíritu de las leyes* que estas deben ser propias para el pueblo que se hacen…que las leyes deben ser relativas a lo físico del país, al clima, a la calidad del terreno, a su situación, a su extensión, al género de vida de los pueblos" ("Discurso" 10). De ahí los peligros del fanal de Mier, el "deslumbrante brillo de la felicidad del Pueblo Americano" y el "ejemplo de los Estados Unidos...demasiado lisonjero para que no fuese seguido". Bolívar acepta "las lecciones de la experiencia", de Grecia, de Roma, de Inglaterra y los Estados Unidos; pero previene contra la imitación de los modelos, porque "la excelencia de un gobierno no consiste en su teoría, en su forma ni en su mecanismo, sino en ser apropiado a la naturaleza y el carácter de la nación para quién se instituye" ("Discurso" 114-15).

Pero esta primera línea de argumentación no es más que un primer paso hacia una crítica radical de la búsqueda de una perfección ilusoria, que equipara a los "laudables delirios" del Abbé de Saint Pierre (Bolívar, "Carta" 72). Parte del cuestionamiento de la validez de los modelos más perfectos de república para Hispanoamérica: "El sistema federal, bien que sea el más perfecto y más capaz de proporcionar la felicidad humana es, no obstante, el más opuesto a los intereses de nuestros nacientes estados" (12), declara en el "Manifiesto de Cartagena". Y, en la "Carta de Jamaica", reitera: "No convengo en el sistema federal entre los populares y representativos por ser demasiado perfecto y exigir talentos y virtudes muy superiores a los nuestros" (68). Y concluye que la búsqueda de la utopía del sistema "más perfecto y acabado", y de la "República de Santos" ("Discurso" 110) no sólo no es realizable sino que nos conduciría a "caer en anarquías demagógicas o en tiranías monócratas...a la infelicidad y el deshonor" ("Carta" 69). La utopía de la libertad no es aquí un objetivo, es un peligro: "No aspiremos a lo imposible, no sea que por elevarnos sobre la región de la libertad, descendamos a la región de la tiranía", avisa Bolívar prolongando el vuelo de la inscripción del mito de Ícaro de su "Carta de Jamaica". "De la libertad absoluta se desciende siempre al poder absoluto y, en medio entre estos dos términos es la suprema libertad social", concluye ("Discurso" 120).

La reflexión sobre la perfectibilidad completa la crítica de la utopía. Bolívar anticipa, ya desde el "Discurso de Angostura", los razonamientos de Mier sobre los pueblos de Hispanoamérica. Rechaza enfáticamente la construcción utópica del pueblo de Rousseau: "¡Ángeles, no hombres pueden únicamente existir libres, tranquilos y dichosos ejerciendo todos la Potestad Soberana!". El pueblo de Hispanoamérica es un pueblo "recientemente desencadenado" y es también un pueblo en "orfandad" marcado por la larga esclavitud y contaminado por todos los vicios de la tradición española: "por el contrario, estamos dominados de los vicios que se contraen bajo la dirección de una nación como la española, que sólo ha sobresalido en fiereza, ambición, venganza y codicia" ("Discurso" 67). Pueblo imperfecto, pero redimible. La metáfora de la orfandad introduce el discurso kantiano de la inmadurez de los pueblos privados de libertad. Es un pueblo que, como la humanidad del origen de los tiempos, se halla en la "infancia" y se define por una doble carencia: la necesidad de una guía paternal que remedie su orfandad, y la necesidad de un aprendizaje que lo lleve a la madurez con la adquisición de "los talentos y virtudes políticas que distinguen a nuestros vecinos del Norte" ("Discurso" 67).

En Bolívar, la crítica radical de la utopía está en tensión constante con su propia visión utópica. En aparente contradicción, encontramos, a veces en un mismo discurso, por ejemplo en el de "Discurso de Angostura", la crítica radical de la utopía lado por lado con la visión utópica más extrema. Pero esas contradicciones de su pensamiento no expresan una vacilación de su imaginación utópica o un rechazo de la utopía. Expresan la lucidez de Bolívar ante la intersección —siempre problemática— de la utopía con la realidad. Es la contradicción que captura su reinscripción del mito de Ícaro: "¿Se puede concebir que un pueblo recientemente desencadenado se lance a la esfera de la libertad sin que, como a Ícaro, se le deshagan las alas y recaiga al abismo?" ("Carta" 67). La dualidad entre imaginación utópica y realismo político que recorre el pensamiento de Bolívar se expresa con toda claridad en su comentario al mito. El peligro que acecha desde esa intersección entre utopía e historia que simboliza aquí el ascenso de Ícaro hacia el sol es la caída en el abismo. Alcanzar el sol —la utopía— evitando la caída sería, concluye Bolívar, "prodigio inconcebible y nunca visto" contrario a todo realismo político, ya que no hay "raciocinio verosímil que nos halague con esta esperanza" ("Carta" 67).

Hay un momento en la "Carta de Jamaica" donde la dualidad entre visión utópica y realismo político se expresa con la mayor claridad: "Yo deseo más que otro alguno ver formar en América la más grande nación del mundo, menos por su extensión y riquezas que por su libertad y su gloria. Aunque aspiro a la perfección del gobierno de mi patria, no puedo persuadirme que el Nuevo Mundo sea por el momento regido por una gran república; como es imposible no me atrevo a desearlo" (68).

La realización del deseo se cuestiona, pero el deseo se mantiene —igual que, en la cita anterior, el "raciocinio verosímil" acotaba, pero no cancelaba, la "esperanza"—. El tiempo presente del verbo que abre el párrafo, "Yo deseo", confirma su presencia a pesar del escepticismo con que concluye: "no me atrevo a desearlo". Las oscilaciones permanentes entre visión utópica y realismo político en el pensamiento de Bolívar expresan —con balances diferentes— esa tensión fundamental.

Sin embargo, en Bolívar, el escepticismo del "razonamiento verosímil" que articula una y otra vez la crítica de la utopía no lleva al rechazo, sino a la búsqueda incesante de estrategias para su preservación y realización. Es en ese contexto donde debemos integrar la trayectoria del pensamiento del último Bolívar, su propuesta de un senado hereditario y un presidente vitalicio, su aplazamiento indefinido de elecciones populares y gobiernos representativos.

Bolívar no es el único que teme por el futuro de las repúblicas. Ya en 1821 Bello le escribe a Mier compartiendo sus temores: "Veo delante de nosotros los peligros y todos los males de las pasiones exaltadas, y que la ambición y las venganzas van a desplegarse con todas sus fuerzas (Bello, "Carta a Mier" 210-211). Y también Mier se inclina en el "Discurso de la profecía" hacia un gobierno centralizado, con un poder ejecutivo de atribuciones muy extensas. Pero la evolución de Bolívar hacia el autoritarismo fue extrema. Y extrema fue la reacción contra la visión que Bolívar plasmó en su proyecto de Constitución para Bolivia en 1826. Sus más fieles y antiguos colaboradores, como O'Higgins, San Martín, políticos como Rocafuerte, y hasta el propio Mier, se opusieron a ella, a pesar de que, como señala Rojas, carecían en realidad de diferencias sustanciales con su proyecto.

Ya desde el "Discurso de Angostura", Bolívar considera algunas de las opciones que van a culminar en su Constitución para Bolivia. Se inclina hacia una concentración del poder en el Ejecutivo —"nada es tan peligroso con respecto al pueblo como la debilidad del ejecutivo" porque el Ejecutivo débil desemboca en "la muerte del gobierno, cuyos herederos son la anarquía, la usurpación y la tiranía" (118); expresa su escepticismo con respecto a las elecciones como mejor modo de formar un gobierno —"Todo no se debe dejar al acaso y a la ventura de las elecciones: el pueblo se engaña más fácilmente que la naturaleza perfeccionada por el arte"—; propone la formación de un Senado hereditario, una élite gubernativa, educada de generación en generación "en un Colegio especialmente destinado para instruir aquellos tutores, legisladores futuros de la patria". Y, anticipando las críticas, clarifica que no se trata de establecer una nueva "nobleza", lo cual sería "destruir a la vez la igualdad y la libertad", sino de formar a los senadores para "un oficio para el cual se deben preparar los candidatos" (115).

Pero el texto de la Constitución de Bolivia y el "Discurso introductorio" que la acompaña presentan un panorama mucho más sombrío y encierran unas propuestas mucho más radicales. El mapa simbólico de la América emancipada aparece drásticamente transformado ya desde la invocación que abre el discurso: "¡Legisladores! Vuestro deber os llama a resistir el choque de dos monstruosos enemigos que recíprocamente se combaten, y ambos os atacarán a la vez: la *tiranía* y la *anarquía* forman un inmenso océano de opresión, que rodea una pequeña isla de libertad, embatida perpetuamente por la violencia de las olas y de los huracanes, que la arrastran sin cesar a sumergirla" ("Discurso introductorio" 4. Resaltado en el original).

Este nuevo mapa no es, obviamente, un resumen analítico de la situación política. Se articula desde una imaginación utópica que contempla la peor de las catástrofes: la destrucción de esa utopía que reinscribe la figura de la isla, asediada y sacudida peligrosamente por el embate de las olas. Éste es el escenario simbólico contra el cual se recortan todas las propuestas del "Discurso" y de la Constitución que introduce. Situación de peligro extremo, avalada por las lecciones de la experiencia que "sólo muestran largos períodos de desastres, interrumpidos por relámpagos de ventura" ("Discurso introductorio" 4).

Es el escenario perfecto para el giro autoritario que se codifica en la Constitución que propone. El nuevo Congreso es representativo. A través de los Colegios electorales, cada diez ciudadanos nombran a un elector. El cuerpo legislativo se divide en tres cámaras con funciones complementarias. La de los Tribunos inicia leyes, supervisa el Ejecutivo y administra el Legislativo. La de los Senadores forma códigos y reglamentos eclesiásticos; se encarga de todos los nombramientos a puestos públicos: prefectos, jueces, gobernadores, y propone a la tercera cámara las autoridades eclesiásticas y los miembros del Tribunal Supremo. La tercera cámara es la de los Censores. Bolívar desempolva la idea del Poder Moral que ya había propuesto en el Congreso de Angostura como parte de su proyecto de Constitución[29] y crea un cuerpo legislativo de Censores "que ejercen una potestad política y moral que tiene alguna semejanza con la del Aerópago de Atenas". Sus funciones incluyen la vigilancia del cumplimiento de la Constitución y la del poder Ejecutivo: "La más terrible como la más augusta función pertenece a los Censores...el fiel de la gloria se ha confiado a sus manos...A estos sacerdotes de las leyes he confiado la conservación de nuestras sagradas tablas porque son ellos lo que deben clamar contra sus profanadores", asegura Bolívar ("Discurso introductorio" 5).

Pero la clave[30] de todo este edificio gubernativo no es el Congreso, con sus tres cámaras, sino el Presidente. El Presidente es, propone Bolívar, un "*Presidente vitalicio y con derecho para elegir su sucesor*" ("Discurso introductorio" 6. Resaltado en el original)[31]. Ésta es la figura utópica que puede neutralizar la doble amenaza de la anarquía y la tiranía, garantizando el crecimiento de una sociedad libre, virtuosa, justa y estable.

> El Presidente de la República viene a ser en nuestra Constitución como el sol, que, firme en su centro, da vida al Universo. Esta suprema autoridad debe ser perpetua; porque en los sistemas sin jerarquías se necesita más que en otros un punto fijo alrededor del cual giren los magistrados y los ciudadanos: los hombres y las cosas. Dadme un punto fijo, decía un antiguo, y moveré el mundo. Para Bolivia, este punto es el presidente vitalicio. En él estriba todo nuestro orden, sin tener en esto acción. ("Discurso introductorio" 6)

El Presidente de la República nombra al Vicepresidente para que le suceda en el mando. Con este procedimiento, dice Bolívar, "se evitan las elecciones, que producen el grande azote de las repúblicas, la anarquía, que es el lujo de la tiranía, y el peligro más inmediato y más terrible de los gobiernos populares" ("Discurso introductorio" 7).

El giro hacia el autoritarismo es completo. El proyecto de la Constitución de Bolivia codifica las estrategias de resolución simbólica

29. El congreso no lo aprobó por considerarlo "como de muy difícil establecimiento y en los tiempos presentes: Absolutamente impracticable" (Bolívar, *Doctrina* 127).
30. En el sentido arquitectónico: la piedra que sostiene toda la estructura de un arco o una bóveda.
31. Bolívar se inspira para esta propuesta en el modelo de Pétion, presidente vitalicio de Haití con facultades para elegir a su sucesor.

que, desde la óptica de la imaginación utópica de Bolívar, pueden contener los embates de ese "océano de opresión" que asedia la isla de la libertad. Pero para sus antiguos colaboradores y compañeros de armas, y para algunos de sus más fervientes admiradores, es el documento donde se consuma la traición completa de Bolívar a los ideales de la utopía republicana. Es la propuesta que escandalizaría a todos, provocando la alarma y el desengaño de Heredia y la crítica feroz de Benjamin Constant.

La polémica entre Benjamin Constant y Dominique de Pradt resume bien las dos posiciones entre las cuales se dividieron las reacciones a la propuesta. Pradt coincidía con Bolívar, y justificaba la concentración de poderes dictatoriales en un presidente vitalicio como un caso de excepción, requerido por las circunstancias particulares de la geografía, la demografía y las sociedades emergentes de Hispanoamérica; y, a la vez, descalificaba las críticas de Constant como propias de los "sibaritas de la civilización europea, cómodamente adormecidos en el seno de la normalidad, cuyo apacible disfrute nos asegura el curso de las leyes" (Guerrero 323). Pero para Constant, el giro de Bolívar hacia la concentración en su persona de un poder ilimitado era totalmente inadmisible. Ni la coyuntura histórica ni las circunstancias específicas de las nuevas repúblicas podían justificar un modelo dictatorial como el que proponía Bolívar. El argumento de la inmadurez transitoria del pueblo era para Constant una simple estrategia para justificar la usurpación del poder y la instauración de una nueva tiranía. Su acusación a Bolívar fue feroz y pública. Apareció el 15 de enero de 1829 en *Le Courier*: "Por mi parte, veo al hombre que ha disuelto la representación nacional porque sus partidarios se encontraban en minoría, al hombre que, con el banal pretexto de que sus conciudadanos no son lo bastante ilustrados como para gobernarse, se ha adueñado de todos los poderes sancionando su dictadura con ejecuciones y asesinatos; en ese hombre veo, pura y simplemente, un usurpador" (Filippi 314-15).

Las críticas de Constant fueron un golpe muy duro para Bolívar —Rojas cita una carta a Urdaneta en la que el Libertador se queja de que por culpa de las críticas de Constant, "la bilis se le ha convertido en atrabilis, con lo que ha influido poderosamente en su genio y carácter" (Rojas 352)—. Bolívar las tomó como una afrenta a su honor y se defendió de ellas, remitiéndose al juicio de la historia sobre sus méritos e intenciones. Pero ninguna defensa podía convencer, ni atenuar el desengaño de algunos republicanos para quienes Bolívar había sido el defensor más glorioso y el ejemplo más alto de todos los valores que proponía la utopía republicana.

Nadie captura el vuelo y la caída del héroe con mayor intensidad que Heredia en su poema "A Bolívar" (1827), escrito apenas un año después de la Constitución de Bolivia. El poema se construye como una invocación al Libertador que duplica el movimiento ascendente y descendente del vuelo de Ícaro. La primera parte es el recorrido hacia la libertad y la gloria de todo un continente guiado por Bolívar, héroe sin par. Es el "Bolívar inmortal", cuyas victorias y triunfos no pueden ser enumerados, cuyo "grito heroico" decide la batalla contra las tinieblas del despotismo; cuya "espada ardiente" que su mano esgrime, es "Rayo al poder de España; el "Bolívar divino" cuyo "nombre diamantino/Rechazará las olas con que el tiempo/Sepulta de los reyes la memoria" (Heredia 85-86). Pero la segunda parte traza el movimiento descendente de la caída. Se introduce con la metáfora del eclipse, que anuncia el retorno de las tinieblas y de la tiranía:

> ¿Y tan brillante gloria eclipsaráse al fin...?
> ...yacen las leyes
> Indignamente holladas
> sin ser de ti vengadas.
> La patria y la virtud su estrago gimen:
> Triunfa la rebelión, se premia el crimen. (Heredia 87)

Y vuelve la tiranía, contra el telón de fondo de la utopía traicionada:

> Permite a mi dolor que corra un velo.
> Si patria no ha de haber, ¿por qué venciste?
> ¡Ay! Los reyes dirán con burla impía
> Que tantos sacrificios fueron vanos.
> Y que sólo extirpaste a los tiranos
> Para ejercer por ti la tiranía. (Heredia 87)

El horror de esa traición se intensifica con una doble representación de la caída del héroe. La primera —nueva reinscripción del mito de Ícaro— se centra en la metáfora del cometa, cuya trayectoria duplica la del héroe caído:

Cual cometa serás, que en su carrera
Por la atracción del Sol arrebatado
Se desliza en el éter, y abrasado
Se pierde al fin en su perenne hoguera. (Heredia 87)

El vuelo ascendente que elevó al libertador hasta la cima de la "Libertad entronizada" se rompe cuando su espada se vuelve contra la misma causa por la que había combatido, cuando el "Libertador de esclavos a millones", el "Creador de tres naciones" se deja corromper por el poder y aspira al despotismo de los reyes. La segunda representación, inscribe a Bolívar en el linaje de otros tiranos como Iturbide y Napoleón, y retoma el mito de Lucifer, el ángel cuya soberbia lo precipitó desde lo más alto del cielo hasta los abismos del infierno:

Después que al orbe atónito dejaste
Con tu sublime vuelo,
Brillante Lucifer, ¿Caerás del cielo? (Heredia 87)

Pero lo que Heredia no alcanzó a comprender es que, para Bolívar, esa traición no era caída, sino estrategia de preservación de la utopía. La trayectoria del pensamiento de Bolívar se concreta en tres imágenes. La primera es la del velo de tinieblas rasgado por la luz. La segunda el vuelo de Ícaro. La tercera, la reinscripción del mito de Sísifo. El objetivo no cambia: es la luz de la utopía de la libertad. Lo que sí cambian son las estrategias. El peligro de la caída que ilumina el vuelo de Ícaro conjura para Bolívar un escenario de pesadilla: el de Sísifo cuyo destino lo condena a subir su piedra hasta la cima de la montaña sólo para verla rodar montaña abajo y volver a empezar el mismo recorrido, con la misma piedra, y con igual resultado, indefinidamente:

> Parecerá fábula lo que podemos decir de mis servicios, semejantes a los de aquel condenado que llevaba su enorme peso hasta la cumbre, para volverse rodando con él otra vez al abismo. Yo me hallo luchando contra los esfuerzos combinados de un mundo, de mi parte estoy yo solo…¿Logrará un hombre solo constituir a la mitad de un mundo? (Bolívar, *Cartas* 465)

En una carta a Juan José Flores, hace suyo este destino con una imagen diferente: "el que sigue una revolución ara en el mar" (Bolívar, *Discursos, proclamas* 350-51). Así ve su destino el propio Bolívar, arando en el "océano de opresión" que amenaza la utopía, en un movimiento repetido hasta el infinito, que ni construye caminos ni deja huella.

Con su giro radical hacia el autoritarismo y su propuesta de un modelo dictatorial que concentra todos los poderes en su persona —con la cual, siguiendo el modelo clásico del cesarismo, identifica la supervivencia de la república— Bolívar no vacila en traicionar la visión de la utopía republicana como estrategia necesaria para preservarla. Pero esta traición no es resultado de una evolución de su pensamiento sino expresión reveladora de una pugna permanente entre imaginación utópica y realismo político. Recordemos que, cronológicamente, las opciones autoritarias que acaban materializándose en la Constitución de Bolivia no son posteriores a la formulación de su visión de la utopía republicana. Al contrario: en el "Discurso de Angostura", la visión más deslumbrante de la utopía se despliega *después* de la exposición que introduce sus ideas más conservadoras sobre la necesidad de un Senado hereditario y el carácter problemático de las elecciones y la capacidad de elegir del pueblo.

No hay evolución sino simultaneidad. No hay desplazamiento sino pugna permanente. No hay rechazo de la utopía sino articulación sobre sus cenizas de nuevas estrategias para su preservación. En este contexto, la traición adquiere un valor sacrificial que ilumina la dialéctica oscura del pensamiento que configura una nueva visión utópica: una utopía capaz de exorcizar la caída de Ícaro y la maldición de Sísifo. Una utopía lo bastante poderosa como para justificar el precio de esa traición. Es la última utopía de Bolívar, y delinea una última cartografía: la de la utopía planetaria, con el sol del presidente vitalicio como punto fijo de un universo político donde giran, con movimiento predecible y armonioso —tal como quería Bolívar— "los magistrados y los ciudadanos, los hombres y las cosas", y todas las nuevas repúblicas de Hispanoamérica, como otros tantos ordenados planetas.

# Bibliografía

Adorno, Theodor W. *Prisms*. Cambridge: MIT Press, 1983.

Aguirrezábal, María Jesús. "La conspiración de Picornell en el contexto de la prerrevolución liberal española". http://institucional.us.es/revistas/contemporanea/1/art_1.pdf (26 oct 2013)

Alighieri, Dante. *La Divina Commedia.* Milano: Rizzoli, 1981.

Altamirano, Carlos. *Historia de los intelectuales de América Latina.* Vols. I y II. Buenos Aires: Katz Editores, 2008 y 2010.

Alvarado S., Jerónimo. *Dialética democrática de Juan Pablo Viscardo Guzmán.* Lima: Ediciones Fanal, 1955.

Anderson, Benedict. *Imagined Communities: Reflections on the Origin and Spread of Nationalism.* London: Verso, 1983.

Anes, G. *Economía e Ilustración en el Siglo xviii.* Madrid: s/e, 1979.

Appleby, Joyce. *Liberalism and Republicanism in the Historical Imagination.* Cambridge, MA.: Harvard University Press, 1992.

Arcaya, Pedro M. *Insurrección de los negros de la serranía de Coro.* Caracas: Instituto Panamericano, publicación nº 7, 1949.

Archivo Histórico Nacional (A.H.N.). Documentos de Picornell.

—. A.H.N. *Conspiración de San Blas*: legajos 11936 y 11937.

—. A.H.N. *Primera declaración*, Consejos, Legajo 11936, pieza 1ª.

—. A.H.N. *Declaraciones*: Consejos, 11937.

—. A.H.N. *Estado*, Legajo 1361. *Informe reservado... de 31 de Marzo de 1795.*

—. A.H.N. *Informe de Pérez de Lema,* 26 de Julio 1796. Estado 3161.

—. A.H.N. *Oficio del Duque de Alcudia*, San Idelfonso, 26 de Julio 1796. Estado 3161.

Aristóteles. *Physics.* Book IV. Princeton: Princeton University Press, 1984.

BACZCO, Bronislaw. *Utopian Lights*. New York: Paragon House, 1989.

BAEHR, Peter R. *Caesar and the Fading of the Roman World. Study in Republicanism and Caesarism.* New Brunswick: Transaction Publishers, 1998.

BANDES, Susan A. *The Passion of Law: Critical America.* New York: New York University Press, 2000.

BARTA, Roger. *El duelo de los ángeles. Locura sublime, tedio y melancolía en el pensamiento moderno,* México: FCE, 2005.

BARTOLONI, Paolo. *On the cultures of Exile, translation and Writing.* Lafayette: Purdue University Press, 2008.

BEARD, John Reilly. *Toussaint l'Ouverture: A Biography and Autobiography.* Boston: James Redpath, 1983.

BÉJAR, Helena. *El corazón de la república. Avatares de la virtud política.* Barcelona: Paidós, 2000.

BELLO, Andrés. *Obra literaria.* Caracas: Biblioteca Ayacucho, 1965.

—. "Alocución a la poesía", en *Poesía de la Independencia.* Ed. Emilio Carrillo. Caracas: Ayacucho, 1979. 40-60.

—. "La agricultura en la zona tórrida", en *Poesía de la Independencia.* Ed. Emilio Carrillo. Caracas: Ayacucho, 1979. 60-69.

—. "Carta a Mier" (1821), en *Obras Completas,* Vol. XXV. Caracas: La Casa de Bello, 1984. 210-213.

—. *Obras completas.* Vol. XXV. Caracas: La Casa de Bello, 1984.

BERNERI, Marie Louise. *Journey Through Utopia.* London: Freedom, 1982.

BLANCO WHITE, José María. *Cartas de España.* Madrid: Alianza, 1972.

BLOCH, Ernst. *The Philosophy of the Future.* New York: Herder and Herder, 1970.

—. *Essays in the Philosophy of Music.* Cambridge. Cambridge University Press, 1985.

—. *The Principle of Hope.* Cambridge: MIT Press, 1986.

—. *Natural Law and Human Dignity.* Cambridge: MIT Press, 1987.

—. *The Utopian Function of Art and Literature.* Cambridge: MIT Press: 1988.

BOLÍVAR, Simón. *Cartas del Libertador.* Caracas: Banco de Venezuela/Fundación Vicente Lecuna, 1964.

—. *Doctrina del Libertador.* Ed. Manuel Pérez Vila. Caracas: Ayacucho, 1978.

—. "Manifiesto de Carúpano", en *Doctrina del Libertador*, Caracas: Ayacucho, 1978. 41-46.
—. "Manifiesto de Cartagena", en *Doctrina del Libertador*, Caracas: Ayacucho, 1978.
—. "Discurso de Angostura", en *Doctrina del Libertador*, Caracas: Ayacucho, 1978. 101-127.
—. "Carta de Jamaica", en *Doctrina del Libertador*, Caracas: Ayacucho, 1978. 55-75.
—. *Discursos, proclamas y epistolario político.* Madrid: Editora Nacional, 1981.
—. *Escritos políticos.* México: Porrúa, 1999.
Botana, Natalio R. *La tradición republicana. Alberdi, Sarmiento y las ideas políticas de su tiempo.* Buenos Aires: Sudamericana, 1984.
Boullée, E. *Architecture. Essai sur l'art.* Ed. J. M. Pérouse de Montclos. Paris: Hermann,1968.
—. *De l'Architecture Classique à l'Architecture Révolutionnaire.* Paris: Arts et métiers graphiques, 1969.
Busto, José Antonio del. *Historia general del Perú.* Lima: Studium, 1978.
Byrne Lockey, Joseph. *Orígenes del panamericanismo.* Caracas: Gobierno de Venezuela, 1976.
Carbonell Rivero, Néstor. *Próceres.* Miami: Editorial Cubana, 1999.
Carrillo, Emilio. *Poesía de la Independencia.* Ed. Emilio Carrillo. Caracas: Ayacucho, 1979.
*Carta de Pedro Cevallos a José Anduaga,* 14 de Mayo de 1804; Archivo de Simancas, Estado 8.253.
Casas, Bartolomé de las. *Brevisima historia de la destrucción de las Indias.* Madrid: Tecnos, 1992.
—. *Historia de las Indias.* Madrid: Biblioteca de Autores Españoles, 1961.
Certeau, Michel de. *La escritura de la historia.* México: Universidad Iberoamericana, 1993.
Chartier, Roger. *El presente del pasado. Escritura de la historia, historia de lo escrito.* México: Universidad Iberoamericana, 2005.
Chevalier, François. *América Latina. De la independencia a nuestros días.* México: FCE, 1999.
Cioran, Emil M. *History and Utopia.* New York: Seaver Books, 1987.
—. *Ensayo sobre el pensamiento reaccionario.* Madrid: Montesinos, 2000.

CLIFFORD, James. *Routes, Travel and Translation in the Late Twentieth Century.* Cambridge: Harvard University Press, 1997.

COLÓN, Cristóbal. "Relación del Tercer Viaje", en *Textos y documentos completos,* ed. Consuelo Varela, Madrid: Alianza, 1982.

CONDORCET, Marquis de. *Tableau général de la science qui a pour objet l'application du calcul aux sciences politiques et morales.* Paris: Firmin Didot Frères 1793.

—. *Esquisse d'un tableau historique des progrès de l'esprit humain.* Paris: GF Flammarion, 1988.

CONSTANT, Benjamin. *Escritos políticos.* Madrid: Centro de Estudios Constitucionales, 1989.

CUSSEN, Antonio. *Bello and Bolívar. Poetry and Politics in the Spanish American Revolution.* Cambridge: Cambridge University Press, 1992.

DÁVILA, Luis Ricardo, "La nación hispanoamericana y el debate sobre la escritura de la historia", en *Tierra Firme*, 21:82 (2003). 115-137

DAVIS, J. C. *Utopia and the Ideal Society.* Cambridge: Cambridge University Press, 1981.

DE LERY, Jean. *Histoire d'un Voyage fait en la terre du Brésil.* Berkeley: University of California Press, 1992.

DESSALINES, Jean-Jacques. "Libertad o muerte", en *Pensamiento político de la Emancipación,* Vol. I. Ed. José Luis Romero y Luis Alberto Romero. Caracas: Ayacucho, 1985.

DETIENNE, Marcel. *Comparer l'incomparable.* Paris: Seuil, 2000.

*Diario de la expedición a La Guaira y Puerto Cabello bajo el mando del Comodoro Knowles.* Caracas: Sociedad Bolivariana de Venezuela, 1967.

DINGWANEY, Anurdha y Carol MAIER. *Inter-Cultural Communication at Work.* Cambridge: Cambridge University Press, 1994.

DOLAN, Winthrop W. *A Choice of Sundials.* Brattleboro: Green Press, 1975.

DUNN, Susan. *The Essential Writings of the Founding Fathers.* New York: Basic Books, 2006.

ECO, Umberto. *Decir casi lo mismo. Experiencias de la traducción.* Barcelona: Random House-Mondadori, 2008.

ELLIOT, Robert G. *The Shape of Utopia: Studies in a Literary Genre.* Chicago: University of Chicago Press, 1970.

ERASMUS, Charles J. *In Search of the Common Good: Utopian Experiments Past and Future.* New York: Free Press, 1977.

ESCALANTE, Fernando. *Ciudadanos imaginarios.* México: El Colegio de México, 1992.

FILIPPI, Alberto (ed.). *Bolívar y Europa en las crónicas, el pensamiento político y la historiografía.* Caracas: Comité Ejecutivo del Bicentenario de Simón Bolívar, 1986.

FLORES GALINDO, Alberto. *Buscando un Inca: identidad y utopía en los Andes.* La Habana: Premio Casa de las Américas, 1986.

FOGARTY, Robert S. *American Utopianism.* Itasca: F. E. Peacock, 1972.

—. *Dictionary of American Communal and Utopian History.* Westport: Greenwood Press, 1980.

FONTANA, Biancamaria (comp.). *The Invention of the Modern Republic.* Cambridge: Cambridge University Press, 1994.

FRAIRE, Isabel (comp.). *Pensadores norteamericanos del siglo XIX.* México: Siglo XXI, 2004.

FRANKEL, B. *The Post-Industrial Utopians.* Cambridge: Polity Press, 1987.

FRANKLIN, Benjamin. *The Autobiography and Other Writings.* New York: Penguin, 1986.

GARCÍA DE SENA, Manuel. *La independencia de la Costa Firme justificada por Thomas Paine trienta años ha.* Filadelfia, Imprenta Palmer, 1811.

GARCÍA CHUECOS, Héctor (ed.). *Documentos relativos a la revolución de Gual y España.* Caracas: Instituto Panamericano, Publicación nº 2, 1949.

GARCÍA MÁRQUEZ, Gabriel. *El general en su laberinto.* México: Diana, 1998.

GERBI, Antonello. *La disputa del Nuevo Mundo.* México: FCE, 1960.

GLINKIN, Anatoli Nikolaevich. *El latinoamericanismo contra el panamericanismo desde Simón Bolívar hasta nuestros días.* Moscú: Editorial Progreso, 1984.

GONZÁLEZ ACOSTA, Alejandro. *El enigma de Jicoténcal. Estudio de dos novelas sobre el héroe de Tlaxcala.* México: UNAM, 1997.

GOODWIN, Bárbara. *Social Science and Utopia.* Brighton: Harvester, 1978.

GORZ, Andrew. *Paths to Paradise.* London: Pluto, 1985.

GRASES, Pedro, *Manuel García de Sena y la Independencia de Hispanoamérica.* Colección Historia. Vol. 6. Caracas: Secretaría General de la Décima Conferencia Interamericana, 1953.

—. *Tiempo de Bello en Londres y otros ensayos.* Caracas: Biblioteca Venezolana de Cultura, 1962.

—. *Preindependencia y Emancipación*. Barcelona: Seix-Barral, 1981.

GRINBERG, León y Rebeca GRINBERG. *Psychoanalytic Perspectives on Migration and Exile*. Trad. Nancy Festinger. New Heaven: Yale University Press, 1989.

GRUESZ, Kirsten Silva. *Ambassadors of Culture. The Transamerican Origins of Latino Writing*. Princeton: Princeton University Press, 2002.

GUERRERO, Carolina. *Modernidad e independencias. Ensayos sobre las revoluciones hipánicas*. Madrid: Mapfre, 1993.

—. *Liberalismo y republicanismo en Bolívar (1819-1830). Usos de Constant por el Padre Fundador*. Caracas: Universidad Central de Venezuela, 2005.

HALPERIN DONGHI, Tulio. *Historia contemporánea de América Latina*. La Habana: Editorial de Ciencias Sociales, 1990.

HARDWICK, Lorna. *Translating Words, Translating Cultures*. London: Duckworth, 2000.

HARLEY, J. B., y David WOODWARD. *The History of Cartography*. Chicago: Chicago University Press, 1987.

HARVEY, Robert. *Liberators: Latin America's Struggle for Independence*. New York: Overlook Press, 2000.

HENRY, Monica. "Les premières publications révolutionnaires des exilés hispano-américains aux Etats-Unis". *Révue d'Etudes Américaines*, 2 (2006). 1-18.

HEREDIA, José María. *Niágara y otros textos*. Caracas: Biblioteca Ayacucho, 1990.

HERNÁNDEZ CHÁVEZ, Alicia. *La tradición republicana del buen gobierno*, México: FCE, 1993.

HERNÁNDEZ TRAVIESO, Antonio. *El padre Varela. Biografía del forjador de la conciencia cubana*. La Habana: Jesús Montero, 1949.

HERTZLER, Joyce Oramel. *The History of Utopian Thought*. New York: Cooper Square Publishers, 1965.

HIDALGO, Miguel. "Manifiesto de Diciembre de 1810". *Pensamiento político de la Emancipación*, Vol. II. Ed. José Luis Romero y Luis Alberto Romero. Caracas: Ayacucho, 1985. 41-44.

—. "*Bandos sobre tierras y esclavos* (1810)". *Pensamiento político de la Emancipación*, Vol. II. Ed. José Luis Romero y Luis Alberto Romero. Caracas: Ayacucho, 1985. 44-46.

HORKHEIMER, Max y Theodor W. ADORNO. *Dialectic of Enlightenment*. London: Allen Lane, 1973.

HOROWITZ, Irving Louis. *Ideology and Utopia in the United States, 1956-1976*. New York: Oxford University Press, 1977.

HUDSON, Wayne. *The Marxist Philosophy of Ernst Bloch*. London: Macmillan, 1982.

HUMBOLDT, Alexander. *Vue des Cordilleres et monuments des Peuples Indigènes de l'Amérique*. Paris: Librairie Greque-Latine, 1816.

IMBELLONI, José. *Pachacuti IX*. Buenos Aires: Editorial Humanior, 1976.

ISAACSON, Walter. *Benjamin Franklin*. New York: Simon and Schuster, 2003.

JAKSIC, Iván. *Andrés Bello: la pasión por el orden*. Venezuela: Bid and Co. Editor, 2007.

JAMES, C.L.R. *The Black Jacobins*. New York: Vintage Books, 1963.

JAMESON, Frederik. *Archaeologies of the Future*. London: Verso, 2005.

JEFFERSON, Thomas. *Summary View of the Rights of British Americans*. Williamsburg: Impreso por Clementin A. Rind, 1744.

KANT, Immanuel. *What is the Enlightment?* <http://www.columbia.edu/acis/ets/CCREAD/etscc/kant.html>

KASSON, John F. *Civilizing the Machine: Technology and Republican Values in America, 1776-1900*. New York: Grossman, 1976.

KATEB, G. *Utopia and its Enemies*. New York: Schocken Books, 1972.

KAUFMAN, M. *Utopias*. Kegan Paul: London, 1879.

LANDAVAZO, Marco Antonio. *La máscara de Fernando. Discurso y imaginario monárquicos en una época de crisis. Nueva España, 1808-1822*. México: El Colegio de México, 2001.

LANGLEY, Lester. *The Americas in the Age of Revolution, 1750-1850*. New Heaven: Yale University Press, 1996.

LASKY, Melvin J. *Utopia and Revolution*. Chicago: University of Chicago Press, 1976.

LEDOUX, Claude Nicolas. *L'architecture. Edition Ramée*. Princeton: Princeton Architectural Press, 1847.

LEVITAS, Ruth. *The Concept of Utopia*. New York: Syracuse University Press, 1990.

—. "Sociology and Utopia". *Sociology*, 13:1 (1979). 7-18

LEWIN, Boleslao. *La rebelión de Túpac Amaru y los orígenes de la independencia americana*. Buenos Aires: SELA, 1957.

LEZAMA LIMA, José. *La expresión americana*. México: FCE, 1993.

LIZARDI, José Joaquín Fernández de. *El Periquillo Sarniento*. Ed. Carmen Ruiz Barrionuevo. Madrid: Cátedra, 1997.

LOCKE, John. *Some Thoughts Concerning Education and Of the Conduct of the Understanding.* Indianapolis: Hackett, 1996

LÓPEZ, Casto Fulgencio. *Juan Picornell y la conspiración de Gual y España.* Caracas-Madrid: Ediciones Nueva Cádiz, 1955.

MAGRIS, Claudio. *Utopía y desencanto.* Barcelona: Anagrama, 1999.

MANNHEIM, Karl. *Ideology and Utopia.* London: Routledge and Kegan Paul, 1979.

MANUEL, Frank E. y Fritzie P. MANUEL. *French Utopias: An Anthology of Ideal Societies.* New York: Schocken Books, 1971.

—. *Utopias and Utopian Thought.* London: Souvenir Press,1973.

—. *Utopian Thought in the Western World.* Cambridge: Belknap-Harvard, 1979.

MARCUSE, Herbert. *Five Lectures: Psychoanalysis, Politics and Utopia.* Boston: Beacon Press, 1970.

MARICHAL, Juan. *Cuatro fases de la historia intelectual latinoamericana.* Madrid: Cátedra, 1978.

MARIN, Louis. *Utopics: Spatial Play.* New Jersey: Humanities Press, 1984.

MARX, Leo. *The Machine in the Garden: Technology and the Pastoral Ideal in America.* New York: Oxford University Press, 1967.

MAY, Henry F. *The Enlightenment in America.* New York: Oxford University Press, 1976.

MCMAHON, Darrin M. *Enemies of the Enlightenment. The French Counter-Enlightenment and the Making of Modernity.* New York: Oxford University Press, 2002.

M'CULLOCH, John. *A Concise History of the United States from the Discovery of America till 1807.* Philadelphia: John M'Culloch Printer, 1968.

MERCIER, Sébastien. *L'An 2440: Rêve s'il en fut jamais.* Paris: ADEL, 1977.

MIER, Fray Servando Teresa de. *Carta de un americano al Español.* London: Imprenta WW. Lewis, 1811; y *Segunda Carta de un americano al Español.* London: Imprenta de Guillermo Glindon, 1812.

—. *Memoria político-instructiva enviada desde Filadelfia, en agosto de 1821, a los gefes [sic] independientes del Anáhuac, llamado por los españoles Nueva España.* Filadelfia: J. F. Hurtel, 1821.

—. *Memorias de Fray Servando Teresa de Mier.* Prólogo de Alfonso Reyes. Madrid: Editorial América, 1917.

—. *Historia de la revolución de Nueva España.* México: Imprenta de la Cámara de Diputados, 1922.

—. "Manifiesto Apologético". *Escritos inéditos.* Eds. J. M. Miquel y Hugo Díaz Thomé. México: El Colegio de México, 1944.

—. *Ideario político.* Ed. Edmundo O'Gorman. Caracas: Ayacucho, 1978.

—. "Memoria política-instructiva". *Ideario Político.* Caracas: Ayacucho, 1978. 190-236.

—. "Discurso de la profecía". Actas de las sesiones del Segundo Congreso Constituyente. *Ideario político*: Caracas: Ayacucho, 1978. 289-299

Miliani, Domingo. "Juan Germán Roscio, héroe intelectual". Introducción. *El triunfo de la libertad contra el despotismo.* Caracas: Ayacucho, 1996.

Miranda, Francisco de. "Proclama de Coro". *El pensamiento político de la Emancipación.* Vol I. Caracas: Ayacucho, 1985. 20-25.

—. "Plan de Gobierno de 1801". *El pensamiento político de la Emancipación.* Vol. I. Caracas: Ayacucho. 15-19.

—. *América espera.* Ed. J. L. Salcedo-Bastardo. Caracas: Ayacucho, 1982.

—. *The New Democracy: Travels of Francisco de Miranda in the United States, 1773-4.* Trad. Judson P. Wood. Norman, OK: University of Oklahoma Press, 1963.

Montaigne, Michel de. *Essais.* Paris: La Pléiade / NRF, 1953.

Monteagudo, Bernardo. "Diálogo entre Atahualpa y Fernando VII en los Campos Elíseos". *Pensamiento político de la Emancipación,* Vol I. Ed. José Luis Romero y Luis Alberto Romero. Caracas: Ayacucho, 1985. 64-72.

Montesquieu. *Del espíritu de las leyes.* Madrid: Tecnos, 1987.

More, Thomas. *Utopia.* New York: Walter Jack Black, Inc., 1947.

Morelos, José María. "Plan político". *Pensamiento político de la Emancipación,* Vol. I. Ed. José Luis Romero y Luis Alberto Romero. II. Caracas: Ayacucho, 1985. 56-58.

Morelly, Étienne-Gabriel. *Le Prince, les délices des coeurs ou Traité Des Qualités d'un grand Roi.* Paris-Milan: EDHIS, 1751.

Morgan, Edmund S. *La invención del pueblo. El surgimiento de la soberanía popular en Inglaterra y Estados Unidos.* Buenos Aires: Siglo XXI, 2006.

Morse, Richard. *El espejo de Próspero: un estudio de la dialética del Nuevo Mundo*. México: Siglo XXI, 1999.

Moylan, Tom. *Demand the Impossible*. London: Methuen, 1986.

Mumford, Lewis. *The Story of Utopias: Ideal Commonwealths and Social Myths*. London: Harrap, 1923.

Nariño, Antonio. "Discurso de apertura del Colegio Electoral de Cundinamarca". *El pensamiento politico de la Emancipación*. Vol. II. Caracas: Ayacucho, 1985. 137-47.

Negley, Glenn. *Utopian Literature. A Bibliography with a Supplementary Listing of Works Influential in Utopian Thought.* Lawrence: Regents Press, 1977.

Negley, Glenn y J. Max Patrick. *The Quest for Utopia*. Maryland: McGrath, 1971.

Newton, Isaac. *Mathematical Principles of Natural Philosophy*, Berkeley: Berkeley University Press, 1934.

Nozick, Robert. *Anarchy, State, and Utopia*, Basic Books, New York, 1974.

O'Gorman, Edmundo. "Introducción". *Ideario Político*, Fray Servando Teresa de Mier. Caracas: Biblioteca Ayacucho, 1978. IX-LV.

—. *Do the Americas Have a Common History?* Washington: Panamerican Union, 1941.

O'Higgins, Bernardo. "Proclama a los Araucanos (1818)". *Pensamiento político de la Emancipación*, Vol. II. Ed. José Luis Romero y Luis Alberto Romero. Caracas: Ayacucho, 1985. 200-203.

O'Leary, Daniel F. *Cartas de Sucre al Libertador.* Madrid: Editorial América, 1919.

Olmedo, José Joaquín de. "La batalla de Junín: Canto a Bolívar". *Poesía de la Independencia*. Ayacucho: Caracas, 1979. 8-34.

Ortiz, Fernando. *Contrapunteo cubano del tabaco y del azúcar*. Caracas: Ayacucho, 1978.

Pagden, Anthony. *Spanish Imperialism and the Political Imagination. Studies in European and Spanish-American Social and Political Theory, 1513-1830.* New Heaven: Yale University Press, 1990.

Paine, Thomas. *Common Sense, Rights of Man and Other Political Writings*. Ed. Mark Phillip. Oxford: Oxford University Press, 1998.

Pardo, Isaac. *Fuegos bajo el agua*. Ayacucho: Caracas, 1990.

Pastor, Beatriz. *El segundo descubrimiento.* Barcelona: EDHASA, 2008.

—. *El jardín y el peregrino*. UNAM: México, 1999.

—. "La utopía en América Latina: cartografías y paradigmas". *The Utopian Impulse in Latin America*, eds. Kim Beauchesne and Alessandra Santos. Palgrave: MacMillan, 2011.

—. y Sergio Callau (eds.). *Lope de Aguirre y la rebelión de los marañones*. Madrid: Castalia, 2010.

Pelayo, Marcelino Menéndez. *Historia de los Heterodoxos españoles*. Vol. II. Madrid: Biblioteca Virtual Miguel de Cervantes, 2003.

Pérez Bonany, Alfonso. *Manuel L. de Vidaurre*. Lima: Biblioteca de Hombres del Perú, 1964.

Picornell, Juan Mariano Bautista. *Discurso teórico práctico sobre la educación de la infancia dirigido a los padres de familia*. Salamanca: Andrés García Rico, 1786.

—. *Essai sur la Fièvre Jaune d'Amérique...Précédé de Considérations Hygiéniques sur la Nouvelle-Orléans, Par J.-M. Picornell, Membre de la Société Médicale de Paris*. New Orleans/Paris: Societé Médicale, 1823. 1-57.

—. *Manifiesto*, A.H.N., en la Pieza de Papeles Reservadísimos, número 1.

—. *Instrucción*, A.H.N., en la Pieza de Papeles Reservadísimos, número 3.

—. *Memorial*, A.H.N., Estado, 3245.

—. "Carmañola Americana y Canción Americana". Pedro Grases, *Preindependencia y Emancipación*. Barcelona: Seix-Barral, 1981. 180-83 y 184-87.

—. "Discurso preliminar". Pedro Grases, *Preindependencia y Emancipación*.Barcelona: Seix-Barral,1981. 189-208.

Pino Iturrieta, Elías. *El divino Bolívar. Ensayo sobre una religión republicana*. Madrid: Catarata, 2003.

Platón. *Timaeus and Critias*. London: Penguin Books, 1977.

Ponce, Carlos. *El connato revolucionario* de 1805. La Paz: Biblioteca Paceña, 1976.

Pradt, Dominique. *Des colonies et de la révolution actuelle de l'Amérique*. Paris, F. Béchet, et A. Egbon, 1817.

Pratt, Marie Louise. *Imperial Eyes: Travel, Writing and Transculturation*. London-New York: Routledge, 1992.

Racine, Karen. *Francisco de Miranda: A Transatlantic Life in the Age of Revolution*. Delaware: Scholarly Resources Books, 2003.

REDIKER, Marcus. *The Slave Ship*. Viking/Penguin, New York, 2007.

REMER, Rosalind. *Printers and Men of Capital: Philadelphia Books in the New Republic*. Philadelphia: University of Pennsylvania Press, 1996.

RICOEUR, Paul. *Lectures on Ideology and Utopia*. New York: Columbia University Press, 1986.

—. *Oneself and Another*. Chicago: University of Chicago Press, 1992.

—. *Ideología y utopía*. Barcelona: Gedisa, 2001.

—. *Sobre la traducción*. Barcelona: Paidós, 2005.

ROBERTSON, William. *The Life of Miranda*. Chapel Hill: University of North Carolina Press, 1929.

ROCAFUERTE, Vicente. *Ideas necesarias a todo pueblo americano independiente que quiera ser libre.* Philadelphia: T.&W. Mercein, 1821.

—. *Memorias de un americano libre.* México: SEP, 1947.

RODRÍGUEZ, Jaime. *The Emergence of Spanish America: Vincente Rocafuerte and Spanish Americanism, 1808-1832.* Berkeley y Los Angeles: University of California Press, 1975.

—. *La escritura de la independencia. El surgimiento de la opinión pública en México.* México: Taurus / CIDE, 2003.

—. *El nacimiento de Hispanoamérica. Vicente Rocafuerte y el hispanoamericanismo, 1808-1832.* Quito: Universidad Andina Simón Bolívar, 2007.

RODRÍGUEZ MONEGAL, Emir. *The Borzoi Anthology of Latin American Literature*. New York: Knopf, 1977.

ROJAS, Rafael. *Las repúblicas de aire.* Madrid: Taurus, 2009.

ROMERO, José Luis y Luis Alberto. ed. *Pensamiento político de la Emancipación.* Caracas: Ayacucho, 1985.

ROSCIO, Juan Germán. *Manifiesto al mundo.* Romero, José Luis y Luis Alberto, ed. *Pensamiento político de la Emancipación.* Caracas: Ayacucho, 1985.

—. *El triunfo de la libertad contra el despotismo.* Caracas: Ayacucho, 1996.

ROSIÑOL, José. *Segunda declaración de Rosiñol.* A.G.I., Audiencia de Caracas, Consejos, legado 432, no 84.

ROTKER, Susana. *The Memoirs of Fray Servando Teresa de Mier.* New York: Oxford University Press, 1998.

ROUSSEAU, Jean-Jacques. *The Social Contract*. Edinburgh: Nelson, 1953.

—. *Emile.* O. C. vol. IV. Paris: Bibliothèque de la Pléiade, 1969.
—. *Project de Constitution pour la Corse*. Paris: GF Flammarion, 1990.
—. *Considérations sur le gouvernement de la Pologne,* GF Flammarion, Paris 1990.
—. *Discours sur l'origine de l'inégalité*. Paris: GF Flammarion, 1992.
SAID, Edward W. *Culture and Imperialism*. New York: Alfred A. Knopf, 1993.
SAINT AGUSTINE. *Confessions*. Oxford: Oxford World Classics, 1998.
SANTA CRUZ Y ESPEJO, Eugenio de. "Discurso sobre el establecimiento de una Sociedad Patriótica en Quito". *El pensamiento político de la Emancipación*. Vol. I. Caracas: Ayacucho, 1985. 43-47.
SOREL, Georges. *The Illusions of Progress.* Berkeley: University of California Press, 1972.
STEINER, George. *After Babel: Aspects of Language and Translation.* New York: Oxford University Press, 1998.
TAFURI, Manfredo. *Architecture and Utopia.* Cambridge: MIT Press, 1979.
*Testimonios de la época emancipadora.* Caracas: Academia Nacional de la Historia, 1961.
TILMAN, Rick. *Ideology and Utopia in the Social Philosophy of the Libertarian Economics.* Wesport: Greenwood Press, 2001.
TIRADO Y ROJAS, Mariano. *La Masonería en España*. Vol. I. Madrid: E. Marota. 1892.
TOCQUEVILLE, Alexis de. *La democracia en América*. México: FCE, 2001.
TODOROV, Tzvetan. *A Passion for Democracy: Benjamin Constant.* New York: Algora Publishing, 1999.
TORRES, Manuel. *La naturaleza descubierta en su modo de enseñar las lenguas a los hombres.* Philadelphia: T. & G. Palmer, 1811.
—. *An Exposition of the Commerce of Spanish America with Some Observations upon Its Importance to the United States.* Philadelphia: T. & G. Palmer, 1816.
TURGOT, Anne-Robert-Jacques. *Segonde Sorbonique*. Ed. McQuilkin de Grange, Minneapolis / Hanover: The Sociological Press, 1929.
URUEÑA CERVERA, Jaime. *Bolívar republicano.* Bogotá: Aurora, 2004.
VANDERCOOK, John W. *Black Majesty*. New York / London: Harper & Row, 1928.
VARELA, Consuelo (ed.). *Cartas de particulares a Colón y Relaciones coetáneas.* Madrid: Alianza, 1984.

VARELA, Félix. *Jicoténcal.* Houston: Arte Público, 1995.

—. *El Habanero. Papel político, científico y literario.* Miami: Ediciones Universal, 1997.

VASTEY, Baron de. *An Essay on the Causes of the Revolution and Civil War of Hayti.* Exeter: Western Luminary Office, 1823.

VEIRASSE, Denis. *Histoire des Sévérambes.* Amsterdam: 1787.

VENTURI, Franco. *Utopia and Reform in the Enlightenment.* Cambridge: Cambridge University Press, 1971.

VIDAURRE, Manuel Lorenzo. *Plan del Perú y otros escritos.* Lima: Comisión Nacional de Sesquicentenario de la Independencia del Perú, 1971.

VILLORO, Luis. *El proceso ideológico de la independencia.* México: SEP, 1986.

VISCARDO, Juan Pablo. *Carta a los Españoles Americanos.* Traducción de Francisco de Miranda. Madrid: PDF / Biblioteca Virtual Miguel de Cervantes 2012. 1-16.

WARREN, Harris Gaylor. "The Early Revolutionary Career of Juan Mariano Picornell". *The Hispanic American Historical Review*, 22:1 (1942), 57-81.

—. "The Southern Career of Juan Mariano Picornell". *The Journal of Southern History*, 8, August, (1942), 311-332.

WHITE, Hayden. *Metahistory.* Baltimore: Johns Hopkins University Press, 1975.

ZAVALA, Lorenzo de. *Viaje a Estados Unidos del Norte de América.* Houston: Arte Público, 2005.

# Índice onomástico